U0553078

BLUE BOOK

智 库 成 果 出 版 与 传 播 平 台

文化遗产蓝皮书

BLUE BOOK OF CULTURAL HERITAGE

中国世界文化遗产保护状况报告
（2021~2022）

REPORT ON STATE OF CONSERVATION OF CHINA'S WORLD CULTURAL HERITAGE

(2021-2022)

主　编／李六三　赵　云　燕海鸣
副主编／沈　阳　许　言　李向东　李　黎

社会科学文献出版社
SOCIAL SCIENCES ACADEMIC PRESS (CHINA)

图书在版编目（CIP）数据

中国世界文化遗产保护状况报告. 2021-2022 / 李六
三, 赵云, 燕海鸣主编. -- 北京：社会科学文献出版社,
2022.12
（文化遗产蓝皮书）
ISBN 978-7-5228-1115-4

Ⅰ．①中… Ⅱ．①李… ②赵… ③燕… Ⅲ．①文化遗
产－研究报告－中国－2021-2022 Ⅳ．①K203

中国版本图书馆CIP数据核字（2022）第215527号

文化遗产蓝皮书

中国世界文化遗产保护状况报告（2021~2022）

主　　编 / 李六三　赵　云　燕海鸣
副 主 编 / 沈　阳　许　言　李向东　李　黎

出 版 人 / 王利民
责任编辑 / 陈　颖
文稿编辑 / 侯曦轩
责任印制 / 王京美

出　　版 / 社会科学文献出版社·皮书出版分社（010）59367127
　　　　　　地址：北京市北三环中路甲29号院华龙大厦　邮编：100029
　　　　　　网址：www.ssap.com.cn
发　　行 / 社会科学文献出版社（010）59367028
印　　装 / 天津千鹤文化传播有限公司

规　　格 / 开　本：787mm×1092mm　1/16
　　　　　　印　张：23.75　字　数：356千字
版　　次 / 2022年12月第1版　2022年12月第1次印刷
书　　号 / ISBN 978-7-5228-1115-4
地图审图号 / GS京（2022）1504号
定　　价 / 198.00元

读者服务电话：4008918866

《中国世界文化遗产保护状况报告（2021~2022）》
编委会

主　　　编　李六三　赵　云　燕海鸣

副　主　编　沈　阳　许　言　李向东　李　黎

课题组核心成员　李六三　赵　云　燕海鸣　沈　阳　许　言

　　　　　　　李向东　李　黎　罗　颖　张依萌　张玉敏

本　书　作　者（以文序排列）

　　　　　　　赵　云　燕海鸣　张依萌　罗　颖　张　欣

　　　　　　　刘懿夫　张玉敏　宋晓微　高晨翔　程枭翀

　　　　　　　张鑫铖　王中金　李萌慧　张正模　柴鹏飞

　　　　　　　聂　蕊　吴　涛　邬永祥　蔡松荣　孙海波

　　　　　　　吕亚歌

数　据　支　持　中国世界文化遗产监测预警总平台

主要编撰者简介

李六三 北京大学理学学士、罗斯福大学硕士，高级职称，中国文化遗产研究院院长。长期从事文旅融合研究与实践、文物和文化遗产价值研究与管理实践；担任国家重大专项"布达拉宫贝叶经等古籍文献保护利用项目专项领导小组"办公室主任，主持科技部重点研发项目——贝叶经保护修复关键技术及应用示范；主持应县木塔保护修复项目技术支持工作；主持援助柬埔寨王宫遗址修复保护项目；主持援助尼泊尔九层神庙修复保护展示利用项目；主持筹建国家文化遗产科技创新中心。

赵　云 中国文化遗产研究院中国世界文化遗产中心（中国世界文化遗产监测中心）主任、研究馆员。主要研究领域：世界文化遗产、文物保护。主要研究成果:《文化遗产数字化展示研究》《中国世界文化遗产监测》《中国世界文化遗产 2020 年度保护状况总报告》等专著，《中国世界文化遗产监测2014 年度报告》《中国世界文化遗产监测预警总平台建设现状与发展思路》等论文，《红河哈尼梯田文化景观》申遗文本，《大运河》《左江花山岩画文化景观》《海上丝绸之路·中国史迹》申遗文本及保护管理规划。获国家级奖 2 项、省部级奖 7 项，专利 3 项，国家文物局个人嘉奖 1 次。

燕海鸣 北京大学社会学学士、弗吉尼亚大学社会学博士，中国文化遗产研究院中国世界文化遗产中心（中国世界文化遗产监测中心）副主任、副研究馆员，中国古迹遗址保护协会（ICOMOS CHINA）秘书处主任。主要研究领域：世界遗产、遗产与中国社会。重点承担海上丝绸之路、二里头遗址、关圣文化史迹等文化遗产项目的研究与申报，以及哈尼梯田、大运河等世界遗产地可持续发展与价值传播研究。主持中国文化财产研究院与国际文化财产保护与修复研究中心（ICCROM）、意大利国家研究委员会等机构的培训与学术合作项目，主持编写联合国教科文组织《世界遗产能力建设手册》系列教材。

沈 阳 中国文化遗产研究院原副总工程师、研究馆员，中国文物保护技术协会近现代建筑专业委员会主任委员、中国文物保护基金会理事、中国美术家协会综合材料绘画与美术作品保存修复艺术委员会委员，享受国务院政府特殊津贴专家。主要研究领域：古建筑保护设计、文化遗产保护研究等。主持北京房山云居寺重建、天水伏羲庙保护等多项文物保护设计，以及应县木塔、泉州开元寺等多项全国重点文物单位保护规划，参与大运河、哈尼梯田、左江花山岩画、海上丝绸之路等申报世界文化遗产项目工作。先后发表学术论文数十篇，参与《宣南鸿雪图志》《东华图志》《中国美术史》《中国古建筑文化之旅——北京》《北京城中轴线古建筑实测图集》等多部学术专著编写工作。

许 言 研究馆员，《中国文化遗产》期刊编委。主要研究领域：文物建筑修复。主持中国援助柬埔寨吴哥古迹茶胶寺修复项目、尼泊尔加德满都杜巴广场九层神庙修复项目、乌兹别克斯坦花剌子模州历史文化遗迹修复项目等多项中国援外工程，主持或参与泉州洛阳桥、泉州天后宫、漳州江东桥、漳州石坊、莆田三清殿、华安二宜楼、都江堰二王庙、西藏布达拉宫、青海南禅寺、内蒙古辽中京塔、克孜尔千佛洞等多处全国重点文物保护单位的维修保护工程。主要研究成果：《中国文化遗产研究院援外文物保护工程项目成果集：2017—2019》《茶胶寺庙山五塔保护工程研究报告》《宝梵寺壁画数字化勘察测绘报告》等专著，《援乌兹别克斯坦花剌子模州历史文化遗迹修复项目实录》《柬埔寨吴哥大型建筑遗址：崩密列初探》《从茶胶寺修复看援外工程的意义》等论文。

李向东 中国文化遗产研究院副院长、研究馆员，中国文物保护技术协会常务理事、中国建筑与园林艺术委员会专家、文化遗产管理研究专业委员会专家、文物保护技术协会建筑遗产预防性保护研究专业委员会副主任。主要研究领域：古建筑保护修缮、革命文物保护研究、长城保护研究、文化遗产保护研究等。主持九门口长城一片石保护工程、五女山山城保护工程、鄂豫皖大别山区革命文物保护利用战略规划、潍县西方侨民集中营旧址保护规划、深圳改革开放重要史迹保护利用战略规划、抗美援朝文物调查与评估、山西文物建筑保护工程检查与评估、第八批全国重点文物保护单位申报及遴选的技术审核等多项文物保护研究项目，主要著作有《义县奉国寺》《辽宁省燕秦汉长城资源调查报告》等。

李 黎 博士，中国文化遗产研究院副院长、研究馆员。主要从事岩土文物的保护研究工作。负责科技部国家重点研发计划项目"石窟寺岩体稳定性预测与加固技术研究"、2021 年"全国石窟寺专项调查"，负责"'十四五'石窟寺保护利用专项规划"、世界文化遗产地承德避暑山庄及周围寺庙科技保护、川渝石窟保护专项、古代建筑遗址材料研究等重要文物的科技保护和行业规划的编制。在文物保护理论、劣化机理、监测预警、保护材料研发及应用等领域发表学术论文 30 余篇，出版专著 / 译著 4 部，国家授权发明专利 10 余项。担任中国岩石力学与工程学会古遗址保护与加固工程专业委员会副主任委员，中国古迹遗址保护协会（ICOMOS CHINA）石窟寺专业委员会副主任委员。获得国家科技进步二等奖、甘肃省科学技术进步奖一等奖。

序

2022年，是联合国教科文组织通过《保护世界文化和自然遗产公约》（以下简称《世界遗产公约》）50周年。1985年，中国加入《世界遗产公约》，并与各缔约国围绕遗产突出普遍价值的挖掘和保存这一中心，不断开展世界遗产保护研究与实践，遗产保护理论与经验不断充实。"十二五"期间，由国家文物局主导建设的中国世界文化遗产监测预警体系初步形成，现已成为遗产研究、保护、管理工作和实施预防性保护的关键工具，全面响应世界遗产的5C（可信度、有效保护、能力建设、宣传、社区）战略，并为中国特色的世界文化遗产保护之路奠定了坚实基础。

2021年，在我国福州举办的第44届世界遗产委员会会议发布了极具包容性的《福州宣言》；联合国教科文组织驻华代表处发布了《中国世界遗产能力建设手册》，为中国的遗产保护管理者理解世界遗产前沿理念并结合实际加以实践提供了参考标准和行动指南。亚洲文化遗产保护对话会等国际会议的召开，进一步加强了遗产保护领域的中外合作；我国在柬埔寨、尼泊尔等国家开展的援外文物保护工程持续推进，为国际遗产保护贡献了中国力量，传播了中国的文物保护理念，树立了良好的国际形象。同年，国务院办公厅印发的《"十四五"文物保护与科技创新规划》，在世界遗产保护管理方面提出具体要求，明确了一批重点推进的申遗项目，以及"强化丝绸之路文化遗产保护与国际合作机制。完善世界遗产监测与巡查监管衔接制度，建设5~10处世界文化遗产地监测预警平台。加大世界遗产研究展示宣传力度"的重点工作任务。

2022年，我们同时迎来了《中华人民共和国文物保护法》颁布40周年和第一批国家历史文化名城公布40周年。在注重国内法律体系建设的同时，中

国积极开展世界遗产领域的国际交流合作，推动中国的世界文化遗产和中华优秀传统文化走向世界、融入世界。

在此背景下，《中国世界文化遗产保护状况报告（2021~2022）》付梓。本书从中国世界文化遗产（含混合遗产）"申遗承诺"履行情况、机构与能力建设、遗产保存状况、遗产影响因素、遗产项目管理与日常管理、国内外形势、遗产舆情等方面全方位梳理了中国世界文化遗产保护管理工作的主要成绩与问题，并结合北京故宫、莫高窟、明十三陵、西湖文化景观、"鼓浪屿：历史国际社区"、良渚古城遗址等6个遗产地保护案例加以具体说明，从政府责任、专业机构能力建设、管理体制机制、学术研究、资源整合、展示与阐释以及国际交流合作等方面提出了具体的应对策略，为全国世界文化遗产地的保护实践提供智力支持，也为文物治理能力和治理水平的新提升、科学遗产保护理念的进一步传播提供路径。

习近平总书记在二十大报告中指出，要"加大文物和文化遗产保护力度，加强城乡建设中历史文化保护传承""加强国际传播能力建设，全面提升国际传播效能，形成同我国综合国力和国际地位相匹配的国际话语权。深化文明交流互鉴，推动中华文化更好走向世界"。

中国文化遗产研究院也将继续与全国同仁一起努力，以二十大报告精神为指引，紧紧围绕习近平总书记提出的"有利于突出中华文明历史文化价值，有利于体现中华民族精神追求，有利于向世人展示全面真实的古代中国和现代中国"的申遗方针和全国文物工作会议形成的"保护第一、加强管理、挖掘价值、有效利用、让文物活起来"的新文物工作方针，继续做好世界文化遗产申报与保护工作，促进我国从遗产大国向遗产强国坚定迈进，在中华民族伟大复兴的道路上，发挥中国世界文化遗产应有的作用。

谨以本蓝皮书的出版祝贺党的二十大召开和《世界遗产公约》签署50周年。

中国文化遗产研究院院长　李六三

2022 年 12 月 5 日

前　言

　　本报告是中国文化遗产研究院课题组第 8 本分析和研究中国世界文化遗产的年度保护状况报告，是以专著形式出版的第 3 本，也是首次以社会科学文献出版社"文化遗产蓝皮书"形式向公众公开。

　　世界遗产是一项由联合国教科文组织负责执行的项目，创建于 1972 年，目的在于通过在全球范围内确认罕见的、超越了国家界限的、对全人类的现在和未来均具有普遍重要意义和价值的文物古迹及自然景观，提高全世界对世界遗产及其重要性的认识，加强保护和利用，促进全球和平与安全。我国于 1985 年正式加入世界遗产项目纲领性文件《世界遗产公约》，对国际社会作出了为人类妥善保护中国境内世界遗产的庄严承诺，从此我国世界遗产事业走上了一条艰辛而辉煌的道路。而世界遗产项目也成为 20 世纪 90 年代以来，我国对外展示和宣传中华文明精神特质的重要窗口和平台。截至 2022 年，我国已有 56 项遗产被列入《世界遗产名录》，其中文化遗产 38 项、自然遗产 14 项、文化和自然混合遗产 4 项。

　　为了更好地维护我国世界文化遗产的真实性、完整性，基于《世界遗产公约》及其操作指南的要求和国内文化遗产保护实际需要，我国于 2012 年开始构建以制度规范、人力资源、工程技术为中心的中国世界文化遗产监测预警体系。其中，建立监测年度报告制度是该体系的重要内容之一，旨在通过记录我国世界文化遗产本体及其环境变化、保护传承实践、机构与能力建设情况，评估世界文化遗产突出普遍价值是否得到保持，同时也为各遗产地之间的信息分享和经验交流提供重要平台。依据该制度，我国世界文化遗产保护管理机构或

监测机构每年均会编写监测年度报告，以反映本年度遗产保护管理工作的整体状况。该制度自 2015 年正式实施以来，已经成为我国世界文化遗产研究、保护、管理工作的有力抓手。

受国家文物局委托，中国文化遗产研究院中国世界文化遗产中心（中国世界文化遗产监测中心）自 2015 年起，负责每年对各遗产地提交的监测年度报告进行统计、分析，编写我国世界文化遗产年度保护状况总报告。《中国世界文化遗产保护状况报告（2021~2022）》即是基于 110 份我国世界文化遗产保护管理机构或监测机构提交的 2021 年度监测年度报告①编制而成的，亦是"中国世界文化遗产年度保护状况总报告系列"的第 8 本。

本报告受到国家文物局文物保护与考古司（世界文化遗产司）及世界遗产处的重点支持，中国文化遗产研究院科研机构专项业务费的重点资助，本报告的组织、协调以及总报告和分报告的编写，均由中国文化遗产研究院负责。

本报告在李六三先生、沈阳先生、许言先生、李向东先生、李黎女士的指导下完成，由赵云、燕海鸣具体统筹、组织。感谢专家刘曙光、胡锤、尹占群、王毅、薛志坚、张朝枝、党志刚先生，以及于冰、孙秀丽、余秋梅女士在报告策划、编写工作中给予的支持和鼓励。

编 者

2022 年 10 月 12 日

---

① 涉及 41 项遗产、110 处遗产地的保护管理情况。因拉萨布达拉宫历史建筑群 - 大昭寺、武夷山 - 景区未提交 2021 年度监测年度报告，所以除个别指标外，本报告中绝大部分统计结果不含以上 2 处遗产地，以及澳门历史城区。截至 2021 年，我国一共有 42 项、113 处世界文化遗产地。

摘　要

　　本报告是中国文化遗产研究院课题组主编的 2021~2022 年度研究报告（文化遗产蓝皮书），由中国文化遗产研究院和来自全国多个遗产地的一线保护管理人员共同撰写。

　　报告主要以我国世界文化遗产保护管理机构 / 监测机构编写的 110 份《中国世界文化遗产 2021 年度监测年度报告》为依据，由总报告、分报告、专题篇、特色遗产篇、附录五大板块构成，共计 14 篇文章。第一板块为总报告，含 1 篇文章，为整个报告的核心研究成果，分析了世界文化遗产事业国际发展趋势、我国世界文化遗产保护实践总体特点以及面临的若干挑战，提出了应对这些挑战的对策建议。第二板块为分报告，由 5 篇报告组成，这部分基于丰富、翔实的数据，通过数据的横纵向对比，比较全面地分析了 2021 年我国世界文化遗产在申遗承诺履行、机构与能力建设、遗产保存、遗产影响因素、遗产工程项目与日常管理等方面的详细状况，针对出现的问题，各篇分报告都提出了具有针对性的对策和建议。第三板块为专题篇，包括 2 篇报告，分别分析了 2021 年国际、国内影响我国世界文化遗产保护管理工作的重点或热点事件，以及本年度社会公众对我国世界文化遗产相关现象表达的各项态度。第四板块为特色遗产篇，含 6 篇报告，阐述了 2021 年度我国世界文化遗产管理者对不同类型遗产的保护管理实践。第五板块为附录，含 9 张反映 2021 年我国世界文化遗产主要保护管理工作数据的图纸。

　　报告认为，2021 年我国世界文化遗产事业取得令人瞩目的成绩。在党和国家领导人高度重视下，本年度国家以及多个相关行业的"十四五"专项规划向

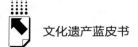

世界文化遗产倾斜，有力促进了遗产保护和地区发展进一步融合，我国世界文化遗产保护管理状况继续保持总体良好的发展态势：绝大多数申遗承诺履行正常；机构与能力建设得到加强，新颁布52项与遗产保护管理相关的规章和制度，遗产保护经费总额回升，各遗产地之间的经费差异整体趋向平衡，培训人员数量较上年增长近四成；遗产本体保存状况稳定并向好发展，绝大部分总体格局、遗产使用功能、遗产要素未变化或发生了正面变化，病害发生率有所下降；负面影响因素总体控制较好，七成遗产地的游客量出现回升，采用预约方式管理游客的遗产地有所增加，存在日游客量超载现象的遗产地小幅下降；遗产工程管理和日常管理工作总体效果较好，遗产地监测平台对保护管理的作用日益显现，各类学术研究成果数量显著增长。

报告同时指出，在我国世界文化遗产事业快速发展的同时也面临诸多问题。国际方面，申报世界遗产程序的复杂化、《世界遗产公约》履约要求的严格化，以及国际政治格局一直存在的复杂性和不确定性，给各国世界遗产申报和保护管理工作带来新的挑战。国内方面，气候变化与自然灾害、建设压力对遗产本体及环境保存的威胁一直存在，机构改革使部分遗产地的组织协调效率有所降低，政府主体责任落实依旧不够充分，国际话语权仍有待提升等。报告提出，下阶段我国世界文化遗产事业要不断强化和凸显各级政府的主体责任，统筹与整合各方资源，实现各方联动与资源共享，充分动员社会力量参与，完善政府负责、部门协同、社会参与的工作格局。要加快世界文化遗产保护管理专业能力建设步伐，加强科技支撑，提高遗产监测预警效能，不断加强保护管理力量，提升治理能力和治理水平。要进一步加强世界遗产保护管理研究，深入挖掘和科学阐释遗产价值，创新合理利用方式，推动遗产保护利用工作全面融入经济社会发展。要整合遗产资源，构建国家叙事，展示现代中国。要加强国际交流合作，培育联合申遗项目，落实"一带一路"倡议，促进文明互鉴，推动构建人类命运共同体。

关键词：中国世界文化遗产 遗产监测 保护管理

目 录 ↳

Ⅰ 总报告

Ⅱ 分报告

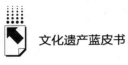

皮书数据库阅读**使用指南**

总 报 告
General Report

B.1
2021 年中国世界文化遗产保护报告

赵 云　燕海鸣　张依萌　罗 颖 *

摘　要： 2021 年，新冠疫情在全球持续蔓延，世界遗产相关国际组织纷纷强调可持续发展、文化复原力与遗产管理者能力建设。"20 世纪遗产"与跨国联合申遗备受关注。申遗程序趋于完善，缔约国

---

* 赵云，中国文化遗产研究院中国世界文化遗产中心（中国世界文化遗产监测中心）主任、研究馆员，主要研究领域：世界文化遗产、文物保护；燕海鸣，中国文化遗产研究院中国世界文化遗产中心（中国世界文化遗产监测中心）副主任、副研究馆员，中国古迹遗址保护协会秘书处主任，主要研究领域：世界遗产、遗产与中国社会；张依萌，中国文化遗产研究院中国世界文化遗产中心（中国世界文化遗产监测中心）副研究馆员，中国世界文化遗产监测预警总平台负责人，主要研究领域：中国世界文化遗产保护管理理论政策、世界文化遗产监测、长城考古与保护；罗颖，中国文化遗产研究院中国世界文化遗产中心（中国世界文化遗产监测中心）工程师，主要研究领域：世界文化遗产保护状况、遗产监测。

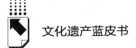

利益纷争不断。在国内，我国世界文化遗产保护发展态势整体良好，遗产保护和地区发展进一步融合，申遗工作稳步推进，国际交流合作成果丰硕。保护经费有所增长，遗产旅游逐步复苏。同时，我国世界文化遗产保护工作也面临建设压力上升、气候变化导致灾害增多、考古与价值研究不足、政府主体责任落实不充分、国际话语权仍待提升等挑战。下一步应由政府主导，理顺遗产保护管理体制机制；加快世界文化遗产保护管理专业能力建设与科技支撑，提高监测预警效能；推动遗产保护规划编制实施；深入挖掘和科学阐释遗产价值；积极争取国际话语权，促进国际体系优化。

关键词： 中国世界文化遗产　保护管理　遗产监测　能力建设　国际话语权

一　世界文化遗产事业国际背景与变化趋势

2021 年，新冠疫情继续在全球蔓延，世界遗产地经济社会复苏的前景仍不明朗。在这一背景下，世界遗产各相关国际组织纷纷强调可持续发展和文化复原力。与世界遗产发展新形势相配套，联合国教科文组织发布了《文化遗产管理技能框架》，对遗产管理者需要具备的素质提出了系统的要求。在遗产申报实践方面，"20 世纪遗产"成为热点，跨国联合申遗成为新趋势。申遗程序复杂化以及缔约国的利益纷争给各国申遗工作带来了新的挑战。

（一）部分遗产地开始疫情后复苏，全球形势依然严峻

2021 年，全球防疫形势依然严峻，但旅游业已开始逐步复苏，这可能是疫苗接种人群不断增加以及一些国家经济刺激政策和防疫限制放宽等因素综合作用带来的积极影响。截至 2022 年 3 月，全球约 68% 的遗产地因疫情影响关闭后陆续重新开放，其中位于欧洲、美洲的遗产地已 100% 实现了完全开

放①。据世界旅游组织（UNWTO）统计，美洲和欧洲的国际游客量也有小幅回升。我国世界文化遗产旅游正在稳步复苏中。与此同时，还有一些遗产地的情况仍不乐观。在亚太地区，超过半数的遗产地仍然处于完全关闭状态。非洲、亚太、中东地区的国际游客总量进一步下降。

根据联合国教科文组织的问卷调查结果，全球约 78% 的遗产地认为疫情对遗产保护管理造成了负面影响，主要包括游客锐减及因此导致的门票收入明显下跌、公共财政资金投入大幅下降和裁员潮等②。

由于新冠病毒不断变异，传染性增强，疫情反复的可能性很高，遗产地全面复苏的拐点尚未到来。

（二）国际遗产组织积极推动可持续发展、文化—自然融合与管理能力建设

2021 年，为进一步发挥文化和自然遗产、物质和非物质遗产在落实联合国各项发展目标和政策过程中的作用，加强各世界遗产地与世界遗产体系和咨询机构之间的联系，促进文化、自然遗产融合，推动世界遗产管理者能力提升，多个世界遗产相关国际组织发布了指导性文件及相关工具。

如针对联合国《2030 年可持续发展议程》，国际古迹遗址理事会（ICOMOS）发布了《遗产与可持续发展目标：遗产与发展者政策指南》③，旨在进一步密切自然遗产、物质和非物质遗产的联系，并利用遗产推动可持续发展目标的实现。在此基础上，国际文化财产保护与修复研究中心（ICCROM）发布了文化遗产资源管理（OCM）工具包④，整合出版物资源，帮助遗产工作

---

① UNESCO，"Monitoring World Heritage Sites Closures"，accessed on 29 August 2022，https：// en.unesco.org/covid19/cultureresponse/monitoringworld-heritage-site-closures.

② UNESCO，"World Heritage in the Face of COVID-19"，accessed on 29 August 2022，https：// whc.unesco.org/document/187932.

③ ICOMOS，"Heritage and the Sustainable Development Goals：Policy Guidance for Heritage and Development Actors"，accessed on 29 August 2022，https：//www.icomos.org/images/ DOCUMENTS/Secretariat/2021/SDG/ICOMOS_SDGs_Policy_Guidance_2021.pdf.

④ ICCROM，"Our Collections Matter Toolkit"，accessed on 29 August 2022，https：//ocm.iccrom. org/.

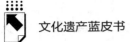

者更好地理解"5P"原则①，并以此为基础，服务可持续发展目标。

国际古迹遗址理事会和世界自然保护联盟（IUCN）自 2013 年起联合发起"文化—自然融合实践"，以期弥合文化和自然遗产评价标准与话语体系差异等问题，寻找协同发展模式。至 2019 年，三期融合实践项目全部结束。2021年，第三期融合实践报告发布，提出要充分利用遗产其他身份体系促进文化—自然融合的建议。我国的世界文化遗产——红河哈尼梯田文化景观案例入选②。得益于遗产保护管理过程中当地林业、农业、水利、文化等部门的协作，以及公众的深度参与，共同塑造"森林、村寨、梯田、水系"四素同构的人与自然高度协调，红河哈尼梯田的文化和自然融合工作获得国际专家高度评价。

此外，联合国教科文组织则从 2018 年开始系统梳理文化遗产保护管理工作者的层次及所需的各项能力和知识，并于 2021 年发布了《文化遗产管理技能框架》③，成为各缔约国开展培训、建立健全职业资格体系的重要参考。

（三）申遗限额促联合，程序复杂增成本

为落实旨在平衡地区和国家间世界遗产数量的"全球战略"，《实施〈世界遗产公约〉操作指南》（以下简称《操作指南》）在 2017 年进行了修订，规定自 2018 年 2 月 2 日起，每个缔约国每年只能申报 1 项遗产。申遗名额的限制一方面导致遗产资源丰富的缔约国内部竞争更加激烈，促使各缔约国在选择申报项目时更加慎重，注意质量控制；另一方面，也促进了各缔约国对申

① 《遗产与可持续发展目标：遗产与发展者政策指南》将可持续发展目标分解为 5 个维度（"5P"原则）：人类（People）、地球（Planet）、繁荣（Prosperity）、和平（Peace）与合作（Partnerships），以期利用遗产推动可持续发展目标的达成。

② 红河哈尼梯田案例详见 Luisa De Marco, Gwenaëlle Bourdin, Kristal Buckley, Leticia Leitão and Maureen Thibault, "Connecting Practice Phase III：Final Report"，国际古迹遗址理事会网站，2021 年 11 月 10 日，https://openarchive.icomos.org/id/eprint/2477/7/ConnectingPractice_III_EN.pdf, p.16，最后检索时间：2022 年 8 月 29 日。

③ 联合国教科文组织：Competence Framework for Cultural Heritage Management—A Guide to the Essential Skills and Knowledge for Heritage Practitioners，联合国教科文组织数字文献平台，https://unesdoc.unesco.org/ark:/48223/pf0000379275/PDF/379275eng.pdf.multi，最后检索时间：2022 年 8 月 29 日。

遗规则更深入的研究和更充分、巧妙地利用。由于新规则对跨国联合申遗项目没有过多限制，仅占用一国名额，因此各国开始考虑通过联合申报的方式充实本国的世界遗产名单。数据显示，2021 年的跨国联合申遗项目达 4 项之多，涉及 9 个国家。值得注意的是，这些参与跨国遗产申报的缔约国全部为欧洲国家。与此同时，《世界遗产名录》中欧洲跨国遗产占到全部跨国遗产的近 70%。地缘、文化的紧密联系以及意识形态的一致，使欧洲国家在联合申遗时阻碍更少、可操作性更强。2021 年，如将跨国遗产数量计算在内，则奥地利、比利时、德国、法国、荷兰、意大利等 6 个国家均有 2 项以上的遗产被列入名录。国际古迹遗址理事会的 18 个欧洲国家委员会还通过联合编写《国际古迹遗址理事会欧洲倡议：关于分享欧洲跨国系列提名经验的报告》[①]总结了跨国申遗经验。

2021 年，《操作指南》进行了最新修订。一是在正式评估前增加预评估环节。即缔约国在正式提交申遗文本前，先行提交"预评估申报书"，经咨询机构完成为期 1 年的审核后，再根据预评估意见启动正式申报流程。新规定旨在加强缔约国与咨询机构的沟通，提高申遗项目质量和工作效率，却延长了申遗周期，增加了缔约国申遗工作成本。二是除文化景观外，历史城镇和城镇中心、遗产运河、遗产线路等三种类型的遗产不再单独作为特殊类型对待。这样的变化可能导致特殊类型遗产多样性表达和价值提炼方面出现新的挑战，后续影响有待继续关注。

（四）近现代工业文明获关注，"20 世纪遗产"主题研究与实践成焦点

科学技术进步深刻地改变了人类社会。随着信息时代的到来，近现代工业文明也走进遗产保护界的视野，并得到国际学界越来越多的关注。

在学术研究方面，国际古迹遗址理事会"20 世纪遗产"科学委员会与盖

---

① ICOMOS, "ICOMOS Europe Initiative—Sharing Experience on Transnational Serial Nominations in Europe", accessed on 31 August 2022, https://www.icomos.org/images/DOCUMENTS/World_Heritage/ICOMOS_Europe_initiative_Sharing_experience_on_Transnational_Serial_Nominations_in_Europe.pdf.

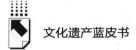
蒂保护研究所联合开展了主题研究，并于 2021 年发布了《20 世纪的历史主题框架：遗产地评估工具》①。实践方面，在同年举行的第 44 届世界遗产委员会会议期间，亚洲、欧洲、拉美地区共有 5 项"20 世纪遗产"被列入《世界遗产名录》，类型涵盖了建筑单体、园林、城市中心、工业遗产等，成为工业时代人类文明的见证。

（五）缔约国利益冲突明显，政治经济博弈更加激烈

一年一度的世界遗产委员会会议，既是文明交流互鉴的舞台，也是各缔约国的博弈场。2021 年第 44 届世界遗产委员会会议期间，各缔约国围绕履约权责、意识形态等主题进行了激烈的争论，业已超出遗产保护专业技术的探讨范畴。

一是关于共同应对气候变化的责任划分，各缔约国对于"共同但有差别的责任"存在明显分歧，因此《气候变化对世界遗产影响的政策文件》未能按计划完成修订，延至第 23 届缔约国大会讨论；二是由波兰申报的"格但斯克船厂——'团结'工会的诞生地和欧洲铁幕倒塌的象征"项目，具有明显的政治色彩，引起了很大争议，最终"无限期推迟"。

二 中国世界文化遗产保护实践总体特点与发展趋势

2021 年，我国世界文化遗产保护状况总体较好。党和国家对我国世界文化遗产保护事业持续给予高度重视，遗产保护与地区发展进一步融合，科技创新获得政策层面鼓励与支持。第 44 届世界遗产委员会会议在我国福州胜利举行。蕴含中国智慧的《福州宣言》顺利通过，"泉州：宋元中国的世界海洋商贸中心"申遗成功，中国世界文化遗产保护状况报告获高度认可，预备名单项目培育工作稳步推进，国际合作和援外遗产保护项目成果丰

---

① Getty Conservation Institute, "The Twentieth-Century Historic Thematic Framework—A Tool for Assessing Heritage Places", accessed on 31 August 2022, http://openarchive.icomos.org/id/eprint/2432/1/twentieth_century_historic_thematic_framework.pdf.

富；遗产旅游逐步复苏；遗产热点频出，但世界文化遗产的社会关注度有所下降。

（一）党和国家空前重视遗产保护与考古工作，行业协作与科技创新成为有力支撑

中国政府历来重视文化遗产保护工作。党的十八大以来，以习近平同志为核心的党中央，对包括我国世界文化遗产保护在内的新时代文物工作给予了空前的关注和支持。党的十八届三中全会将文物事业改革发展纳入全面深化改革战略布局；党的十九大和十九届五中、六中全会对加强文物保护利用和文化遗产保护传承进行了长远谋划和顶层设计。

2019 年以来，习近平总书记赴莫高窟、云冈石窟、平遥古城、长城 - 嘉峪关、福州三坊七巷等多个世界文化遗产地和预备名单遗产地调研，并针对我国世界文化遗产多次做出重要指示批示，指出"世界文化遗产，保护好是第一位的""保护文物也是政绩""让文物活起来""使文物保护成果更多惠及人民群众"，强调保护的同时做好利用传承，推动全党全社会形成遗产保护传承的积极氛围。

2021 年，正值仰韶文化发现和中国现代考古学诞生 100 周年，9 月 28 日，习近平总书记在中央政治局以"我国考古最新发现及其意义"为题举行的第二十三次集体学习时强调，要"建设中国特色中国风格中国气派的考古学，更好认识源远流长博大精深的中华文明"。中国世界文化遗产中数量最多的考古遗址类（含古遗址、古墓葬、石窟寺及石刻）遗产地，获得了空前的发展机遇。考古是遗产保护工作的先导与重要环节，但长期以来也是遗产研究的短板。深入开展考古研究，挖掘遗产价值，充分展示内容与阐释依据，是提升遗产保护工作的必然要求和发展趋势。

在国家力量推动下，行业内外进一步协作，逐渐形成合力。

一是文博行业专项规划向世界文化遗产倾斜，助力遗产保护。2021 年，国家文物局先后印发了《大遗址保护利用"十四五"专项规划》和《"十四五"石窟寺保护利用专项规划》。前者对推动考古、空间管控、理论

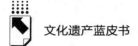

制度研究、展示利用、申遗、培育世界遗产申报预备项目、文化线路遗产保护利用等提出了具体要求①。后者则提出要实施"石窟中国"保护工程，全面提升保护水平；支持将敦煌研究院建设成为世界文化遗产保护典范和敦煌学研究高地，依托石窟寺类世界遗产保护管理机构建立区域保护研究基地；优化石窟寺类世界遗产的经费结构等具体任务和保障措施②。

二是多个行业"十四五"规划将世界文化遗产保护纳入其中，促进遗产保护和地区发展融合。2021年10月，国务院办公厅印发《"十四五"文物保护和科技创新规划》，部署重点推进云南普洱景迈山古茶林文化景观、北京中轴线、西夏陵、江南水乡古镇、海上丝绸之路、二里头遗址、景德镇御窑遗址申遗工作，培育三星堆遗址、万里茶道、钓鱼城遗址等预备项目；强化丝绸之路文化遗产保护与国际合作机制；加大世界遗产研究展示宣传力度等③。11月，国务院印发《"十四五"推进农业农村现代化规划》，提出加强农业文化遗产发掘认定和转化创新；加强历史文化名村名镇、传统村落、少数民族特色村寨、传统民居、农村文物、地名文化遗产和古树名木保护，推动遗产保护与农业农村现代化的有机结合。上述要求同样适用于"皖南古村落—西递、宏村"、福建土楼、红河哈尼梯田文化景观等我国世界文化遗产地④。12月，国务院又相继印发《"十四五"旅游业发展规划》和《"十四五"国家应急体系规划》，前者提出依托世界文化遗产、国家历史文化名城及各级文物保护单位等，在加强保护基础上切实盘活用好各类文物资源，打造一批历史文化旅游

① 国家文物局:《国家文物局关于印发〈大遗址保护利用"十四五"专项规划〉的通知》，2021年11月18日，http://www.ncha.gov.cn/art/2021/11/18/art_2318_45063.html，最后检索时间：2022年8月29日。
② 国家文物局:《国家文物局关于印发〈"十四五"石窟寺保护利用专项规划〉的通知》，国家文物局网站，2021年11月1日，http://www.ncha.gov.cn/art/2021/12/7/art_2237_45091.html，最后检索时间：2022年8月29日。
③ 国务院办公厅:《国务院办公厅关于印发〈"十四五"文物保护和科技创新规划〉的通知》，中华人民共和国政府网站，2021年10月28日，http://www.gov.cn/zhengce/content/2021-11/08/content_5649764.htm，最后检索时间：2022年8月29日。
④ 国务院:《国务院关于印发〈"十四五"推进农业农村现代化规划〉的通知》，中华人民共和国政府网站，2021年11月12日，http://www.gov.cn/zhengce/content/2022-02/11/content_5673082.htm，最后检索时间：2022年8月29日。

目的地，发展文化遗产旅游[①]；后者则将文物、文化遗产保护场所的消防安全纳入安全生产治本攻坚重点[②]。

三是多处遗产地的专项规划出台。2021 年，8 项遗产、16 处遗产地编制了 27 个相关规划，规划类型涉及风景名胜区规划、历史文化名城名镇名村保护规划、土地利用规划、遗址公园规划、旅游规划、交通规划、水利规划、环保规划等，均对遗产的保护利用工作产生了重要影响。

四是文化遗产与自然遗产主管部门加强合作，促进融合实践。12 月，为加强自然遗产和文化遗产的协同保护，国家文物局与国家林业和草原局签署《关于加强世界遗产保护传承利用合作协议》[③]，着力推动文化和自然领域专业机构、高校和保护管理机构的合作，共同培育世界文化和自然混合遗产申报项目，开展跨部门协同保护管理试点，积极参与世界遗产领域国际事务，加强国际交流合作。初步构建了多部门协同、多领域合作的遗产治理模式。

五是突出强调以科技支撑遗产保护管理。《"十四五"文物保护和科技创新规划》（以下简称《规划》）提出建设国家文物资源大数据库；提高文物安全与执法督察、考古工作的科技水平；通过深化基础研究、推动关键技术攻关、加快专有装备研制升级、整合优化科技资源配置、推进科技成果应用示范和加强标准化建设，全面加强文物科技创新。《规划》还对科技研发投入、科研人员数量、文物领域专利授权数量、国家重点实验室和重点科研基地数量、文物行业标准数量提出了具体指标要求。针对世界文化遗产，《规划》提出完善世界遗产监测与巡查监管衔接制度，建设 5~10 处世界文化遗产地监

---

① 国务院：《国务院关于印发〈"十四五"旅游业发展规划〉的通知》，中华人民共和国政府网站，2021 年 12 月 22 日，http://www.gov.cn/zhengce/content/2022-01/20/content_5669468.htm，最后检索时间：2022 年 8 月 29 日。

② 国务院：《国务院关于印发〈"十四五"国家应急体系规划〉的通知》，中华人民共和国政府网站，2021 年 12 月 30 日，http://www.gov.cn/zhengce/content/2022-02/14/content_5673424.htm，最后检索时间：2022 年 8 月 29 日。

③ 国家文物局：《国家文物局与国家林业和草原局签署战略合作协议》，国家文物局网站，2021 年 12 月 17 日，http://www.ncha.gov.cn/art/2021/12/17/art_722_172375.html，最后检索时间：2022 年 8 月 29 日。

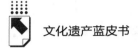

测预警平台的要求，体现了科技服务管理的理念。此外，《大遗址保护利用"十四五"专项规划》和《"十四五"石窟寺保护利用专项规划》也分别对科技应用加以强调。

（二）申遗与预备名单培育工作稳步推进，"泉州：宋元中国的世界海洋商贸中心"被列入《世界遗产名录》

2021 年，我国的世界遗产申报工作继续保持稳健、高效的态势。在福州召开的第 44 届世界遗产委员会会议上，"泉州：宋元中国的世界海洋商贸中心"经审议被正式列入《世界遗产名录》，成为我国第 38 项世界文化遗产。至此我国已经拥有 56 项世界遗产[①]，总数量居世界第二位。

在被列入预备名单的文化遗产中，云南普洱景迈山古茶林文化景观、北京中轴线、海上丝绸之路、西夏陵、江南水乡古镇、景德镇御窑遗址、万里茶道、钓鱼城遗址等预备名单项目继续推进。2021 年，云南普洱景迈山古茶林申遗前的各项筹备工作已基本完成，正等待国际专家的现场考察；世界遗产中心完成了北京中轴线申遗文本的格式审查；海上丝绸之路保护与研究领域的重要国际学术交流活动——"海上丝绸之路遗产的保护与研究"主题边会在第 44 届世界遗产委员会会议召开之际顺利举办；万里茶道世界文化遗产价值和申遗策略研讨会暨申遗工作推进会围绕 17~20 世纪中俄贸易的社会背景、经济系统、城乡体系、商人群体、文化交流、万里茶道遗产申报策略等研究方向和要点进行了讨论[②]。根据当前各项工作进展情况，预计"十四五"期间，我国的世界遗产数量有望达到 60 项。

---

① 包括 38 项世界文化遗产、4 项文化和自然混合遗产、14 项自然遗产。

② 万里茶道联合申报世界文化遗产办公室：《"万里茶道世界文化遗产价值和申遗策略研讨会暨申遗工作推进会"在北京和安徽祁门顺利召开》，万里茶道联合申报世界文化遗产办公室门户网站，2021 年 12 月 20 日，http://www.greattearoute.com/index.php/index/index/newsdetail?id=123&pcateid=3&cateid=13，最后检索时间：2022 年 8 月 29 日。

（三）遗产保护状况总体向好，中国特色的三级遗产管理体系运行有效

2021 年，我国世界文化遗产保护状况整体较好，一些重要行动获得国际社会的高度认可。一是申遗承诺事项继续保持高正常履行率，目前超过 99% 处于正常履行状况。二是本年度提交联合国教科文组织的澳门历史城区、长城、武当山古建筑群、左江花山岩画文化景观、拉萨布达拉宫历史建筑群和"丝绸之路：长安—天山廊道的路网"等 6 份遗产保护状况报告获通过。其中长城被评为世界遗产保护管理示范案例，这是继 2018 年大运河之后，我国世界遗产保护管理工作第二次获得此项殊荣。三是我国世界文化遗产地保护管理经费总额有所回升，以地方财政为主的遗产地继续保持逐年增长态势。在当前国家经济下行压力增大，财政支出压一般、保重点，压减非急需非刚性支出，政府提出过紧日子要求的背景下，各级政府仍然对遗产考古与保护事业给予了坚强支持。四是世界遗产科研成果较上年增长近 60%，其中围绕遗产监测开展的应用性技术研究课题和以文物保护工程技术为主的国家级科研课题的研究成果较为显著。五是绝大多数遗产地总体格局稳定，其中约半数遗产地通过业态优化、保护修复、展示提质等方式，改善了遗产保护利用状况。六是遗产病害总体控制良好，病害发生率有所下降。七是自然环境负面影响因素整体防治较好或控制正常。八是本年度文物安全形势好转。尽管遗产受灾次数有所增加，但由于多数遗产地采取了灾前预防措施，有效降低了损失。与此同时，得益于安防投入增加，全年遗产地火灾明显下降。九是受人为破坏影响的遗产地占比持续下降，创 2015 年以来新低。

上述成绩的取得，与我国世界文化遗产的"国家—省—遗产地"三级管理体系的高效运行密不可分。"十二五"期间，为配合遗产三级管理体系建成的中国世界文化遗产监测预警总平台，在全球范围内率先实现了对全国世界文化遗产地的统一监测管理。2017 年以来，总平台持续开展了世界文化遗产舆情专项监测与遥感监测，引入社会监督和垂直监管。这些举措有效整合了

管理资源，提高了管理效率，加强了各遗产地的业务联系与经验交流，促进了各遗产地不断提升保护管理工作水平。

（四）积极贡献中国智慧，国际交流合作成果丰硕

2021年，是我国第四个世界遗产委员国任期的最后一年。本届任期内，我国积极参与世界遗产全球战略、文化—自然融合实践、非洲优先、能力建设等议题的讨论，并为一系列共识的达成做出了积极贡献。

2021年，第44届世界遗产委员会会议在我国福州成功举办。会议在教育部副部长田学军主持下，发布了极具包容性的《福州宣言》。该文件以《世界遗产公约》通过50周年为契机，全面回顾了世界遗产的全球共识，讨论了非洲优先、气候变化、可持续发展、世界遗产青年教育、疫情应对等全球关切议题，充分体现了文明交流互鉴的精神和"构建人类命运共同体"的中国智慧，成为本届大会团结的象征。会议期间还举办了"海上丝绸之路遗产的保护与研究""城市历史景观保护与可持续发展"等13场主题边会，各国代表充分交流，取得了一系列成果。

2021年，联合国教科文组织驻华代表处发布了由国家林草局、中国文化遗产研究院、中山大学等专业团队编制的《中国世界遗产能力建设手册》[①]。该手册是联合国教科文组织"中国世界遗产地保护和管理项目第三期（2017—2021）"框架下的成果，为中国的遗产保护管理者理解世界遗产前沿理念并结合实际加以实践提供了参考标准和行动指南[②]。

2021年，由国家文物局、北京市人民政府主办，中国文化遗产研究院、北京市文物局等多家单位承办，以"增进文明对话、共塑亚洲未来"为主题的亚洲文化遗产保护对话会以线上形式召开。来自联合国教科文组织等5个国

---

① 该手册共包含6册，分别是《世界遗产概述》《世界遗产的价值研究与申报》《世界文化遗产的保护管理与监测》《世界自然遗产的保护管理与监测》《世界遗产地可持续旅游管理》《遗产保护助力可持续发展》。
② 联合国教科文组织：《联合国教科文组织〈中国世界遗产能力建设手册〉发布》，中国世界文化遗产中心门户网站，2021年10月18日，https://www.wochmoc.org.cn/contents/32/951.html，最后检索时间：2022年8月29日。

际组织、亚洲 36 国以及香港特区政府、澳门特区政府的代表参会。会议期间，我国与柬埔寨等亚洲 10 国共同发起成立了"亚洲文化遗产保护联盟"；设立了亚洲文化遗产保护基金；启动了"亚洲文化遗产保护青年大使"计划；发布了《关于共同开展亚洲文化遗产保护行动的倡议》[①]，为亚洲遗产保护领域合作、推进亚洲文明交流互鉴、构建亚洲命运共同体搭建了新平台、描绘了新图景。

2021 年，我国援外文物保护工程持续推进，涉及国别增多，经费投入加大，国际影响力进一步增强。中国文物保护工作者活跃在柬埔寨吴哥古迹、尼泊尔加德满都谷地和柏威夏寺等世界文化遗产地，为国际遗产保护贡献了中国力量，传播了中国的文物保护理念，展示了中国文物人高超的技术水平和风采，取得了良好的保护效果，赢得了当地政府、专业机构和公众的好评与尊重，树立了良好的国际形象。

（五）遗产旅游逐渐复苏，预约游成流行方式

2021 年，我国世界文化遗产旅游逐渐复苏。全年各遗产地共接待游客近 2.4 亿人次，较上年同期增长近 40%，部分遗产地游客量增长 1 倍以上，个别遗产地出现新的游客超载现象。全年遗产旅游门票收入超过 75 亿元，同比增长 1.1 倍；遗产地保护管理机构参与的经营活动收入达 12 亿元，同比增长超过 25%。国内遗产旅游能够在亚太地区遗产旅游总体走低的状况下逆势上扬，得益于我国疫情防控政策更加精准灵活，为游客出行提供了方便。

与此同时，也有少数遗产地受局部疫情反复和防疫政策收紧的影响，游客量和收入仍在减少。这表明，我国疫情防控形势依旧严峻，各地仍需高度重视。

2021 年，受疫情防控常态化的影响，超过 60% 的遗产地采用预约方式管理游客，部分遗产地实行了全部游客的预约管理。预计未来，预约游将成为更多遗产地的主要游客管理方式。

---

① 中国文化遗产研究院：《亚洲文化遗产保护对话会在京召开》，中国文化遗产研究院网站，2021 年 11 月 19 日，http://www.cach.org.cn/tabid/67/InfoID/2689/frtid/41/Default.aspx，最后检索时间：2022 年 8 月 29 日。

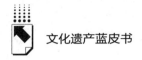

（六）业内热点新闻频出，世界文化遗产总体关注度仍持续下降

2021年，中国世界文化遗产业内相关热点较多。中央政治局第二十三次集体学习强调"建设中国特色中国风格中国气派的考古学"、遗产保护相关"十四五"规划相继出台，在业内反响强烈。第44届世界遗产委员会会议在福州召开，"泉州：宋元中国的世界海洋商贸中心"申遗成功；"考古中国"公布3项长城考古重要发现；预备名单遗产地西汉帝陵—汉文帝霸陵遗址的发现；福州三坊七巷入选"2021全国文化遗产旅游优秀案例"；三星堆遗址获"2021十大年度国家IP"等新闻引发社会热议。

尽管业内热点频出，但我国世界文化遗产社会关注度总体仍呈下降趋势。2021年，中国世界文化遗产核心舆情数量同比下降近1/5，创三年来新低。一方面，随着各遗产地游客管理能力的持续提升，2021年我国世界文化遗产遭受人为破坏的现象，尤其是往年最受舆论关注的游客不文明行为已连续4年呈现下降趋势，报道量相应下降；另一方面，与往年相比，国家重大纪念活动相关报道增多，吸引了社会的目光，在一定程度上转移了人们对我国世界文化遗产的关注度。

虽然2021年中国世界文化遗产舆情数量的下降与遗产保护管理工作的好坏并无直接联系，但对社会经济发展形势具有一定的指标意义。作为一种客观结果，舆情数量的下降对遗产保护管理是否会造成影响，以及将造成何种影响，均有待进一步观察。

三 中国世界文化遗产保护工作的主要挑战

2021年，我国世界文化遗产地建设压力有所上升；气候变化与自然灾害已成为遗产受损的重要影响因素；受机构改革影响，遗产地的组织协调能力面临挑战；体制机制不畅制约遗产监测效能；考古对世界遗产价值保护展示与阐释支撑依然不足；政府主体责任落实不充分导致部分申遗承诺执行困难、遗产保护管理规划编制与实施情况整体滞后；中国在国际世界遗产体系中的话语权仍待提升。

（一）建设项目破坏遗产风险增加，强降雨导致遗产局部坍塌多发

从人为影响因素看，2021 年，我国世界文化遗产地的遗产区、缓冲区内的建设压力明显增大。上报建设项目的遗产地数量略有增加，项目数量则激增超过 60%。与此同时，未依法经文物部门同意的项目数量占比 14.37%，同比也有所上升。在第 44 届世界遗产委员会会议上，中国提交审议的 6 份保护状况报告中，建筑开发、交通基础设施、服务基础设施、住宅建设等建设项目也均是国际专家关注的重点内容。建设项目一旦实施不当，对于遗产周边环境景观、本体安全均有威胁。尽管从目前来看，建设项目对我国世界文化遗产地产生的实际影响不大，但国际关注度高，隐患不容忽视。

从自然影响因素看，遗产要素负面变化绝大多数与气候变化和强降雨等恶劣天气直接相关。尤其是城墙、围墙类要素，局部坍塌多发。2021 年 7 月 17~20 日，河南出现持续性强降水天气，不可移动文物受灾严重，包括丝绸之路－函谷关、定鼎门等遗产地受到不同程度的影响。受气候变化影响，强降雨影响范围扩大，发生更加频繁，对遗产造成的破坏风险不断增加。

（二）多数遗产地专业技术人才队伍不达标，机构改革或对基层力量存在不利影响

《全国文博人才发展中长期规划纲要（2014-2020 年）》提出"专业技术人才占人才总量的比重达到 45% 以上，高、中、初级专业人员比例达到 2：3：5"的目标[①]。目前绝大多数遗产地保护管理机构不能达到这一标准。与此同时，在新一轮文旅机构和事业单位改革中，13 处遗产地（占比为 11.82%）的保护管理机构发生了变化。值得注意的是，部分遗产地保护管理机构因改革而发生职能拆解和权力弱化的情况。作为政府派出机构的原八达岭特区办事处被取消，职能由八达岭长城管理处、中国长城博物馆、八达岭林场、八

---

① 国家文物局：《全国文博人才发展中长期规划纲要（2014-2020 年）》（文物人函〔2014〕560 号），国家文物局网站，2014 年 5 月 9 日，http：// http：//www.ncha.gov.cn/art/2014/6/3/art_2237_23828.html/，最后检索时间：2022 年 8 月 29 日。

达岭镇人民政府分担。4 个单位行政级别相同（正处级）、互不隶属。其中负责世界文化遗产保护管理的八达岭长城管理处变为事业单位，业务从综合管理变成单纯文物保护。这对于遗产相关工作的组织协调较为不利。此外，受机构改革影响，2021 年度遗产地保护从业人员总数较 2020 年也有一定下降，部分遗产地人员降幅超过 25%。如八达岭长城世界遗产保护管理人员由 893 人骤降到 168 人。一方面，人员精简后业务力量获得集中，但另一方面也在一定程度上削弱了遗产地整体保护力量。

（三）属地管理、模块化机构设置与专业力量不足制约遗产监测效能发挥

世界遗产监测是一种针对世界遗产的风险管理手段。其目的在于监控和评估世界文化遗产的遗产区、缓冲区内可能对遗产突出普遍价值造成威胁的自然和人为因素的变化情况，并预先发出警示信息，以便保护管理机构及时采取相应的处置措施，有效防范风险[1]。1994 年，经世界遗产委员会主席团大会讨论，世界遗产监测正式成为世界遗产委员会职责和缔约国需要执行的工作。根据《操作指南》的要求："缔约国应在申报材料中提供衡量、评估遗产保护状况的关键指标、影响因素、遗产保护措施、审查周期及负责机构的名称（Ⅲ.132.6）。"[2]

世界遗产监测是一项专业性很强的工作，需要雄厚的资源、稳定的工作环境、高效的体制机制、完善的制度规范体系、专业化的机构和人员以及综合性的技术手段作为支撑。目前在世界范围内，如何通过遗产监测做到预知风险、排除隐患都还是一个难题。当前我国的三级遗产管理体系充分考虑了国际规则和国情，为世界遗产监测提供了基本的管理条件，但还不足以支撑预警处置效能的切实发挥。

---

[1] 中国文化遗产研究院编《中国世界文化遗产监测预警体系建设规划（2013-2020）（征求意见稿）》，内部资料。

[2] 中国古迹遗址保护协会译《实施〈世界遗产公约〉操作指南 2019（中文版）》，中国古迹遗址保护协会网，2020 年 5 月 20 日，http://www.icomoschina.org.cn/uploads/download/20200514100333_download.pdf，最后检索时间：2022 年 8 月 29 日。

在机构建设和人员配置方面，截至 2021 年，仅不到半数遗产地成立了专职监测机构；从事监测工作的人员，在遗产保护从业人员中占比不足 5%，其中又有约 40% 为兼职人员。

在法律与制度规范体系建设方面，尽管目前我国已初步形成了以《世界文化遗产保护管理办法》和《中国世界遗产监测巡视管理办法》领衔，基本覆盖全国世界文化遗产地的遗产保护法律体系，但就监测工作的具体执行而言，目前主要是通过行政手段进行管控，针对具体情况、具有可操作性的地方配套法规规章与规范性文件仍然不足。

在体制机制方面，文化遗产监测与考古、保护规划、保护工程、文物安消防等工作并非平行的业务关系，需要对这些工作的实施情况及实施效果进行全面跟踪与评估，确保遗产突出普遍价值得到有效的保护和传承。但我国文物保护工作遵循的属地管理原则与模块化的监测机构设置方式，使监测所需的垂直管理和数据集中难以实现。

在经费支撑方面，2021 年，全国遗产地监测经费总额仅占保护经费的不到 1%，并且自 2019 年以来呈下降趋势，对监测工作的开展形成制约。据调查，不少遗产地有监测需求，但苦于经费无着，相关工作迟迟得不到开展。

在技术应用方面，现有力量与投入的不足使得很多适用于遗产监测的成熟技术得不到有效应用，更遑论遗产监测专用技术的定制研发。同时也导致一些必要的基础性监测工作开展不足。如截至 2021 年，仍有超过 1/3 的遗产地未开展本体病害调查或因技术原因未提交相关数据。

此外，在思想观念方面，我国世界文化遗产保护界长期存在将遗产监测等同于以技术手段采集数据的认识，忽略了其作为管理业务的本质，导致监测需求不明。

（四）世界遗产考古有待加强，成果对遗产保护与价值展示支撑不足

在习近平总书记发表的"建设中国特色中国风格中国气派的考古学"等讲话精神的号召下，2021 年，国家和各级财政大力投入，考古研究人员积极开展业务，取得不俗的成绩，其中以世界文化遗产为对象的工作仍相对薄弱。

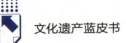

在涉及 13 项遗产的 41 处与考古学密切相关的遗址类世界遗产地中，仅 11 项遗产的 15 处遗产地开展了考古调查和发掘项目，同时本年度发表的各项考古研究成果主要是调查发掘报告，对遗产价值挖掘、保护、展示与阐释支撑有限。

此外，据统计，2021 年我国世界文化遗产地中，遗址类遗产地数量虽然最多（占比近 40%），但其游客总量仅占全国游客量的不足 8%，同时，仅有莫高窟，云冈石窟，丝绸之路－锁阳城遗址、克孜尔石窟，张骞墓等 5 处遗产地的讲解服务人次占其游客总量比例超过 45%。遗址类遗产，尤其是建筑基址、地面遗迹不存的古墓葬，以宗教题材为主的石窟寺等，或观赏性差，或内容深奥，需要通俗化的阐释和直观的展示。如何让游客看懂遗产，应成为考古研究的课题之一，是考古学者在解决学术问题的同时需要考虑的问题。

（五）遗产保护管理规划编制和实施工作滞后，政府主体责任尚未充分落实

2021 年，仅剩的 3 项非正常履行承诺，均与建设控制有关，具体包括建设控制地带界线调整，区域内的建筑腾退、搬迁、拆除等。因涉及的利益相关者众多，协调难度较大，因此进展缓慢。而这些工作能否推动，主要取决于政府的管理责任是否落实，即政府是否具有长远规划与协调各方的行动力。

在第 44 届世界遗产委员会会议上，在我国提交审议的 6 份世界文化遗产的保护状况报告中，国际专家最为关注的问题同样集中在管理体制／管理计划和管理活动方面。

根据《世界文化遗产保护管理办法（2006）》的要求，世界文化遗产保护管理规划应当由省级人民政府组织编制，报国家文物局审定，由省级人民政府公布并组织实施。世界文化遗产保护管理规划的要求，应当被纳入县级及以上地方人民政府的国民经济和社会发展规划、土地利用总体规划和城乡规划[①]。

---

① 详见原文化部《世界文化遗产保护管理办法》（文化部令第 41 号），2006 年 11 月 14 日，http：// http：//www.ncha.gov.cn/art/2020/9/14/art_2406_27.html，最后检索时间：2022 年 8 月 29 日。

从目前的情况看，我国世界文化遗产保护管理规划的编制工作总体上仍然相对滞后。截至 2021 年，仅有一半遗产地完成了保护管理规划的编制或修编，并由省级人民政府公布实施。部分遗产地的保护管理规划已编制完成并经文物部门审定，但当地人民政府因部门利益冲突难以协调而推迟公布。个别遗产地的保护管理规划甚至在编制完成后十几年未予公布，致使遗产地保护管理失据、建设失控，保护与发展的矛盾长期得不到解决。

（六）我国在国际遗产体系中的传播力与建设性不足，话语权总体仍弱

2021 年，我国积极利用福州第 44 届世界遗产委员会会议，以及一系列国际遗产保护研究合作交流项目等平台，贡献了中国智慧、展示了中国风采，但在国际遗产体系中的表达能力、主动性和建设性都有待进一步发挥。

目前，我国在世界遗产国际事务中具有很强的参与意识和行动力，但对于遗产体系的规则研究与理论建设方面，被动回应仍多于主动发声，还没有形成具有创新和引领作用的中国方案。例如，对于大运河、丝绸之路、长城等大型系列遗产，我国的统筹保护传承利用成效显著，但在面向国际的实践推广和理论总结方面仍显不足。

四　政策建议与重点任务

针对我国世界文化遗产保护工作面临的挑战，下一步应在中国政府的主导下，统筹与整合各方资源，理顺遗产保护管理体制机制，实现各方联动与资源共享；加快世界文化遗产保护管理专业能力建设步伐，加强科技支撑，提高遗产监测预警效能，充分动员社会力量参与保护监管；推动各遗产地保护管理规划的编制实施和申遗承诺的履行；进一步加强世界遗产保护管理研究，深入挖掘和科学阐释遗产价值，提高防灾减灾能力；整合遗产资源，构建国家叙事，展示现代中国；加强国际交流合作，培育跨国联合申遗项目，积极争取国际话语权，促进国际世界遗产体系优化。

（一）凸显政府主体责任，将遗产保护纳入考核体系，发挥统筹协调能力优势，促进国际承诺履行和保护管理规划实施

根据《中华人民共和国文物保护法》《世界文化遗产保护管理办法》等法律法规规定，各级人民政府是包括世界文化遗产在内的我国文物保护工作的责任主体。在国际比较中，中国政府具有相对高效的资源调配能力和执行力，这也是社会主义制度优越性的具体体现。而各级政府对于世界文化遗产保护工作的态度是否积极，一定程度上决定了各世界文化遗产地保护管理工作水平。因此，各级政府的主体责任，应当不断强调和凸显，遵循习近平总书记提出的"文物保护也是政绩"的讲话精神，将包括世界文化遗产保护管理在内的文物工作纳入政绩考核体系。近期工作的重点应当聚焦于以下几个方面：一是要求和支持未编制和实施保护管理规划的遗产地尽快出台规划并有效落实；二是协调各部委、部门通力合作，推动各遗产地履行与建设控制相关的申遗承诺，积极应对国际反应性监测；三是对世界文化遗产保护管理能力建设给予政策支持和资源倾斜；与此同时，各级政府也有义务引导世界文化遗产领域拓宽视野，促进文物行业与区域社会经济发展、农业农村现代化、生态文明建设等领域共享资源、相互促进、共同发展，并建立相应的保障机制。

（二）加快世界文化遗产保护管理专业能力建设步伐，加强科技支撑，提高遗产监测预警效能，充分动员社会力量参与保护监管

针对基层遗产保护管理能力薄弱的问题，各级人民政府应积极支持当地文物部门和遗产保护管理机构加强机构建设，保证专业人员数量满足管理需要，组织专业团队大力开展技术研发，并给予上述各项任务必要的经费投入，力求尽快见成效。一是敦促各遗产地尽早成立专职监测机构，确保专业力量能够满足监测工作需要；二是提升专业技术人员比例，使之尽快达到行业人才发展规划纲要的基本要求；三是对现有业务人员加强专业培训，尤其是遗产监测方面的培训，培训对象既要面向业务人员，也应面向保护管理机构负

责人、地方政府领导及相关人员，树立科学的遗产保护意识和正确的遗产监测观念；四是大力开展遗产保护监测相关技术应用和装备的研发，提升国家和地方遗产监测平台在数据采集、分析、研判方面的自动化、智能化水平，为预防性保护提供技术支撑；五是培养文理兼修、具有综合视野和专业技能的复合型人才，促进遗产历史文化价值挖掘、保护管理提升与科技应用融合；六是各级财政应对上述任务的实施提供必要的经费支持，确保遗产保护管理能力建设落到实处；七是开展更加广泛深入的公众宣传教育，扩大中国世界文化遗产的社会影响力，加深全社会对行业的理解、支持和参与意识，发挥舆情的监督作用。

（三）理顺遗产保护管理体制机制，实现各方联动与资源共享

针对属地管理、模块化机构设置与世界文化遗产跨行政区管理和垂直监测需求之间的矛盾，建议开展新一轮体制机制改革，通过立法赋予遗产保护管理机构和监测机构足以支撑其责任的权力，使之能够充分调动遗产保护所需的各类资源，横向上具有协调各方配合联动的能力，同时制定和完善相关技术规范，建立国家标准。针对监测工作，应改变监测机构或部门从属于保护管理机构或平行于其他业务部门的状态，在体制机制上确保各级监测机构成为本级管理体系中的数据汇总中心。建议选取典型遗产地，由国家文物局和当地政府协商，尝试开展遗产保护管理体制机制调整与资源整合试点。

（四）加强学术研究，进一步挖掘与阐释遗产价值，推动考古与保护融合，提升防灾减灾能力

我国自 1985 年加入《世界遗产公约》以来，在世界文化遗产保护领域持续开展实践，理念不断进步，取得了瞩目的成绩、获得了丰富的经验，但缺乏总结和分析，尚未形成中国世界文化遗产理论体系。面对不断发展变化的国内外形势，缺乏以行业实际为标尺的判断和决策能力。要改变这一现状，第一，应加强基础研究，深入挖掘遗产价值，积极总结实践

得失，寻找规律，提炼上层理论，构建中国话语体系；第二，要探索既完整又通俗的阐释与展示方式，建立遗产保护与区域发展双赢的遗产利用模式；第三，要针对不可控的主要自然影响因素，加强自然灾害风险评估，当前应围绕气候变化开展研究与分析，集中精力提升应对强降雨及洪涝灾害的防灾减灾能力；第四，要以古建筑类遗产为重点对象，加强遗产本体病害机理及其与气候环境的耦合研究。

（五）整合遗产资源，构建国家叙事，展示现代中国

习近平总书记在 2016 年 7 月关于良渚古城遗址申遗所作的批示中指出："申报世界文化遗产工作要统筹安排，申报项目要有利于突出中华文明历史文化价值，有利于体现中华民族精神追求，有利于向世人展示全面真实的古代中国和现代中国。"[①] 为此，我国世界文化遗产申报工作应转变工作思路，坚持全国一盘棋，加强遗产资源的整合与统筹，变追求遗产数量为保证国家、民族价值的整体性。第一，积极响应国家需求，围绕石峁遗址、钓鱼城遗址、西夏陵、红山文化遗址等大力开展文化遗产考古工作，加强学科融合，切实落实考古成果在遗产保护领域的应用，重点提升遗址类遗产的阐释与展示，同时重点推动二里头遗址、河姆渡遗址等承载中华文明主根主脉的重要考古遗址列入预备名单；第二，强化体现中国核心传统文化要素的遗产项目培育，尽快完成儒家书院、孟子遗产、关圣文化史迹等系列遗产的主题研究，突出中华文明核心要素在东亚地区遗产范畴的文化源头地位；第三，延续和加强对边疆地区、少数民族地区文化遗产，对传统村镇和民居类型遗产的申报研究，如侗族村寨、日喀则佛教建筑群、白塔寺与尼泊尔联合申遗等，探索其体现"中华文明"的要素和价值特性；第四，加强对黄石矿冶工业遗产等能够展示近现代中国的遗产项目培育，回应国际社会对"20 世纪遗产"的关切。

---

① 袭一佼、陆遥：《实证中华五千年文明史的圣地——习近平同志关心良渚古城遗址保护和申遗纪事》，《浙江日报》2019 年 7 月 26 日，第 1 版。

（六）深入开展国际交流合作，培育跨国联合申遗项目，积极争取国际话语权，促进国际遗产管理体系优化

针对当前的跨国联合申遗热，继续深入开展国际交流合作，包括政府间合作与专业机构合作等形式，开展丝绸之路其他廊道价值研究，探讨大型系列遗产跨国申遗的潜力；比照中英"双墙对话"合作模式，打造国际同类世界遗产保护战略合作，持续开展比较研究，推广中国经验，借鉴国际先进理念，寻找互补优势。

针对国际遗产管理体系缺陷与中国话语权的不足，一方面，我国应吃透并充分利用国际规则，尽快补齐保护管理各项工作短板，以各遗产地均衡与高质量的管理对冲国际规则复杂化；另一方面，我国也要主动发声，积极参与国际遗产事务，构建遗产治理的中国话语和中国方案。具体包括，一是大力宣传、积极推介中国对国际遗产管理体系的已有贡献，如我国世界文化遗产保护学界提出的"申遗承诺"概念与实践，应争取纳入国际体系；二是把握正确的政治方向，借助世界文化遗产国际平台，积极表达与捍卫社会主义核心价值观；三是主动设置议题，积极参与国际规则制定，主动建立符合中国国情的新规则，引领国际遗产治理发展方向；四是提升国家文物局在中国联合国教科文组织全国委员会中的地位，使之能够更好地发挥专业作用。

参考文献

WHC, "Fuzhou Declaration", accessed on 7 July 2022, https：//whc.unesco.org/document/188530.

WHC, "World Heritage List", accessed 29 August 2022, https：//whc.unesco.org/en/list/.

UNESCO, "World Heritage in the Face of COVID-19", accessed 29 August 2022, https：//whc.unesco.org/document/187932.

UNESCO, "Monitoring World Heritage Sites Closures", accessed 29 August 2022, https：//

en.unesco.org/covid19/cultureresponse/monitoringworld-heritage-site-closures.

UNESCO, *Operational Guidelines for the Implementation of the World Heritage Convention*（WHC.21/01 31/July/2021）, 2021.

Luisa De Marco, Gwenaëlle Bourdin, Kristal Buckley, Leticia Leitão and Maureen Thibault, "Connecting Practice Phase Ⅲ: Final Report", 国际古迹遗址理事会网站, 2021 年 11 月 10 日, https：//openarchive.icomos.org/id/eprint/2477/7/ConnectingPractice_III_EN.pdf, 最后检索时间：2022 年 8 月 29 日。

中国文化遗产研究院:《中国世界文化遗产 2020 年度保护状况总报告》, 文物出版社, 2022。

分 报 告

Topic-Specific Reports

B.2

2021 年中国世界文化遗产申遗承诺
履行情况分析报告*

张　欣**

摘　要： 2021 年我国世界文化遗产申遗承诺事项超过 99% 处于正常履行状况，总体履行情况较好。2021 年新增承诺事项 34 项，其中包括第 44 届世界遗产大会大会决议 26 项以及申遗文本中的 8 项。非正常履行的承诺事项均在积极稳步推进中。我国世界文化遗产申遗承诺总体履行状况较好，绝大部分遗产地持续按照世界遗产

---

* 本报告主要资料来源于我国世界文化遗产保护管理机构 / 监测机构编写的《中国世界文化遗产 2021 年度监测年度报告》，共计 110 份，涉及 41 项遗产、110 处遗产地。截至 2022 年 9 月，我国共有 42 项世界文化遗产（含 4 项混合遗产）、113 处遗产地。

** 张欣，中国文化遗产研究院中国世界文化遗产中心（中国世界文化遗产监测中心）工程师，主要研究领域：世界文化遗产保护管理、监测研究等。

委员会要求切实履行《世界遗产公约》责任和义务，积极保护和传承遗产突出普遍价值。

关键词： 世界文化遗产　申遗承诺　申遗文本　履行情况

申遗承诺事项是指通过联合国教科文组织世界遗产委员会审核通过的申遗文本、申遗补充材料[①]以及大会决议[②]等文件中涉及的遗产地承诺完成的各项工作。申遗承诺事项是否正常履行是监督缔约国及其遗产地切实履行《世界遗产公约》的重要指标。自2018年以来，中国文化遗产研究院中国世界文化遗产中心对我国各项世界文化遗产的申遗承诺事项来源、内容及完成情况进行了多次梳理，已形成翔实可靠的申遗承诺基础数据库，并通过监测年度报告制度，从国家层面上持续对所有遗产地申遗承诺事项的履行情况进行追踪和监督。

一　99.54%的承诺事项正常履行比例持续上升

截至2021年底，我国42项世界文化遗产共有承诺708项[③]。从承诺来源看，54.38%来源于申遗文本及申遗补充文件，45.62%来源于联合国教科文组织世界遗产委员会大会决议。从承诺内容看，重点具体承诺[④]占比35.45%，

---

① 申遗文本及申遗补充材料是指遗产列入《世界遗产名录》时，经联合国教科文组织世界遗产委员会审议通过的申遗文本英文版终稿（含正文、附件、图纸、影像的全套申报材料），申遗过程中提交的历次补充材料英文版终稿（如果有），以及与上述申遗文本、补充材料英文版终稿内容相一致的申遗文本、补充材料中文版终稿。

② 联合国教科文组织世界遗产委员会会议形成的关于遗产的相关决议，包括经审议通过列入《世界遗产名录》的决议，以及其后历次世界遗产委员会形成的相关决议（如果有），以及与上述决议内容相一致的决议中文译稿。

③ 资料来源于2021年中国世界文化遗产监测预警总平台基础数据库中的承诺事项数据。

④ 重点具体承诺指需要限时实施的或者对保护管理工作非常重要的具体事项，如提交保护状况报告，编制、修订、实施保护管理规划，调整缓冲区范围，提交建设项目影响评估报告，建立或加强监测体系等。

一般具体承诺^①占比 22.74%，长期承诺^②占比 41.81%。

遗产地提交的 2021 年度监测年度报告显示，2021 年 41 项遗产、110 处遗产地的承诺事项有 653 项。其中，已完成的 185 项，占总数的 28.33%；正在履行的 465 项，占总数的 71.21%；非正常履行的 3 项，占总数的 0.46%，涉及 3 项遗产，分别是：北京皇家祭坛—天坛、殷墟、大运河。从承诺来源来看，56.2% 来自申遗文本及申遗补充文件，43.8% 来源于联合国教科文组织世界遗产委员会大会决议。从履行状态看，99.54% 的申遗承诺处于正常履行状态，比重较上年提高 0.17 个百分点，2021 年申遗承诺总体履行情况较好。从 2015~2021 年变化趋势看，我国世界文化遗产正常履行的承诺事项占比总体呈上升趋势，非正常履行的占比呈下降趋势，充分说明我国绝大部分遗产地持续按照世界遗产委员会要求切实履行《世界遗产公约》的责任和义务，积极保护和传承遗产突出普遍价值（见图 1）。

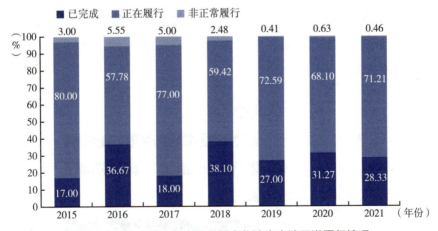

图 1　2015~2021 年中国世界文化遗产申遗承诺履行情况

资料来源：2015~2021 年中国世界文化遗产监测预警总平台基础数据库。

---

①　一般具体承诺指需要实施的一般具体事项，如新建或改建保护管理机构、开放展示空间、调整道路交通等。

②　长期承诺指日常保护管理工作需要长期遵守的原则类、要求类事项，如加强保护与研究、加强展示与宣传、加强部门管理与协调等。

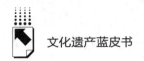

二 2021年新增承诺事项34项

2021年我国世界文化遗产新增承诺事项34项，其中包括第44届世界遗产大会新增大会决议26项以及"泉州：宋元中国的世界海洋商贸中心"申遗文本中的8项。

（一）第44届世界遗产大会新增26项大会决议

26项大会决议涉及武当山古建筑群、"丝绸之路：长安—天山廊道的路网"（以下简称"丝绸之路"）、拉萨布达拉宫历史建筑群、左江花山岩画文化景观、澳门历史城区、"泉州：宋元中国的世界海洋商贸中心"①6项遗产（见图2）。其中，重点具体承诺10项，占比38.46%；一般具体承诺15项，占比57.69%；长期承诺1项，占比3.85%。这些大会决议主要涉及遗产的保护边界、遗产旅游、监测、科学研究、国际合作等方面，具体包括以下内容。

（1）武当山古建筑群新增5项大会决议

武当山古建筑群新增5项大会决议，主要内容包括边界澄清、缓冲区修订、遗产保护管理规划、游客承载量测算、遇真宫抬升工程报告以及提交最新的保护状况报告等方面（见表1）。

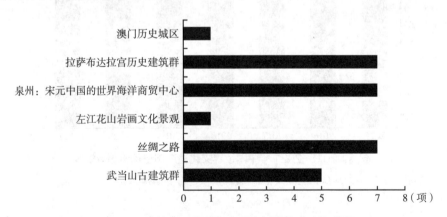

图2 2021年中国世界文化遗产新增大会决议数量

资料来源：2021年第44届世界遗产大会会议决议。

---

① 涉及"泉州：宋元中国的世界海洋商贸中心"的7项大会决议在下文与其申遗文本中的大会决议统一分析。

遗产名称	承诺事项内容	承诺完成时间	承诺类型
武当山古建筑群	请缔约国在 2022 年 12 月 1 日前向世界遗产中心提交一份关于遗产保护状况和上述情况的最新报告，供世界遗产委员会在第 46 届会议上审查	2022 年 12 月 1 日	重点具体承诺
	进一步要求缔约国与世界遗产中心和咨询机构协商，确保经修订的遗产缓冲区包括整个武当山国家风景区，以保护整个遗产及其更广泛的环境，并审查《武当山风景区总体规划》的应用和实施情况，以确保保护武当山组成部分及其环境	无	重点具体承诺
	已收到 2021 年 4 月提交的关于遗产边界澄清的请求，目前正在由世界遗产中心和咨询机构审查，将在下一届委员会会议上进行审查。并请缔约国根据之前的决议，继续与世界遗产中心合作，澄清有关该遗产组成部分和缓冲区未解决的问题	无	重点具体承诺
	请缔约国向世界遗产中心提交完整的管理规划及各组成部分的游客承载量的依据，以及防止旅游对遗产突出普遍价值产生负面影响的指导方针，以供咨询机构审查	无	重点具体承诺
	赞赏地注意到缔约国为完成遇真宫抬升工程所做出的努力，请缔约国在该项目完成后，向世界遗产中心提交一份最终报告，包括宫殿本身抬升的过程、考古遗迹的重新整合以及宫殿与周围景观的关系，以供咨询机构审查	无	重点具体承诺

表 1　武当山古建筑群新增大会决议情况

资料来源：2021 年第 44 届世界遗产大会会议决议。

（2）丝绸之路新增 7 项大会决议

丝绸之路新增 7 项大会决议，主要内容包括开展工作之前须向世界遗产中心提交计划、重新审查游客承载能力、遗产边界标示、提交保护状况报告等方面，重点强调了鼓励中国、吉尔吉斯斯坦、哈萨克斯坦三国充分利用国际古迹遗址理事会西安国际保护中心（IICC-X，中国），在遗产研究、阐释、监测、公共宣传等各个方面开展密切合作（见表 2）。

表 2　丝绸之路：长安—天山廊道的路网新增大会决议情况			
遗产名称	承诺事项内容	承诺完成时间	承诺类型
丝绸之路：长安—天山廊道的路网	任何尚未完成的管理规划都应作为优先事项确定，并综合考虑 2016 年 11 月世界遗产中心 / 国际古迹遗址理事会联合反应性监测任务的成果，由缔约国提交至世界遗产中心，供咨询机构审查；缔约国在做出任何承诺或开展任何工作之前，应向世界遗产中心提交所有提议的更详细计划，供咨询机构审查。敦促三个缔约国应按照《操作指南》第 118bis 和 172 段的要求，在做出任何难以逆转的决定之前，尽快向世界遗产中心提交任何可能影响遗产价值的重大修复或新建筑详情，以供咨询机构审查，其中包括按照《2011 年国际古迹遗址理事会世界文化遗产影响评估指南》开展的遗产影响评估	无	重点具体承诺
	进一步鼓励缔约国按照新冠疫情后的健康和安全法规定，审查所有遗产组成部分的游客承载能力，同时还应确保在游客管理工作中，将可持续发展和保护遗产突出普遍价值作为工作核心	无	一般具体承诺
	强烈建议三国充分利用在列入前就建立的国际协调委员会（以及其位于西安的秘书处），更好地协调系列遗产的保护管理工作（之前的）。鼓励基于国际古迹遗址理事会西安国际保护中心（IICC-X，中国）的秘书处有效开展信息管理和能力建设活动，不断完善对遗产保护和管理的协调工作；进一步鼓励三个缔约国通过丝绸之路世界遗产提名政府间协调委员会（ICC）这一工作机制，确保对遗产组成部分进行有效协同管理，尤其是开发项目及其对遗产地的影响	无	一般具体承诺
	大力鼓励三个缔约国在地籍图上显示出所有列入《世界遗产名录》的遗产组成部分的边界及缓冲区	无	一般具体承诺
	鼓励三个缔约国使用新技术监测遗产的所有组成部分；呼吁他们及所有相关合作方与国际古迹遗址理事会西安国际保护中心（IICC-X，中国）、联合国教科文组织下属的二类中心——国际自然和文化遗产空间技术促进中心（HIST）、国际中亚研究所（IICAS，乌兹别克斯坦）密切合作，充分利用空间技术应用监测遗产保护状况；邀请他们与世界遗产中心分享良好的实践范例，以便在世界遗产中心网站上供其他缔约国交流学习	无	一般具体承诺

续表

遗产名称	承诺事项内容	承诺完成时间	承诺类型
丝绸之路：长安—天山廊道的路网	要求三个缔约国于 2022 年 12 月 1 日前，将遗产保护状况联合报告及上述措施的实施情况提交至世界遗产中心，供世界遗产委员会在 2023 年第 46 届世界遗产委员会大会上进行审议	2022 年 12 月 1 日	重点具体承诺
	注意到缔约国在遗产研究、阐释、利益相关者的参与度和遗产监测，以及公共宣传等方面已取得了进展，注意到各缔约国共同携手推动法律和规章的制订，以及管理规划的编制和改进，鼓励三个缔约国继续在这些关键领域开展合作	无	长期承诺

资料来源：2021 年第 44 届世界遗产大会会议决议。

（3）拉萨布达拉宫历史建筑群新增 7 项大会决议

拉萨布达拉宫历史建筑群新增 7 项大会决议，主要内容包括：落实大昭寺反应式监测建议、编制遗产影响评估报告、遗产边界澄清、避免游客破坏大昭寺广场的宗教文化氛围、提交保护管理状况报告等（见表 3）。

表 3　拉萨布达拉宫历史建筑群新增大会决议情况			
遗产名称	承诺事项内容	承诺完成时间	承诺类型
拉萨布达拉宫历史建筑群	很高兴看到 2019 年 4 月反应式监测任务的结论，即 2018 年 2 月 17 日大昭寺火灾对该遗产的突出普遍价值（OUV）没有造成重大负面影响，欢迎缔约国努力采取应对措施，实施火灾后的恢复和预防举措，并且，请缔约国充分执行反应式监测任务的建议	无	一般具体承诺
	遗憾的是，尽管《操作指南》第 172 段明确规定，可能会对大昭寺修道院的文化背景和环境产生负面影响，但是在提交规划和遗产影响评估（HIA）之前，在大昭寺附近仍修建了亭台，以期保护三块历史石碑，同时，请缔约国根据国际古迹遗址理事会（ICOMOS）提供的建议，探讨替代解决方案，并且在实施任何修订设计之前，根据《2011 年国际古迹遗址理事会关于世界文化遗产的遗产影响评估指南》，编制和提交一份完整遗产影响评估报告，以供咨询机构审查	无	一般具体承诺

续表

遗产名称	承诺事项内容	承诺完成时间	承诺类型
拉萨布达拉宫历史建筑群	注意到目前正在编制有关该遗产三个组成部分的三项保护计划，但是，再次请求在正式通过和实施之前，尽快将这些计划提交世界遗产中心，以供咨询机构审查	无	一般具体承诺
	还注意到提交了三份有关遗产边界和缓冲区的地图，但是，进一步请求重新审查和调整罗布林卡的缓冲区，使其更清楚地符合可识别地标，并澄清该遗产的缓冲区以及适合该缓冲区的条例，同时，尽快提交该遗产的边界澄清提案	无	一般具体承诺
	赞赏缔约国保护该遗产的非物质遗产属性的承诺，但是，还请开展更多的工作，确保充分注意保护这些重要属性；对大昭寺广场进行管理，使朝圣者能够在尊重文化背景和完整性的神圣气氛中鞠躬参拜，他们在祈祷时可以从广场入口穿过寺庙，而不会受到游客的干扰	无	一般具体承诺
	赞赏缔约国作出努力，一旦在该市的东部边缘建成新电视塔，就有可能拆除现有电视塔，但是，敦促缔约国根据《2011年国际古迹遗址理事会指南》，作为优先事项，为新电视塔准备一份遗产影响评估，确保其不会对该遗产的突出普遍价值产生任何负面影响	无	一般具体承诺
	最后，请缔约国在2022年12月1日之前向世界遗产中心提交一份关于该遗产的保护状况和上述实施情况的更新报告，以便在世界遗产委员会第46届会议上进行审议	2022年12月1日	重点具体承诺

资料来源：2021年第44届世界遗产大会会议决议。

（4）左江花山岩画文化景观新增1项大会决议

世界遗产委员会重申了左江花山岩画文化景观以往大会决议中的要求，如再次鼓励缔约国尽快将位于该遗产内的其余37个岩画艺术遗址列入"全国重点文物保护单位"，以及对监测、管理计划、环境可持续等方面的相关要求，最后提出请缔约国在2022年12月1日之前向世界遗产中心提交一份关于该遗产的保护状况和上述实施情况的更新报告，以便咨询机构审查。

（5）澳门历史城区新增 1 项大会决议

世界遗产委员会重申了对澳门历史城区以外大会决议中的要求，例如提交管理计划、继续对新开发项目编制遗产影响评估、控制东望洋山周围区域的建筑高度和体量等相关要求，最后提出请缔约国在 2022 年 12 月 1 日之前向世界遗产中心提交一份关于该遗产的保护状况和上述实施情况的更新报告，以便在世界遗产委员会第 46 届会议上进行审议。

（二）"泉州：宋元中国的世界海洋商贸中心"新增申遗承诺15项

2021 年 7 月 25 日，在福州举行的第 44 届世界遗产大会上，"泉州：宋元中国的世界海洋商贸中心"顺利通过审议，成功入列《世界遗产名录》，成为我国第 42 项世界文化遗产。"泉州：宋元中国的世界海洋商贸中心"共有申遗承诺 15 项，其中 7 项来源于大会决议、8 项来源于申遗文本。

世界遗产大会委员会审议通过关于"泉州：宋元中国的世界海洋商贸中心"的大会决议共 7 项，主要涉及价值特征、管理体制、能力建设、监测等遗产保护管理中较为重要的方面（见表 4）。

表 4 "泉州：宋元中国的世界海洋商贸中心"新增大会决议中的申遗承诺情况

遗产名称	承诺事项内容	承诺完成时间	承诺类型
泉州：宋元中国的世界海洋商贸中心	以管理为目的，进一步开展对遗产突出普遍价值特征的分析	无	一般具体承诺
	要求缔约国在 2022 年 12 月 1 日前向国际古迹遗址理事会世界遗产中心提交关于第 44 届大会决议有关建议执行情况的报告	2022 年 12 月 1 日	重点具体承诺
	稳步实施长期保护和管理战略	无	一般具体承诺
	密切监测游客压力，并在必要时采取缓解措施	无	一般具体承诺
	从实际操作的角度，加强并更加明确该遗产的整体管理规划与特定遗产构成要素或拥有其他保护身份的对象现有规划之间的联系	无	一般具体承诺
	提供遗产构成面积的实际范围	无	一般具体承诺
	进一步开展考古研究项目	无	一般具体承诺

资料来源：2021 年第 44 届世界遗产大会会议决议。

申遗文本也是申遗承诺的一项重要来源。"泉州：宋元中国的世界海洋商贸中心"申遗文本中有 8 项申遗承诺，主要内容涉及管理体系、利益相关者、突出普遍价值、监测、阐释、科学研究等方面（见表 5 ）。

遗产名称	承诺事项内容	承诺完成时间	承诺类型
泉州：宋元中国的世界海洋商贸中心	针对系列遗产跨区分布的特点，保持并加强各级协调管理机制，规范地执行系列遗产保护管理专项法规与整体管理规划，并不断优化各组成部分在整体价值定位下的保护管理措施。不断提升管理资源保障水平，强化系列遗产的整体管理能力，形成系统、有效的协调保护管理体系，并按世界文化遗产管理要求对《"泉州：宋元中国的世界海洋商贸中心"系列遗产管理规划》的执行情况实施监督、反馈与审查流程	无	长期承诺
	持续维护泉州系列遗产与当地社区居民的关系，传承遗产地的保护传统，广泛开展遗产保护理念的公众推广，提升遗产地居民对遗产保护与管理的参与度	无	长期承诺
	根据泉州系列遗产组成部分的遗产类别及其所处不同的保存环境，有针对性地制定和实施本体保护、生态环境保护、灾害防治、风险防范等措施	无	长期承诺
	针对系列遗产整体价值及关联性认知需求，深化认知系列遗产各组成部分与泉州系列遗产整体价值之间的关系，提升遗产价值研究与认知的系统性	无	长期承诺
	针对长期、有效地完整保护系列遗产整体价值需求，从泉州系列遗产的整体联系、遗产与保护、遗产与遗产地社会、遗产与旅游等方面，持续完善系统监测体系，开展监测工作，为遗产的保护管理提供科学依据	无	长期承诺
	针对泉州系列遗产整体价值的系统阐释与展示需求，深化阐释与展示层级，对整体价值及遗产组成部分的独特支撑价值两个层级进行诠释，发挥系列遗产在文化传承、教育传播等方面的综合作用	无	长期承诺
	将更广泛的环境与背景纳入保护管理内容。结合城市发展计划与各项保护管理规定，维护区域内景观特征，保护生态环境，统筹协调相关利益方的需求，维系遗产保护与城市发展、社区生活之间的可持续发展关系	无	长期承诺
	根据泉州系列遗产广泛分布在城市、山地、沿海的地理与人文背景环境的特点，分类制定和实施各项有针对性的管理控制措施与要求	无	长期承诺

表 5 "泉州：宋元中国的世界海洋商贸中心"申遗文本中的申遗承诺情况

资料来源："泉州：宋元中国的世界海洋商贸中心"申遗文本。

三 非正常履行承诺事项积极推进中

2021 年非正常履行承诺共涉及 3 项遗产，分别为北京皇家祭坛—天坛、殷墟、大运河，与2020年相比并未发生变化，本年度未新增非正常履行承诺。（见表6）。这几项承诺因涉及的利益相关者众多，协调难度较大，进展较为缓慢，但各遗产地正在按计划积极推进中。

北京皇家祭坛—天坛在申遗补充材料中承诺：根据保护规划，保护区内的现代建筑应于 2000 年之前予以拆除，其中主要涉及商业建筑；保护区内只允许实施绿化工程和防火道路的建设。截至 2021 年 12 月，已完成机械厂区域改造、周边部分简易楼的腾退工作，其他现代建筑的腾退和拆除工作已被纳入北京市重点工作。

殷墟在申遗补充材料中承诺：按照河南省政府 2003 年公布的《安阳殷墟保护总体规划》，当地政府将在 2010 年前把殷墟申报保护范围内的小屯村、花园庄两个村庄整体迁出。2009~2011 年，花园村完成拆迁，拆迁面积达 12.45 万平方米。2016 年初，花园村全村 337 户搬迁到安钢大道以南中州路以西花园庄新社区居住。小屯村经历 2001 年和 2009 年两次搬迁，截至 2021 年 12 月，全村剩余 320 户尚未搬迁。安阳市人民政府已制定了小屯村整体搬迁计划，具体拆迁安置工作已纳入《殷墟国家考古遗址公园规划》的近期项目中，承诺履行取得积极进展。

大运河缓冲区调整相关事宜，遗产所在地方人民政府正在持续积极推进。

表6 处于非正常履行状态的承诺事项（截至 2021 年）			
遗产名称	承诺事项来源	承诺完成时间	承诺事项具体内容
北京皇家祭坛—天坛	申遗补充材料	2000 年 12 月	根据相关规定，将保护和建设范围划为三级。第一级为核心保护区，即目前的天坛公园，包括庙宇、古建筑、树木及整体原貌；保护区内不得兴建现代建筑；根据保护规划，保护区内的现代建筑应于 2000 年之前予以拆除，其中主要涉及商业建筑；保护区内只允许实施绿化工程和防火道路的建设
殷墟	申遗补充材料	2010 年 12 月	根据河南省政府 2003 年公布的《安阳殷墟保护总体规划》，当地政府将在 2010 年前把殷墟申报保护范围内的小屯村、花园庄整体迁出

续表

遗产名称	承诺事项来源	承诺完成时间	承诺事项具体内容
大运河	申遗文本	2013 年 12 月	中国政府将于 2013 年对省级规划划定的建设控制地带界线进行微调，使之包含所有缓冲区

资料来源：中国世界文化遗产监测预警总平台基础数据库。

四 对策与建议

申遗承诺事项主要分为两个部分，一是联合国教科文组织世界遗产委员会做出的决议，代表了国际上对遗产保护管理的要求；二是申遗文本及申遗补充材料中涉及的各项工作，代表了遗产地自身做出的承诺。每一项承诺事项都是公众和国际社会关注的要点，遗产地保护管理机构及各级管理部门要进一步加强对履行承诺事项的重视，特别是有履行时限要求的重点具体承诺，须按时履行，切实回应国际关切，避免因未按时履行承诺引发反应式监测，影响我国在世界遗产领域的国际形象。建议遗产所在地方人民政府定期更新整理申遗承诺事项，并将承诺事项内容分解为可执行的具体工作任务，列出任务清单并纳入年度工作计划，以确保承诺事项的有效实施。同时每年度要定期总结承诺事项的完成情况，通过发布政府工作报告或新闻发布会的形式主动向社会各界公开相关工作进展。

我国世界文化遗产申遗承诺事项履行情况总体较好，但仍有极少数承诺事项处于非正常履行状态，从内容上看，主要涉及遗产区划内的村庄搬迁、现代建筑拆除、建设控制地带调整。上述类型承诺事项涉及的利益相关者众多、协调难度较大，能否顺利履行与遗产所在地方人民政府的支持力度息息相关。履行承诺事项是《世界遗产公约》缔约国应尽的责任和义务，遗产所在地方人民政府应积极主动作为，针对非正常履行的承诺事项成立项目专班，建立各部门协调工作机制，将其列入政府重点工作计划，从更高的站位统筹协调遗产地保护管理机构与其他政府部门之间的工作，促进非正常承诺事项持续稳步推进，积极兑现国际承诺，彰显负责任大国的担当。

参考文献

中国文化遗产研究院:《中国世界文化遗产 2020 年度保护状况总报告》,文物出版社,2021。

罗颖、王芳、宋晓微:《我国世界文化遗产保护管理状况及趋势分析——中国世界文化遗产 2017 年度总报告》,《中国文化遗产》2018 年第 6 期。

吕舟:《第 44 届世界遗产大会与〈保护世界文化和自然遗产公约〉的价值与意义》,《自然与文化遗产研究》2022 年第 2 期。

田芯祎、陈凯、孙燕:《第 44 届世界遗产大会审议热点回顾》,《自然与文化遗产研究》2022 年第 2 期。

项瑾斐:《从文物保护规划谈天坛保护的真实性和完整性》,《北京规划建设》2019 年第 1 期。

B.3
2021年中国世界文化遗产
机构与能力建设分析报告*

张 欣　刘懿夫 **

摘　要： 2021年我国世界文化遗产机构与能力建设情况持续向好。机构保
障方面，本年度我国世界文化遗产保护管理机构依旧保持全覆盖，
13处遗产地进行了相应调整，机构变化率相较前两年有所下降。
人员保障方面，专职从事监测工作的人员数量占比略有增长，32
处遗产地的专业技术人员占比达40%以上，总体仍有较大提升空
间。能力建设方面，新颁布52项与遗产保护管理相关的规章和制
度，遗产保护法律规章体系更加完善；各遗产地参与培训人员比
上年增长36.30%；遗产保护经费总额回升，比2020年增加近3.11
亿元，同比增长2.10%，各遗产地之间的经费差异仍然较大但整体
趋向平衡。

关键词： 世界文化遗产　能力建设　保护经费

---

* 本报告主要资料来源于我国世界文化遗产保护管理机构/监测机构编写的《中国世界文化
遗产2021年度监测年度报告》，共计110份，涉及41项遗产、110处遗产地。截至2022
年9月，我国共有42项世界文化遗产（含4项混合遗产）、113处遗产地。

** 张欣，中国文化遗产研究院中国世界文化遗产中心（中国世界文化遗产监测中心）工程
师，主要研究领域：世界文化遗产保护管理、监测研究等；刘懿夫，中国文化遗产研究院
中国世界文化遗产中心（中国世界文化遗产监测中心）工程师，主要研究领域：世界文化
遗产保护管理、监测研究等。

一 我国世界文化遗产地保护管理机构状况

（一）保护管理机构保持全覆盖，处级以上机构占比近50%

截至 2021 年，我国 41 项遗产、110 处遗产地共设有 151 个保护管理机构。结合遗产保护需求以及当地管理体制情况，各项遗产所在地均设置了不同类型的保护管理机构。从保护管理机构数量来看，97 处遗产地（占比为88.18%）为单个机构管理，其中 40 处为管理处 / 管理所 / 管理局，12 处为研究院 / 研究所，10 处为博物馆 / 博物院，16 处为管理委员会，19 处为市 / 县级文物局。另有 13 处遗产地（占比为 11.82%）为多个机构共同管理，如登封"天地之中"历史建筑群由登封市文化广电旅游体育局、郑州嵩山文明研究院共同管理，龙门石窟由龙门石窟研究院、龙门石窟世界文化遗产园区管理委员会共同管理。多机构管理有利于发挥不同机构的资源优势，但机构之间的协调效率也会在一定程度上或正面或负面地影响保护管理工作效果。从行政级别来看，厅（局）级的保护管理机构有 14 个，占比 9.27%；处（县）级的有 60 个，占比 39.74%；科（乡）级的有 55 个，占比 36.42%；股级的有 15 个，占比 9.93%[1]。总体看来，我国世界文化遗产保护管理机构的行政级别主要以处（县）级、科（乡）级为主，处级以上的机构占比接近总数的 50%。

（二）13处遗产地的保护管理机构进行了调整

受文旅机构和事业单位改革的影响，近年来已有多处遗产地的保护管理机构进行了调整。2021 年，有 13 处遗产地（占比为 11.82%）的保护管理机构发生了机构名称改变、机构变更以及主要经费来源改变等情况（见表 1），变化率较上年下降 3.92 个百分点。综合 2019~2021 年数据，我国世界文化遗产保护管理机构的变化率整体呈下降趋势。

2021 年度，明清故宫 - 沈阳故宫、长城 - 八达岭、平遥古城 3 处遗产地

---

[1]　其他无行政级别单位 7 处，占比（4.64%）。

的机构发生变更。八达岭的原保护管理机构——八达岭特区办事处取消，职能由八达岭长城管理处、中国长城博物馆、八达岭林场、八达岭镇政府分担。其中，世界文化遗产保护管理职责由八达岭长城管理处负责。2021年8月，沈阳市对市域内三处世界文化遗产地的保护管理机构进行了整合，设立了沈阳故宫博物院，由沈阳故宫博物馆和北陵公园管理中心（清昭陵管理中心）、东陵公园管理中心（清福陵管理中心）组成，这将有利于共同加强"一宫两陵"保护管理工作。平遥古城的保护管理机构由原世界文化遗产平遥古城保护管理委员会（现更名为平遥县一城两寺研究院）调整为平遥县文化和旅游局。

2021年度，有9处遗产地的机构名称发生变化。例如，云冈石窟的原保护管理机构——云冈石窟研究院更名为云冈研究院，并升格为山西省人民政府直属的副厅级事业单位，承担云冈石窟保护、研究、监测、展示，统筹云冈学建设发展和区域性石窟保护的职责。此次云冈机构的调整，不仅深入贯彻了习近平总书记关于加强云冈石窟研究保护的重要指示，也将促使云冈石窟保护和云冈学研究工作迈上一个新的台阶。此外，皖南古村落－宏村、元上都遗址、左江花山岩画文化景观等遗产的保护管理机构也进行了更名调整。

表1　2021年我国世界文化遗产保护管理机构变化情况

序号	遗产地	具体变化
1	明清故宫－北京故宫	机构经费来源由原自收自支调整为财政差额拨款
2	明清故宫－沈阳故宫	新设立沈阳故宫博物院，由沈阳故宫博物馆和北陵公园管理中心（清昭陵管理中心）、东陵公园管理中心（清福陵管理中心）组成
3	长城－八达岭	原八达岭特区办事处取消，职能由八达岭长城管理处、中国长城博物馆、八达岭林场、八达岭镇政府分担。其中，八达岭长城管理处负责世界文化遗产保护管理
4	平遥古城	由世界文化遗产平遥古城保护管理委员会（现更名为平遥县一城两寺研究院）调整为平遥县文化和旅游局

续表

序号	遗产地	具体变化
5	皖南古村落－宏村	原宏村遗产保护管理委员会更名为宏村世界文化遗产保护管理委员会
6	云冈石窟	原云冈石窟研究院更名为云冈研究院
7	登封"天地之中"历史建筑群	原登封市文化广电旅游体育局加挂"登封市文物局"与"登封市世界文化遗产监测站"两块牌子
8	元上都遗址	原锡林郭勒盟元上都文化遗产管理局更名为锡林郭勒盟文化遗产保护研究中心
9	大运河－柳孜运河遗址	原濉溪县文物事业管理局更名为濉溪县文物保护中心（隋唐大运河遗址博物馆）
10	大运河－南运河德州段	原德州市大运河遗产保护处更名为德州市文化旅游事业发展中心（德州市大运河遗产保护中心、德州市文物保护中心）
11	大运河－南旺枢纽（泰安）	原东平县博物馆更名为东平县文物保护中心
12	大运河－会通河微山段	原微山县文物服务所（微山县大运河南阳服务所）更名为微山县文物保护服务中心（微山县博物馆）
13	左江花山岩画文化景观	原崇左市文物管理局更名为崇左市文物管理中心

资料来源：2021 年我国世界文化遗产监测年度报告。

（三）近四成遗产地成立了专职监测机构

世界文化遗产监测是指监控和评估世界文化遗产的遗产区、缓冲区内可能对遗产突出普遍价值造成威胁的自然和人为因素的变化情况，并预先发出警示信息，以便保护管理机构及时采取相应的处置措施，有效防范风险[①]。为了确保监测工作的有效开展，我国世界文化遗产地均指定了负责监测工作的部门／机构。截至 2021 年，有 42 处遗产地（占比为 38.18%）成立了专门负

---

① 中国文化遗产研究院：《中国世界文化遗产监测预警体系建设规划（2013-2020）（征求意见稿）》，2012。

责监测的部门/机构（见表2），积极响应了2012年国家文物局提出的"各世界文化遗产保护管理机构应当设置从事世界文化遗产监测的专门机构或部门"的要求，为监测需求研究、监测指标体系建立、监测数据采集、数据分析利用等提供了坚实的保障。

表2 我国世界文化遗产专职监测机构建设情况（截至2021年）		
序号	遗产地名称	监测机构名称
1	北京故宫	故宫世界遗产监测部
2	莫高窟	敦煌研究院敦煌石窟监测中心
3	周口店北京人遗址	周口店遗址监测中心
4	嘉峪关	嘉峪关丝路（长城）文化研究院文化遗产监测中心
5	布达拉宫	布达拉宫管理处遗产监测中心
6	罗布林卡	罗布林卡遗产监测中心
7	曲阜孔庙、孔林和孔府	曲阜市三孔世界遗产监测中心
8	庐山国家公园	庐山世界遗产世界地质公园监测预警中心
9	平遥古城	平遥古城遗产监测中心
10	苏州古典园林	苏州市世界文化遗产古典园林保护监管中心
11	丽江古城	世界文化遗产丽江古城保护管理局遗产监测中心
12	北京皇家园林—颐和园	颐和园世界文化遗产监测中心
13	大足石刻	大足石刻监测中心
14	清西陵	清西陵文物管理处监测中心
15	清东陵	文化遗产监测办公室
16	十三陵	明十三陵世界文化遗产管理中心
17	云冈石窟	云冈石窟世界文化遗产监测中心
18	高句丽王城、王陵及贵族墓葬－国内城	高句丽世界文化遗产监测管理中心
19	开平碉楼与村落	开平市世界遗产管理中心
20	登封"天地之中"历史建筑群	登封市世界文化遗产监测站
21	杭州西湖文化景观	杭州西湖世界文化遗产监测管理中心
22	元上都遗址	锡林郭勒盟文化遗产保护研究中心监测科
23	红河哈尼梯田文化景观	元阳县哈尼梯田监测中心
24	汉魏洛阳城遗址	洛阳市世界文化遗产保护监测中心
25	北庭故城遗址	北庭故城遗址监测预警室
26	克孜尔石窟	无线环境监测中心

		续表
序号	遗产地名称	监测机构名称
27	麦积山石窟	麦积山石窟艺术研究所保护研究室监测中心
28	彬县大佛寺石窟	彬州市大佛寺石窟监测中心
29	小雁塔	小雁塔监测室
30	通济渠商丘南关段	商丘市文物局通济渠商丘南关段监测小组
31	通济渠商丘夏邑段	夏邑县大运河遗址保护管理所监测管理办公室
32	卫河（永济渠）滑县浚县段	滑县运河遗产监测中心
33	淮扬运河扬州段	大运河扬州段遗产监测管理中心
34	江南运河苏州段	苏州大运河遗产监测管理中心
35	中河台儿庄段	枣庄市台儿庄区世界文化遗产台儿庄月河段保护监测中心
36	中河宿迁段	大运河（宿迁段）遗产监测中心
37	老司城	永顺老司城遗址管理处
38	唐崖土司城遗址	唐崖土司城遗址管理处安保监测科
39	鼓浪屿：历史国际社区	鼓浪屿世界文化遗产监测中心
40	良渚古城遗址	杭州良渚古城遗址世界遗产监测管理中心
41	泉州：宋元中国的世界海洋商贸中心	泉州市海上丝绸之路申遗中心（监测中心）
42	乐山大佛景区	乐山大佛石窟研究院监测科

资料来源：2021 年我国世界文化遗产监测年度报告。

二 我国世界文化遗产地从业人员状况

（一）从业人员总数同比减少6.75%，27处遗产地人员数量增降幅度超过10%

2021 年，41 项遗产、110 处遗产地共有从业人员 31780 人，相较上年同比减少 6.75%[①]。36 处遗产地的从业人员数量保持稳定，72 处遗产地的从业人员数量有增加或减少，相较上年减少 7 处。

---

① 涉及 2021 年、2020 年两年均填报的有效数据，共计 108 组。其中，2021 年为 29377 人，2020 年为 31504 人。

2021 年度，从业人员数量变化增幅超过 25%（含 25%）的遗产地有 10 处，其中 5 处为大运河遗产地，这与近几年党和国家领导人以及各级地方政府高度重视大运河文化带建设有关；增幅在 0~25% 的有 25 处，其中增幅在 10%（含）~25% 的有 8 处，增幅在 0~10% 的有 17 处；降幅在 0~25% 的有 31 处，其中降幅在 0~10% 的有 28 处，降幅在 10%（含）~25% 的有 3 处；降幅超过 25%（含 25%）的有 6 处（见图 1）。部分遗产地的从业人员数量下降幅度与机构调整有关，如八达岭的保护管理机构由原八达岭特区办事处调整为八达岭长城管理处，人数由原来的 893 人减少为 168 人。部分遗产地因受疫情影响，参观游览人数减少导致收入大幅下降，为减少开支，精减了部分临时工作人员，出现人员数量减少的情况。从业人员是提升遗产保护、利用和管理水平的基础保障，遗产管理者和当地政府应通过各种途径，尽量稳定从业队伍，确保各项保护管理工作能够顺利地开展。

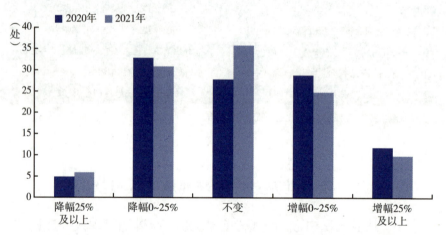

图 1 2020~2021 年我国世界文化遗产保护管理机构人员数量增减

资料来源：2020~2021 年我国世界文化遗产监测年度报告。

（二）32处遗产地的专业技术人员占比达40%以上，较上年下降近4个百分点

专业技术人员是指具有相应专业技术水平和能力要求的从业人员，是

确保遗产得到高质量保护、传承的重要人力资源。2021 年，我国世界文化遗产的从业人员中有 8491 人为专业技术人员，占比 26.72%，相较上年增加 3.44%。其中，具有高级职称的专业技术人员有 1805 人，占比 21.26%，与上年基本持平（见图 2）。参照《关于加强我国世界文化遗产保护管理工作的意见》（2004 年），截至 2021 年，仅有 32 处遗产地（29.09%）满足"专业人员达到职工总数的 40% 以上"的要求，相较上年下降近 4 个百分点。参照《全国文博人才发展中长期规划纲要（2014—2020 年）》，有 25 处遗产地（22.73%）满足"专业技术人才占人才总量的比重达到 45% 以上"的要求，22 处遗产地（20.00%）满足"高、中、初级专业人员比例达到 2：3：5"的要求，同时满足这两项要求的有 6 处遗产地，分别是明清故宫 - 北京故宫，北京皇家园林—颐和园，云冈石窟，大运河 - 含嘉仓 160 号仓窖遗址和回洛仓遗址，大运河 - 江南运河杭州段和浙东运河杭州萧山段，大运河 - 浙东运河宁波段、宁波三江口和浙东运河余姚段。综合 2019~2021 年数据来看，我国世界文化遗产的专业技术人员队伍及职称水平仍有较大提升空间。

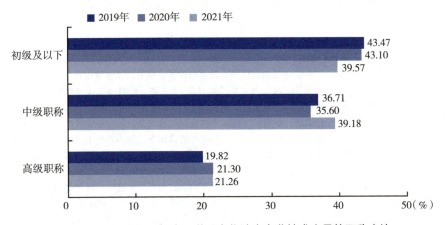

图 2　2019~2021 年我国世界文化遗产专业技术人员的职称占比

资料来源：2019~2021 年我国世界文化遗产监测年度报告。

（三）专职从事监测工作的人员数量占比略有增长

2021 年，我国世界文化遗产从业人员中从事监测工作的共计 1541 人，占从业人员总数的 4.85%，相较上年增长 0.8 个百分点。其中，931 人（60.42%）为专职监测人员，610 人（39.58%）为其他部门或机构的兼职监测人员。

三　我国世界文化遗产地法律法规情况

2021 年，18 项遗产、28 处遗产地新颁布 52 项与遗产保护管理相关的规章和制度①。其中，地方性法规②5 项、地方政府规章③2 项、地方规范性文件④6 项、日常管理制度⑤39 项。与 2020 年相比，本年度新颁布的地方性法规数量有所增长。具体来看，2019~2021 年我国世界文化遗产地每年均有 4~5 部地方性法规颁布，除 2019 年外，每年均有 2 部新颁布的地方政府规章，地方规范性文件新增数量较为稳定，日常管理制度根据遗产地自身保护管理的需要，每年均有较多新增（见图 3）。2021 年"泉州：宋元中国的世界海洋商贸中心"被列入《世界遗产名录》，为加强泉州市历史文化名城和世界遗产保护，泉州市先后制定了《"泉州：宋元中国的世界海洋商贸中心"世界遗产保护管理办

① 《大运河江苏段核心监控区国土空间管控暂行办法》涉及大运河江苏段全部 6 个遗产地，算作新颁布 1 项法律法规；《北京市历史文化名城保护条例》涉及北京市 8 个遗产地，算作 1 项法律法规；《文物建筑三维信息采集技术规程》《文物三维数字化技术规范 器物》《文物保护工程资料管理规程》均涉及北京市 6 个遗产地，算作 3 项法律法规。

② 地方性法规指省、自治区、直辖市、设区市的人民代表大会及其常务委员会根据本行政区域的具体情况和实际需要，在不同上位法相抵触的前提下，以当地一个或几个特定的世界文化遗产为对象，制定的地方性法规。其中设区市的地方性法规须报省、自治区的人民代表大会常务委员会批准后施行。

③ 地方政府规章指省、自治区、直辖市和设区市的人民政府根据法律、行政法规和本行政区域内的地方性法规，以一个或几个特定的世界文化遗产为对象制定的规章。

④ 地方规范性文件指除地方性法规、自治条例和单行条例、地方政府规章以外的，由地方国家机关、企事业单位、社团或其他组织制定并发布的与世界文化遗产保护管理相关的对外具有普遍约束力的文件。

⑤ 日常管理制度指遗产管理机构、部门针对遗产保护管理工作制定的制度、规程等内部文件。

法》和《泉州市历史文化名城保护条例》，加强顶层制度设计，着力处理好历史文化保护与城市建设发展、文化遗产保护与利用的关系，保护和传承其突出普遍价值。

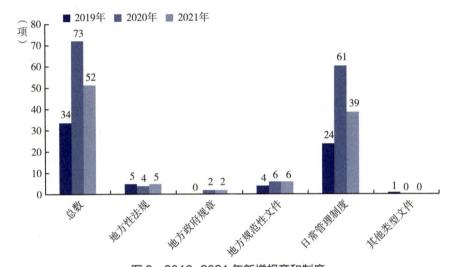

图 3　2019~2021 年新增规章和制度

资料来源：2019~2021 年我国世界文化遗产监测年度报告。

（一）2021年度新增地方性法规5项

2021 年度我国世界文化遗产新颁布或修订地方性法规 5 项，涉及 12 处遗产地。新颁布或修订的 5 项地方性法规分别为《北京历史文化名城保护条例》《陕西省秦始皇陵保护条例》《河南省安阳殷墟保护条例》《甘肃炳灵寺石窟保护条例》《泉州市历史文化名城保护条例》（见表 3）。

北京市人民代表大会于 2021 年 1 月公布《北京市历史文化名城保护条例》，该条例特别指出保护对象包括世界遗产和大运河文化带、长城文化带，将世界遗产作为北京历史文化名城保护的重点内容，完善了保护制度和措施，同时对保护与利用进行了细节规定，指出应遵循"先保护后利用"的原则，开启北京市名城保护新征程。

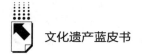

陕西省第十三届人民代表大会常务委员会第二十五次会议于 2021 年 3 月修订通过了《陕西省秦始皇陵保护条例》。新修订的条例更加强调周边环境的保护，更加强调秦始皇陵的世界文化遗产属性，将省、市、区、街道办不同级别的机构的职责划分得更加明晰，对主管人员和相关负责人员的要求更加具体、严格，秦始皇陵保护管理的法律依据更加具体、更有针对性和落地性。

河南省第十三届人民代表大会常务委员会第二十六次会议于 2021 年 7 月通过了《河南省安阳殷墟保护条例》。该条例加大了保护力度，进一步明确了各级政府及相关单位对殷墟的保护责任；加强了违法处罚，进一步明确了执法主体，强化联合执法，重点排查盗掘、违法建设、违法围挡等行为；强化了研究利用，专门设置了"研究与利用"章节，对殷墟科学研究、展示陈列、产业引导、教育传承等内容做出详细规定；该条例的修订为安阳市进一步强化殷墟保护，统筹处理好经济发展、民生保障和遗址保护的关系提供了有力的法律支撑。

甘肃省第十三届人民代表大会常务委员会第二十六次会议于 2021 年 9 月修订通过了《甘肃炳灵寺石窟保护条例》，与 2017 年版本相比，增加了"第十五条，对危害炳灵寺石窟文物安全及破坏其历史风貌的建筑物、构筑物，由省人民政府依法调查处理，必要时，对该建筑物、构筑物予以拆迁"等相关规定，并对部分条款作了更详细的解释。例如"在炳灵寺石窟重点保护区内，不得进行任何建设工程"改为"在炳灵寺石窟保护范围内，不得进行其他建设工程或者爆破、钻探、挖掘等作业"；"第十一条，炳灵寺石窟属国有不可移动文物，不得转让、抵押、出租，不得作为企业资产经营。改变炳灵寺石窟用途的，应当由省人民政府报国务院批准"改为"炳灵寺石窟属国有不可移动文物，不得转让、抵押，不得作为企业资产经营。炳灵寺石窟除建立博物馆、保管所或者辟为参观游览场所外，作其他用途的，应当由省人民政府报国务院批准"等。条款的细化有利于该条例执行的落实落地，使炳灵寺石窟的保护管理工作更加有法可依。

泉州市第十六届人民代表大会常务委员会第四十二次会议于 2021 年 8 月通过了《泉州市历史文化名城保护条例》，该条例以解决"谁来保""保什么""怎么保""怎么用"问题为导向，加强顶层制度设计，着力处理好历史文化保护与城市建设发展、文化遗产保护与利用的关系。该条例特别提到要加强世界文化遗产保护，履行《保护世界文化遗产和自然遗产公约》，接轨历史文化名城保护和世界文化遗产保护，建立保护管理长效机制，保护和传承其突出普遍价值。

表3 2021 年新颁布的地方性法规					
序号	遗产名称		类别	名称	批准时间	批准机关
1	列入《世界遗产名录》的北京市世界文化遗产	北京故宫、周口店北京人遗址、长城－八达岭、北京的皇家园林－颐和园、北京的皇家祭坛—天坛、明清皇家陵寝－十三陵、大运河－通惠河北京旧城段、大运河－通惠河通州段	地方性法规	《北京历史文化名城保护条例》	2021 年 1 月	北京市人民代表大会
2	秦始皇陵及兵马俑坑		地方性法规	《陕西省秦始皇陵保护条例》	2005 年 7 月通过，2010 年 3 月修正，2012 年 1 月第二次修正，2021 年 3 月修订通过	陕西省第十三届人民代表大会常务委员会
3	殷墟		地方性法规	《河南省安阳殷墟保护条例》	2021 年 7 月	河南省第十三届人民代表大会常务委员会
4	丝绸之路	炳灵寺石窟	地方性法规	《甘肃炳灵寺石窟保护条例》	2017 年 6 月通过，2021 年 9 月修订通过	甘肃省第十三届人民代表大会常务委员会
5	泉州：宋元中国的世界海洋商贸中心		地方性法规	《泉州市历史文化名城保护条例》	2021 年 8 月	泉州市第十六届人民代表大会常务委员会

资料来源：2021 年我国世界文化遗产监测年度报告。

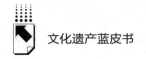

（二）大运河和"泉州：宋元中国的世界海洋商贸中心"新增地方政府规章

2021 年新颁布 2 项地方政府规章，分别为《大运河江苏段核心监控区国土空间管控暂行办法》和《"泉州：宋元中国的世界海洋商贸中心"世界遗产保护管理办法》（见表 4）。

《大运河江苏段核心监控区国土空间管控暂行办法》确定大运河江苏段主河道两岸各 2 千米为核心监控区，按照滨河生态空间、建成区（城市、建制镇）和核心监控区其他区域予以分类管控。在国土空间准入上，核心监控区内实行正（负）面清单管理制度。该办法专门要求，城市建成区老城改造应加强建筑高度管控，限制各类用地调整为大型的工商业、商务办公、住宅商品房、仓储物流设施等项目用地。在严格落实生态保护、耕地保护、文物古迹和传统建筑保护的同时，该办法要求严禁不利于文化遗产保护及环境保护相关的项目建设，实行工程建设考古前置制度。

《"泉州：宋元中国的世界海洋商贸中心"世界遗产保护管理办法》优化了保护管理体制，遵循属地管理与部门管理相结合的基本管理框架，明确规定两级政府应当落实主体责任；突出规划与管理，为避免出现多规冲突，对涉及泉州世界遗产的各类区域规划、专项规划，提出应当符合泉州世界遗产管理规划和保护专项规划的要求，对设置保护标志、遗产区和缓冲区禁止行为、建设工程审批要求等做出规定；明确建立专家咨询、遗产影响评估、联合技术审查、遗产监测等相关制度，以及对遗产点日常管理、遗产区活动管理等提出具体要求。引导社会公众参与，该办法注重加强公众参与制度建设，动员更广泛的社会力量共同参与泉州世界遗产保护。促进历史文脉传承，该办法确定每年的 7 月 25 日为"泉州世界遗产日"，动员全社会共同参与、关注和保护遗产，增强全社会的遗产保护意识。

表 4　2021 年新颁布的地方政府规章

序号	遗产名称	类别	名称	批准时间	批准机关
1	大运河	列入《世界遗产名录》的中国大运河江苏段的遗产，包括：淮扬运河扬州段、江南运河常州城区段、江南运河无锡城区段、江南运河苏州段、中河宿迁段、清口枢纽（含总督漕运公署遗址）	地方政府规章	《大运河江苏段核心监控区国土空间管控暂行办法》	2021 年 2 月	江苏省人民政府
2	泉州：宋元中国的世界海洋商贸中心	地方政府规章	《"泉州：宋元中国的世界海洋商贸中心"世界遗产保护管理办法》	2021 年 12 月	泉州市人民政府

资料来源：2021 年我国世界文化遗产监测年度报告。

（三）8处遗产地新增地方规范性文件6项

2021 年，新颁布地方规范性文件 6 项，内容涉及档案管理、三维数字化、旅游发展、文物建筑历史风貌保护、加强保护管理等。

厦门市人民政府公布《厦门市人民政府关于加快推进旅游业高质量发展的意见》和《历史文化名城街区传统村落和文物建筑历史风貌建筑保护利用工作方案》。新冠疫情以来，全球旅游业发展面临巨大挑战。为推动包括"鼓浪屿：历史国际社区"在内的厦门市旅游业高质量发展，厦门市政府及时出台《厦门市人民政府关于加快推进旅游业高质量发展的意见》。历史文化名城、历史文化街区、传统村落、文物建筑和历史风貌建筑是厦门市历史文化遗产的重要载体，是不可再生、不可替代的宝贵资源，《历史文化名城街区传统村落和文物建筑历史风貌建筑保护利用工作方案》明确 9 个机制：建立历史文化遗产普查认定保护修缮责任机制，建立城市更新改造中文化遗产先普查后征收制度，建立历史文化遗产保护规划管控机制，建立专家技术审查机制，建立定期评估监测机制，建立传统构件回收利用制度，建立创新活化利用机制，建立濒危预警机制，落实整改、问题和线索移送机制，进一步夯实"鼓浪屿：历史国际社区"以及厦门市其他文化遗产的保护管理基础。

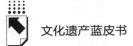
泉州市人民政府印发《中共泉州市委泉州市人民政府关于进一步加强泉州世界遗产保护管理的实施意见》，提出了泉州世界遗产保护管理工作的"两步走"目标。具体而言，到2025年，打造世界遗产保护利用典范城市取得显著成效，基本形成以预防性保护为基础、跨部门跨领域高效协作、保护利用协同发展的泉州世界遗产管理体系；到2030年，创建成为国家文物保护利用示范区，形塑成为更具活力、更加繁荣、更有韧性的世界遗产保护利用典范城市，形成具有中国气派、国际影响力的世界遗产保护和创新发展模式，为全方位建构中国国际话语体系贡献泉州力量，为人类文化遗产保护利用提供泉州经验。

2021年北京市文物局颁布《文物建筑三维信息采集技术规程》《文物三维数字化技术规范 器物》《文物保护工程资料管理规程》，为明清故宫－北京故宫、长城－八达岭、北京皇家祭坛—天坛、北京皇家园林—颐和园、明清皇家陵寝－十三陵5处遗产地的文物保护工程规范和技术提供了支撑，具有十分重要的指导意义。

（四）12处遗产地新增日常管理制度39项

2021年，各遗产地新颁布日常管理制度39项，涉及11项遗产、12处遗产地，包括明清故宫－北京故宫、拉萨布达拉宫历史建筑群－罗布林卡、承德避暑山庄及其周围寺庙、丽江古城、杭州西湖文化景观等。其中，良渚古城遗址新颁布11项，杭州西湖文化景观新颁布5项，承德避暑山庄及周围寺庙新颁布4项，拉萨布达拉宫历史建筑群－罗布林卡、北京皇家祭坛—天坛等遗产地新颁布3项（见图4）。

针对遗产的档案管理、安全防护、建设项目管控、旅游服务、绿化养护等保护管理工作的若干方面，良渚古城遗址均制定了内部制度或实施方案。例如《良渚古城遗址遗产区建设项目风貌设计审查管理办法（试行）》进一步细化了对良渚古城遗址遗产区地形地貌的保护，为规范良渚古城遗址遗产区风貌设计、保持良渚古城遗址遗产区独特的环境氛围、使其具有高度的识别性和标识性提供了更缜密的制度保障;《良渚古城遗址公园突发事件应急预

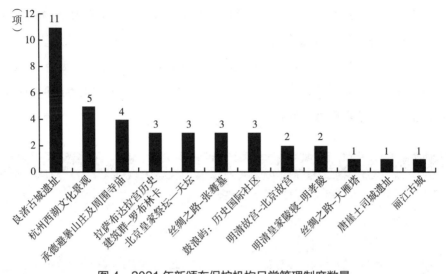

图 4 2021 年新颁布保护机构日常管理制度数量

资料来源：2021 年我国世界文化遗产监测年度报告。

案》内容包括突发事件应急处置工作原则、机构设置、报告程序、预案启动及工作要求、应急保障、善后处置、应急演练、责任与奖惩以及各类安全事件应急预案；《良渚遗址文保专职巡防队保安员考核制度》加强了对良渚遗址文保专职巡防队保安员的科学管理，有助于提升文物安全科学化管理。

杭州西湖文化景观颁布《杭州西湖世界文化遗产监测管理中心文物遗产巡查工作制度》，该制度确定了定期巡视检查和专项巡视检查的周期和内容，规定严格做好巡查记录和电子台账工作，有利于进一步规范杭州西湖文化景观文物遗产巡查工作、提升文物遗产监管水平和专项监测水平。丽江古城颁布《丽江大研古城市场经营项目准入退出管理暂行办法》，该办法对于规范丽江古城内经营项目类别监管、强化违规经营行为处置、优化古城商业布局和规模、加强世界文化遗产保护等方面具有重要的作用和意义。

四　我国世界文化遗产地培训情况

2021 年，38 项遗产、73 处遗产地共组织开展或参加培训 397 次，次数

比上年下降了 25.93%；培训人员总计 23713 人次，比上年增长 36.30%，主要原因是部分培训的规模有所增长。培训人员占世界文化遗产总从业人数的 68.78%，比上年度增长 16.2%。本年度行业影响力较大的培训主要有 2021 年世界文化遗产保护管理培训班、第二期联合国教科文组织"世界遗产与可持续旅游"全国培训班等（见表 5）。

序号	培训名称	培训时间	举办单位
	表 5　2021 年度行业影响力较大的培训		
1	2021 年全国文化遗产与旅游融合发展在线培训班	2021 年 5 月	中国文物报社主办
2	国家文物局 2021 年考古绘图培训班	2021 年 5 月	国家文物局主办、陕西文物保护专修学院承办、陕西职业技术学院协办
3	中阿巴线上石质文物保护专业人员高级研修班	2021 年 5 月	中华人民共和国国家文物局、阿富汗伊斯兰共和国信息与文化部、巴基斯坦伊斯兰共和国国家遗产和文化署主办，中国文化遗产研究院承办
4	2021 年世界文化遗产保护管理培训班	2021 年 6 月	国家文物局主办、故宫博物院承办
5	第二期联合国教科文组织"世界遗产与可持续旅游"全国培训班	2021 年 6 月	联合国教科文组织亚太地区世界遗产培训与研究中心（上海）主办
6	2021 年度不可移动文物自然灾害风险防范研修班	2021 年 7 月	人力资源和社会保障部主办、中国文化遗产研究院承办
7	2021 年度壁画文物保护修复技术培训班	2021 年 7 月	国家文物局主办、中国文化遗产研究院承办
8	2021 年度全国文物安全监督骨干培训班	2021 年 10 月	国家文物局主办、青海省文物局协办、青海师范大学承办
9	浙江省世界文化遗产监测年会	2021 年 11 月	浙江省文物考古研究所主办
10	佛教考古与石窟寺研究专题研修班	2021 年 12 月	国家文物局主办，北京大学考古文博学院、北京大学宗教考古研究所、龙门石窟研究院和洛阳职业技术学院承办

资料来源：2021 年我国世界文化遗产监测年度报告。

（一）监测理论与技术相关培训次数下降明显

从不同培训主题开展的次数来看，保护管理理论与技术类培训次数依旧最多，占比为 31.61%，比上年下降 6.37%；其次为历史文化与大众教育、安消防、政策 / 法规 / 规章、其他、旅游管理与服务，占比分别是 13.04%、12.86%、12.14%、10.71%、8.57%；监测理论与技术和可移动文物管理理论与技术方面开展的培训较少。与上年相比，监测理论与技术类型的培训占比下降幅度较大，而安消防、政策 / 法规 / 规章、历史文化与大众教育和其他类别的培训占比均有较大幅度的增长。2018~2021 年数据显示，保护管理理论与技术类培训占比一直最高；受新冠疫情影响，2020~2021 年旅游管理与服务类培训占比持续降低；其余类别培训根据遗产地自身保护管理需要呈现不同程度的波动（见图 5）。

（二）安消防相关培训规模最大

从培训规模来看，2021 年共组织培训 1150202 人天，比上年增长 23.61%。

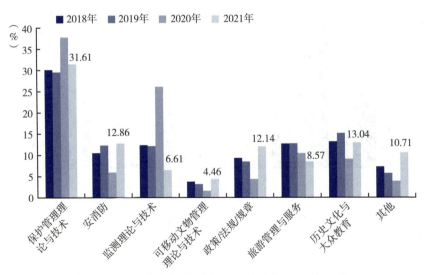

图 5 2018~2021 年遗产地各类培训主题次数的占比

资料来源：2018~2021 年我国世界文化遗产监测年度报告。

其中，线上培训占比 1.37%，比上年下降 37.78 个百分点，主要原因是 2021年上半年新冠疫情态势平稳，线下培训重获现实条件，各遗产地根据疫情防控情况灵活安排，线上线下培训相结合，提高能力建设效率。从不同主题的培训规模来看，安消防占比最高，其次是保护管理理论与技术、政策 / 法规 / 规章、旅游管理与服务，其余类型占比均不超过 10%。从近三年数据来看，安消防类型的培训规模一直占比最高，这与安消防类型的培训性质有关，这一类培训经常是各单位组织的统一培训，参与人数较多，培训规模也较大；保护管理理论与技术类历年培训规模占比一直在 20% 左右，数据波动不大，说明各遗产地对此类能力建设的培训需求较为稳定，历年均在持续稳定地开展相关工作；政策 / 法规 / 规章类培训规模自 2020 年开始有较大幅度增长；其他类培训在 2020 年占比较高主要是因为 2020 年度举办了大规模新冠疫情防控相关培训，2021 年疫情态势趋于平稳，其他类培训规模回落（见图 6）。

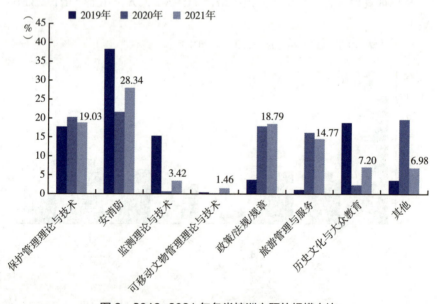

图 6 2019~2021 年各类培训主题的规模占比

资料来源：2019~2021 年我国世界文化遗产监测年度报告。

五　我国世界文化遗产地文物保护经费情况

（一）文物保护经费总额回升

2021 年我国世界文化遗产地保护管理经费总数达 108.43 亿元，比 2020 年增加近 3.11 亿元，同比增长 2.95%[①]（见图 7）。从经费来源看，中央财政经费 14.63 亿元，比上年减少 0.74 亿元，占比 13.49%，比上年减少 1.10 个百分点；地方财政经费 64.39 亿元，比上年减少 6.23 亿元，占比 59.38%，比上年减少 7.67 个百分点（见图 8）；自筹 29.41 亿元，比上年增加 10.08 亿元，占比 27.12%，比上年增加 8.76 个百分点。2021 年，我国世界文化遗产保护经费中中央财政经费和地方财政经费占全国一般公共财政支出[②]的 0.032%，比上年下降 0.003 个百分点。近四年数据显示，2019~2021 年世界文化遗产保护经费中中央财政经费和地方财政经费占全国公共财政支出的比重持续降低（见图 9）。

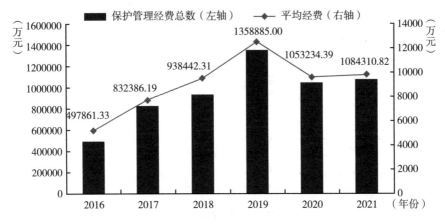

图 7　2016~2021 年保护管理经费总数与平均经费

资料来源：2016~2021 年我国世界文化遗产监测年度报告。

---

① 涉及 2020 年、2021 年均填报的有效数据，共计 107 组，2020 年经费总数 105.17 亿元，2021 年经费总数 107.38 亿元。

② 2021 年全国一般公共预算支出 246321.5 亿元，同比增长 0.26%。其中中央一般公共预算支出 35050 亿元，同比减少 0.13%；地方一般公共预算支出 211271.5 亿元，同比增长 0.33%。资料来源于《2022 年中国统计摘要》。

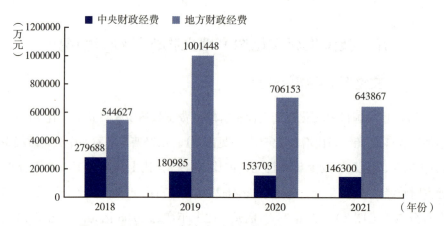

图8　2018~2021年中央财政经费和地方财政经费投入

资料来源：2018~2021年我国世界文化遗产监测年度报告。

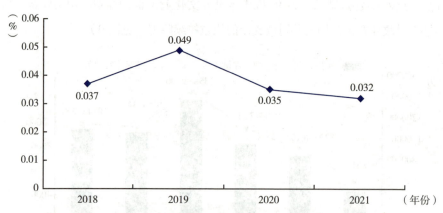

图9　2018~2021年世界文化遗产保护经费中中央财政经费和地方
财政经费占全国公共财政支出的比重

资料来源：2018~2021年我国世界文化遗产监测年度报告。

（二）各遗产地间的经费差异趋向平衡

2021年，从单个遗产地的保护经费看，1000万~5000万元、小于500万元、大于10000万元这三个区间的遗产地数量最多，占比分别为26.36%、25.46%、22.73%。与上年相比，保护经费小于500万元、大于10000万元的遗产地占比有所降低，5000 万~10000 万元这个区间的遗产地占比较上年度有较大幅度增加（见图 10）。经费最少和经费最多的遗产地占比有所下降。上述数据显示，2021 年各遗产地保护经费差异依旧较大，但比上年度更加平衡。

图 10　2017~2021 年遗产地保护经费分布

资料来源：2017~2021 年我国世界文化遗产监测年度报告。

（三）保护经费以地方财政经费为主的遗产地占比持续增长

2021 年，从单个遗产地的保护经费来源看，24 处（占比为 22.64%）遗产地以中央财政经费为主；70 处（占比为 66.04%）遗产地以地方财政经费为主，其中沈阳故宫、长城－嘉峪关等 29 个遗产地保护经费全部为地方财政经费；12 处（占比为 11.32%）遗产地以自筹经费为主。与上年相比，以中央财政经费为主的遗产地占比下降了 0.72 个百分点，以地方财政经费为主的遗产地占比增加了 1.55 个百分点，以自筹经费为主的遗产地占比减少了 0.83 个百分点，各经费类型变化整体波动不大。2019~2021 年数据显示，保护经费以地方财政经费为主的遗产地占比逐年增加，以自筹经费为主和以中央财政经费为主的遗产地占比呈下降趋势（见图 11）。

图 11　2019~2021 年各遗产地保护经费的主要来源

资料来源: 2019~2021 年我国世界文化遗产监测年度报告。

（四）文化景观类遗产保护经费总额逐年上升

2021 年，从各遗产类型的经费总额来看，古建筑类遗产最高，其次是文化景观类和古遗址及古墓葬类。从各遗产类型的平均经费来看，文化景观类遗产最高，其次是古建筑和混合遗产，古遗址及古墓葬类遗产最低。

2019~2021 年数据显示，古建筑类遗产的经费总额一直较高，且保持相对稳定；古遗址及古墓葬类遗产经费总额呈逐年下降趋势，下降幅度较大；文化景观类遗产经费总额逐年上升（见图 12），2021 年经费总额和平均经费大幅增长的主要原因是文化景观类遗产在 2021 年开展了一系列保护工程和环境整治工程。例如杭州西湖文化景观 2021 年保护提升完善，孤山、白堤区域综合提升工程，迎亚运景区安全管理综合提升配套，龙井岭上区块综合提升等投入经费约 2.3 亿元；庐山机构改革后庐山市（局）合一运行，遗产管理人员包含地质公园管理人员，因此 2021 年人员公用经费增加了 1000 万元。

（五）大型系列遗产①仅大运河保护经费有所增长

2021 年，大运河、丝绸之路、长城的保护经费总额约为 20.75 亿元，占

---

① 大型系列遗产包括大运河、"丝绸之路：长安—天山廊道的路网"、长城三项世界文化遗产。

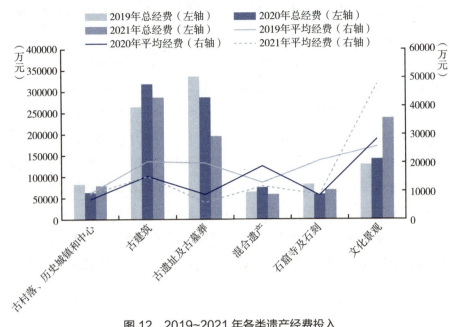

图 12 2019~2021 年各类遗产经费投入

资料来源: 2019~2021 年我国世界文化遗产监测年度报告。

我国世界文化遗产保护经费总额的 19.14%, 较上年度降低 1.99 个百分点。

2021 年, 大运河文物保护经费总额为 14.53 亿元, 约占我国世界文化遗产保护经费总额的 13.40%, 比上年度增加 3.84 亿元。从大运河文物保护经费的资金来源看, 中央财政经费 1.65 亿元, 占经费总额的 11.36%, 比上年度增长 4.76%; 地方财政经费 6.79 亿元, 占经费总额的 46.73%, 比上年度降低 32.41%, 主要原因是上年度部分遗产地投入大额工程经费, 例如含嘉仓遗址、回洛仓遗址 2020 年投入大量资金用于保护展示提升项目, 对景区内绿化、展厅、道路等进行了保护提升和维修, 完善了景区服务设施和安全设备等。

2021 年, 丝绸之路文物保护经费总额为 3.88 亿元, 约占我国世界文化遗产保护经费总额的 3.58%, 比上年减少 3.81 亿元。从丝绸之路保护经费总额的资金来源看, 中央财政经费约 1 亿元, 占比 25.77%, 比上年度增长 15.05%; 地方财政经费 1.28 亿元, 占比 32.99%, 比上年度下降 35.8%, 主要原因一是上年度部分遗产地投入大额工程经费, 例如 2020 年汉长安城未央宫遗址投入大量资金用于环境提升工程；二是炳灵寺石窟等遗产地 2021 年实施的文物保护项目经费均已于 2020 年拨付到位，2021 年未拨付项目经费。

2021 年，长城 [1] 文物保护经费总额为 2.34 亿元，约占我国世界文化遗产保护经费总数的 2.16%，比上年度减少 1.32 亿元。从长城保护经费总额的资金来源来看，中央财政经费 0.32 亿元，占比 13.68%，比上年度降低 8.18%；地方财政经费 1.51 亿元，占比 64.53%，比上年度降低 13.61%；自筹经费 0.51亿元，占比 22%，比上年度增长 22%，2021 年度长城保护经费中自筹经费占比增长的主要原因是山海关长城自筹部分经费用于建设连接老龙头至角山至长寿山的长城风景道，配套设置旅游步道、骑行道等慢行系统，并对山海关古城及街区进行建筑风貌整体提升，包括历史建筑及保留建筑修缮、街区胡同立面改造提升、街景小品建设、标识系统设立、整体环境绿化美化亮化等。

（六）监测经费总额近三年持续下降

2021 年，34 项遗产、59 处遗产地共获得监测经费 9752.08 万元，约占保护经费总额的 0.9%，与上年相比，监测经费总额和占保护经费总额的比重较上年均有所下降。2019 年以来，监测经费总额呈下降趋势（见图 13）。

从经费来源看，2021 年监测经费以地方财政经费为主，占比 70.83%，为近 4 年来最高，中央财政经费与自筹经费比例均有所下降（见图 14）。地方财政经费的占比为近 4 年来最高，这主要与北京皇家园林—颐和园，福建土楼－南靖，大运河－江南运河无锡城区段、浙东运河绍兴段，良渚古城遗址，乐山大佛等遗产地本年度地方财政投入较多监测经费有关。其中，良渚古城遗址投入 573 万元用于良渚古城遗址保护监测服务项目；良渚古城遗址水文、地质调查与监测；良渚古城遗址遗产大脑建设；良渚古城遗址基础地理信息收集记录及监测数据分析；遗址监测预警系统采购项目；申遗档案信息化建设服务等；浙东运河绍兴段投入 502 万元对大运河沿线实施古桥安全监测项目，包括绍兴古城文物保护单位（点）古桥预防性保护监测、绍兴古桥

---

[1] 此处长城仅包括山海关、嘉峪关、八达岭三处列入《世界遗产名录》的遗产点。

群（越城区）结构安全监测等；大运河无锡段投入 300 万元用于监测中心建
设提升。

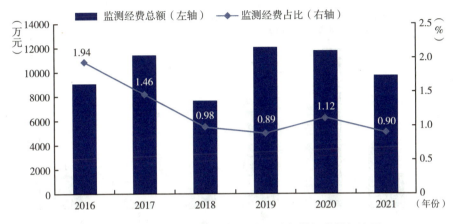

图 13　2016~2021 年监测经费总额及占保护经费总额比重

资料来源：2016~2021 年我国世界文化遗产监测年度报告。

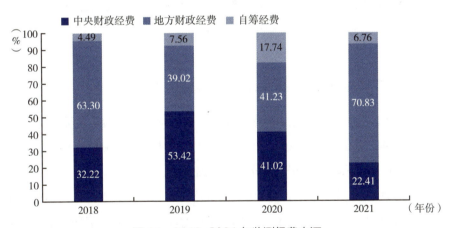

图 14　2018~2021 年监测经费来源

资料来源：2018~2021 年我国世界文化遗产监测年度报告。

从遗产类型来看，2021 年古建筑类遗产获得的监测经费依旧最多，占全部
监测经费的 30.61%，比上年下降了 16.51 个百分点；其次为古遗址及古墓葬

类，占全部监测经费的 28.6%，比上年增加了 8.62 个百分点。2021 年度各遗产类型监测经费投入较上年度趋向平衡（见图 15）。

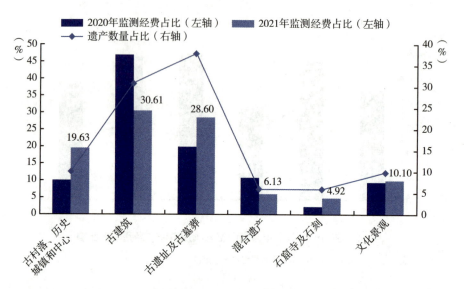

图 15　2020~2021 年不同类型遗产监测经费占比与遗产数量占比情况

资料来源：2020~2021 年我国世界文化遗产监测年度报告。

（七）本体保护工程经费较上年度增长

2021 年，我国世界文化遗产保护经费中投入最多的依然是人员公用经费，占比 40.48%，比上年度降低了 3.58 个百分点；其次是环境整治经费，占比 18.12%，比上年下降了 0.69 个百分点（见图 16）。

2016~2021 年数据显示，除 2019 年以外，人员开支一直是占比最高的项目类型，环境整治经费从 2019 年开始呈下降趋势，保护修缮经费较上年度有较大幅度增长（见图 17），主要原因是部分遗产地投入大量资金用于实施本体保护工程，例如武当山古建筑群实施老君堂修缮工程，太和宫皇经堂、四大天门、九连蹬抢险修缮工程；克孜尔石窟开展 71~91 窟岩体加固工程，48、175 窟壁画修缮工程；布达拉宫开展附属石质文物保护维修工程等。其余项目类型如监测管理、学术研究、旅游管理、安消防等历年经费波动不大。

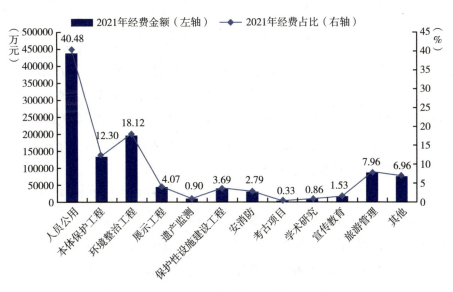

图16 2021年各项目类型投入经费金额及占比

资料来源：2021年我国世界文化遗产监测年度报告。

图17 2016~2021年各类经费投入的占比

资料来源：2016~2021年我国世界文化遗产监测年度报告。

（八）中央财政对保护工程经费的投入呈上升趋势

2021 年，中央和地方各级财政共投入 14.75 亿元实施各类保护展示与环境整治工程，工程经费比上年度增长 0.22 亿元。从经费来源看，地方财政经费占比 58.52%，仍然是工程经费的主要来源，2019~2021 年地方财政经费占比呈逐年下降趋势，中央财政经费逐年上升，中央财政对世界文化遗产保护工程经费的投入逐年增加（见图 18）。

2021 年，环境整治工程经费占工程经费总额的比例仍然最高，其次是本体保护工程经费，占工程经费总额的比重分别为 46.95% 和 37.35%。2019~2021 年数据显示，本体保护工程经费占比逐年上升，环境整治工程经费比上年下降幅度较大，保护性设施建设工程、监测、展示工程变动不大（见图 19）。

从各工程类型的经费来源看，环境整治工程和展示工程主要依靠地方财政经费支持，保护性设施建设工程、本体保护工程、监测工程主要依靠中央财政经费支持。2017~2021 年数据显示，环境整治工程经费来源一直以地方财政经费为主，本体保护工程和监测工程经费来源一直以中央财政经费为主，展示工程从 2018 年开始转为以地方财政经费为主（见图 20、图 21）。

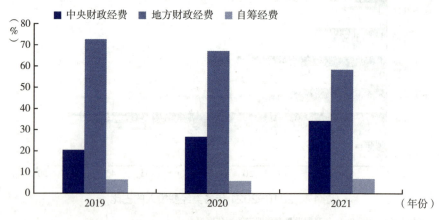

图 18　2019~2021 年工程经费来源

资料来源：2019~2021 年我国世界文化遗产监测年度报告。

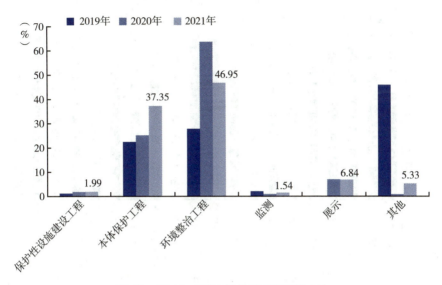

图 19　2019~2021 年各类工程经费占比

资料来源：2019~2021 年我国世界文化遗产监测年度报告。

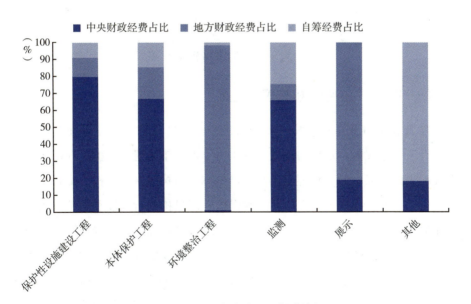

图 20　2021 年各类工程经费来源

图21 2017~2021年主要工程经费来源

资料来源：2017~2021年我国世界文化遗产监测年度报告。

六 对策与建议

（一）提升保护管理机构权责配置

随着我国事业单位机构改革的落地，世界文化遗产保护管理机构改革也取得了一定成效。从权力配置情况来看，近5年来遗产保护管理机构中行政级别为处级以上的比重逐年上升，但整体上机构级别低、权力配置不足的现状依然存在。提升世界文化遗产地保护管理机构的行政级别是地方人民政府加强世界文化遗产工作的重要手段，行政级别越高，意味着资源配置的能力越强、管理的效率越高，尤其对于体量大、涉及协调部门多的世界文化遗产地，可以在不同部门利益协调中拥有更多的话语权，以更好地保护、管理世界文化遗产。遗产所在地方人民政府应当加强对遗产地保护管理机构的政策支持，提升权责配置，扭转目前我国基层文物保护工作"小马拉大车"的现状。

（二）重视专业人才引进和培养

从人员配置情况看，近年来我国世界文化遗产从业人员人才结构持续优化，但专业技术人才总体占比仍然较低（26.72%）。文化和旅游部副部长、国家文物局局长李群在国新办举行的"十四五"文物保护和科技创新规划新闻发布会上表示，力争到 2025 年文物科研人员数量增长 25%，覆盖多领域多层次人才。世界文化遗产作为文物行业的"旗舰"项目，更应力争达到这一目标。

我国世界文化遗产保护工作需要多学科、多方位、多层次的专业人才支持。针对目前文物行业专业人员引进困难的问题，一是要创新选拔机制，以公平公开原则为导向，建立有利于人才脱颖而出的选人用人机制；二是完善分配激励制度，遗产地保护管理机构要逐步建立起结合地方特点、体现岗位绩效、向一线专业技术人员倾斜的薪酬制度，同时不断深化内部分配机制改革，建立体现出人才价值的分配激励模式；三是加强青年专业技术人员的引入和聘用，适当放宽学历门槛和年龄限制，或是在待遇上给予一定程度的提升，如提供适配的发展空间、齐全的生活配套设施、与职位匹配的薪资待遇等。在合理用人机制下为青年人才提供展示能力的平台，为文化遗产保护事业增添活力。

（三）加强监测理论与技术相关能力建设

2021 年监测理论与技术类型的培训次数占比减少了 19.64 个百分点，下降幅度明显。与此同时，我国 110 处 [①] 世界文化遗产地中仅有 45 处遗产地成立了专职的监测机构。我国世界文化遗产地监测理论与技术相关能力建设亟待加强。针对这一现状，首先建议国家文物局应结合中国世界文化遗产监测年会，以世界文化遗产监测基本理论为基础，结合每年度的新政策、新动向以及遗产地工作中的实际情况，举办年度世界文化遗产地监测工作培训班。

---

① 仅统计提交监测年度报告的遗产地数量。

培训班可采取线上线下相结合的方式，在新冠疫情防控常态化的背景下，尽可能让更多一线监测工作人员参与培训，降低新冠疫情对培训工作的负面影响。其次在遗产地的层面也要积极加强自身的能力建设，建立定期、分类、分级的培训制度，加强监测工作各环节和各项工作内容的专业培训。

（四）合理安排经费重点，促进按需分配和遗产地间经费平衡

2021年保护经费在经历了上年度的首次下降后呈现回升趋势，但经费总额仍然低于2019年，建议中央及地方财政持续加大对世界文化遗产的经费投入，以促进世界文化遗产各项工作的开展。我国世界文化遗产保护经费整体呈现分布极不平衡的特点，具体表现为单个遗产地的保护经费差异较大，部分遗产地保护经费高达数亿元，而部分遗产地则不足500万元；不同遗产类型的保护经费差异较大，古遗址及古墓葬类遗产保护经费一直较低且呈下降趋势。中央财政应加强宏观调控，进一步加大对欠发达地区的支持力度，促进遗产地间经费趋向平衡。在下一年度的经费安排中，建议加大对古遗址及古墓葬类遗产的经费投入；加大石窟寺及石刻类遗产的监测经费投入；适当增加长城、丝绸之路这两项大型系列遗产的保护经费，合理安排经费重点，促进按需分配。各遗产地要进一步完善经费投入体制机制，努力构建文物保护经费持续稳定增长的保障制度，推动各级政府加大文物保护经费投入力度，拓宽社会资金渠道，研究制定社会资金有效参与遗产保护管理工作的路径。

参考文献

孙力：《北京市人民代表大会法制委员会关于〈北京历史文化名城保护条例（表决稿）〉的说明》，《北京市人大常委会公报》2021年1月。

刘健、叶楠、辛萍：《擦亮历史文化金名片开启名城保护新征程——新版〈北京历史文化名城保护条例〉解读》，《城乡建设》2022年第1期。

薛里莹、张松：《从"国家财产"到"澳大利亚遗产"——澳大利亚遗产保护立

法历程及特色》,《国际城市规划》2022 年 3 月。

高洁:《基于文化视角的中西文化遗产管理比较研究》,山东大学博士学位论文,2021。

夏莉莎:《我国世界文化景观遗产管理有效性评价》,南昌大学硕士学位论文,2021。

田静:《保护秦陵文物 传承中华文明》,《西部大开发》2022 年第 5 期。

傅柒生、何经平、常浩:《"泉州:宋元中国的世界海洋商贸中心"遗产申报和保护传承》,《南方文物》2022 年第 3 期。

B.4
2021年中国世界文化遗产保存状况分析报告[*]

罗　颖　张依萌[**]

摘　要: 本报告利用我国世界文化遗产2021年度监测年度报告的相关数据对本年度遗产突出普遍价值的保存情况进行分析。总体来看，2021年我国世界文化遗产保存状态基本稳定，绝大部分总体格局、遗产使用功能、遗产要素未发生或发生了正面变化，有利于遗产突出普遍价值的保护和传承。但同时我国世界文化遗产也面临诸多风险和挑战，周围建设压力一直存在，气候变化和恶劣天气事件以及突发性生态和地质事件等灾害事件对遗产的破坏影响越发明显，遗产利用的方法和途径还有待创新等。下一阶段，为积极响应"保护第一，加强管理，挖掘价值，有效利用，让文物活起来"的新时期文物工作方针，确保我国世界文化遗产保存状况持续向好，建议遗产当地政府和有关部门加强以下工作：全面、准确地识别遗产价值特征，明确保护管理工作的核心；建立多部门协同工作机制，加强对遗产周边建设行为的管控；全面推进病害调查与严重病害监测工作，深入贯彻预防性保护思想；提高遗产对灾害事件的韧性，减少灾害对遗产的负面影响；积极探索遗产有效利用途径，让世界文化遗产"活起来"。

---

* 本报告主要资料来源于我国世界文化遗产保护管理机构/监测机构编写的《中国世界文化遗产2021年度监测年度报告》，共计110份，涉及41项遗产、110处遗产地。截至2022年9月，我国共有42项世界文化遗产（含4项混合遗产）、113处遗产地。

** 罗颖，中国文化遗产研究院中国世界文化遗产中心（中国世界文化遗产监测中心）工程师，主要研究领域：世界文化遗产保护状况、遗产监测；张依萌，中国文化遗产研究院中国世界文化遗产中心（中国世界文化遗产监测中心）副研究馆员，中国世界文化遗产监测预警总平台负责人，主要研究领域：中国世界文化遗产保护管理理论政策、世界文化遗产监测、长城考古与保护。

关键词： 世界文化遗产　遗产总体格局　遗产使用功能　遗产要素　病害

突出普遍价值是指罕见的、超越了国家界限的、对全人类的现在和未来均具有普遍的重要意义的文化和 / 或自然价值[①]。保护好、展示好，并向下一代传承好世界遗产的突出普遍价值，是世界遗产保护管理工作的核心。根据《中国世界文化遗产监测数据规范》（试行版）[②] 的相关内容，本报告将从关系世界遗产突出普遍价值的 4 个重要维度，即遗产总体格局、遗产使用功能、遗产要素及其病害情况，分析 2021 年我国世界文化遗产保存状况。

2021 年，我国世界文化遗产绝大部分总体格局、遗产使用功能、遗产要素未变化或发生了正面变化，遗产保存状况稳定并向好发展。其中，41 项遗产、109 处遗产地（占比为 99.09%）未发生总体格局变化，37 项遗产、102 处遗产地（占比为 92.73%）未发生遗产使用功能变化，21 项遗产、68 处遗产地（占比为 61.82%）未发生遗产要素变化。2021 年度，我国世界文化遗产共发生 211 处正面变化，占本年度变化总数的 92.95%。从变化的类型看，93.37% 为遗产要素变化，6.16% 为遗产使用功能变化，0.47% 为总体格局变化。造成正面变化的原因主要是遗产管理者组织实施了一系列的本体保护工程、展示利用工程或环境整治工程，进一步促进了遗产突出普遍价值的保护和传承。

2021 年，我国世界文化遗产共发生 16 处负面变化，占本年度变化总数的 7.05%。从变化的类型看，全部为遗产要素变化，造成变化的原因是自然侵蚀、气候变化和恶劣天气事件以及运输基础设施建设。

---

① 中国古迹遗址保护协会译《实施〈世界遗产公约〉操作指南 2019》（中文版），中国古迹遗址保护协会网，2020 年 5 月 20 日，http://www.icomoschina.org.cn/uploads/download/20200514100333_download.pdf。

② 中国文化遗产研究院中国世界文化遗产中心、国信司南（北京）地理信息技术有限公司：《中国世界文化遗产监测数据规范》（试行版），2014，第 19 页。

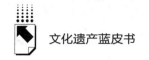

一　遗产总体格局保存稳定，1 处遗产地发生正面变化

世界遗产总体格局主要指遗产要素之间或遗产要素与周边环境之间独特的空间关系。例如，元上都遗址呈现的"兼容并蓄蒙汉文化和政治制度的都城选址与反映蒙汉两族价值观和生活方式的城市规划格局"，明清故宫呈现的"凝练了中国古代城市规划和宫城建设传统特征的空间布局"。总体格局承载着世界遗产突出普遍价值，保护好、展示好、传承好总体格局特征是遗产保护管理工作的重点，也是衡量世界遗产保存状况的重要指标之一。

2021 年，41 项遗产、109 处遗产地未发生总体格局变化，总体格局保存稳定。1 项遗产、1 处遗产地发生总体格局正面影响变化，占遗产地总数的 0.91%，发生变化的遗产地数量与上年一致。

（一）汉魏洛阳城遗址发生总体格局正面变化，更有利于展示城址轮廓特征

2021 年，丝绸之路 - 汉魏洛阳城遗址的保护管理机构实施了内城西城墙南段保护展示工程（见图 1）。该工程通过拆除城垣遗址分布范围内的建筑、道路、电线杆及农业灌溉设施等建（构）筑物，清理遗址表面的乔灌木及浮土，对拆除后的表面裸露部分实施保护性覆土，并在覆土表面培植和养护固土性强的本地野生草本植被，使得城址的轮廓特征更加完整地显现，有利于向公众展示"见证帝国文明、展现城市文化交流的东汉至北魏时期的城市规模及格局"。

（二）建设项目对总体格局保存有较大的潜在负面影响

2017~2021 年数据显示，我国世界文化遗产总体格局绝大部分未变化或发生了正面变化，但也有少量遗产地因建设项目、突发性生态和地质事件等，导致总体格局发生负面变化（见图 2），尤其是建设项目。2006 年，澳

实施工程前

实施工程中　　　　　　　　　　　　变化位置图（黑色虚线位置）

图 1　2021 年汉魏洛阳城遗址总体格局变化情况

资料来源：左一、二为洛阳市汉魏故城遗址管理处，右为中国世界文化遗产监测预警总平台。

门东望洋斜街的 18~20 号未完工建筑（高度为 81.32 米），虽不在澳门历史城区遗产区和缓冲区内，但因其毗邻东望洋炮台（含圣母雪地殿教堂及灯塔）等遗产要素，一定程度上破坏了东望洋炮台及灯塔至大炮台方向的视觉联系，影响了城区内炮台作为昔日澳门重要军事防御设施之功能、布局关系及城市建设逻辑与意象等价值特征的保存，被世界遗产委员会多次要求提交保护状况报告[1]。

---

[1]　中国文化遗产研究院：《澳门东望洋斜街 18-20 号未完工建筑遗产影响评估报告》《2020 年澳门历史城区保护状况报告》，2020。2021 年 7 月，在福州召开的第 44 届世界遗产大会上，世界遗产委员会审议通过了《2020 年澳门历史城区保护状况报告》，认同报告所陈述的遗产地在遗产保护管理中所做的努力，东望洋斜街的 18~20 号未完工建筑事件也终将告一段落。

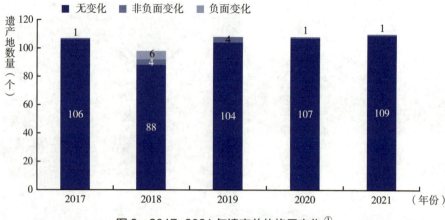

图2 2017~2021年遗产总体格局变化①

资料来源：2017~2021年我国世界文化遗产监测年度报告。

最新遥感数据也显示，我国世界文化遗产周边建设行为频繁发生，对总体格局保存造成较大的潜在压力。2020~2021年，中国世界文化遗产监测预警总平台对10处②世界文化遗产地开展了为期2年的遥感监测工作。通过遥感数据对比分析发现，遗产区内存在变化图斑③159个，涉及面积14.84公顷；缓冲区内存在变化图斑1037个，涉及面积184.31公顷。变化图斑中，有近七成面积的变化图斑转为人工地物（见表1），说明我国世界文化遗产周边的各类建设行为总体较多。

表1 10处遗产地地物类型变化统计

类别	图斑变化数量（个）	图斑变化面积（公顷）	面积占比（％）
自然地物转为人工地物	202	35.66	17.91
人工地物转为人工地物	866	99.69	50.06
人工地物转为自然地物	124	62.38	31.32
自然地物转为自然地物	4	1.42	0.71

① 非负面变化含正面变化和目前尚不确定的变化。
② 10处遗产地分别是：承德避暑山庄及其周围寺庙、平遥古城、苏州古典园林、北京皇家园林—颐和园、北京皇家祭坛—天坛、殷墟、福建土楼－永定土楼、福建土楼－南靖土楼、福建土楼－华安土楼、"鼓浪屿：历史国际社区"。
③ 变化图斑未经实地核实。

以上数据显示，目前我国世界文化遗产总体格局的保存形势较为严峻。随着我国城镇化进程的加速以及全球气候变暖等各种人为和自然因素的影响，这种形势有加剧的可能性。2021 年，在世界遗产委员会第 44 届会议上，英国世界文化遗产利物浦海事商城因大规模的商业开发，建造了多栋高楼大厦，不可逆转地破坏了利物浦海事商城的历史格局和风貌，成为近 10 年被从《世界遗产名录》中除名的首项世界遗产，为全球世界遗产总体格局的保护管理工作敲响了警钟。

二 遗产使用方式不断丰富，遗产价值得到有效传承

遗产使用功能是指遗产在当代社会所承担的社会或文化功能。合理使用世界遗产有利于保护和传承遗产的价值和精神，增强社会凝聚力；不合理使用如对遗产价值不准确、不科学地展示和宣传，不仅可能会造成遗产精神、感觉方面的破坏，还可能造成遗产本体的劣化。

（一）7 处遗产地发生使用功能变化，业态优化、展示提质是发生变化的主要原因

2021 年，37 项、103 处遗产地未发生使用功能变化，使用功能保持稳定。6 项遗产、7 处遗产地发生了 13 处使用功能变化，占遗产地总数的 6.36%，比上年下降 1.05 个百分点，发生变化的遗产地比上年少 1 处。

经评估，本年度所有遗产使用功能变化均对遗产价值造成了正面影响。从遗产类型来看，古遗址及古墓葬类遗产的变化数量最多，有 5 处；其次是古建筑类以及古村落、历史城镇和中心类遗产，各 4 处。

古遗址及古墓葬类遗产中，2 处由不开放到对外开放，分别是明清皇家陵寝－十三陵的康陵、良渚古城遗址的钟家港古河道（见图 3）；3 处通过实施展示工程，进一步深化展示内容、优化展示手段、提升展示效果，分别为明清皇家陵寝－清东陵的景陵大碑楼新布置了"景陵春秋"展览、汉魏洛阳城的西城垣南段新实施了保护展示工程、良渚古城遗址的钟家港古河道新设置了复原展示区。

古建筑类遗产中，2 处在现有使用功能基础上，根据当地社区、游客的

2021 年 4 月 28 日，明清皇家陵寝 – 十三陵的康陵首次面向游客开放

2021 年 7 月 8 日，良渚古城遗址的莫角山宫殿东侧钟家港古河道的
"宫殿巨型木构"复原展示区正式对外开放

图 3　2021 年明清皇家陵寝 – 十三陵、良渚古城遗址的使用功能变化情况

资料来源：北京市昌平区十三陵特区办事处、杭州良渚古城遗址世界遗产监测管理中心。

需求，进一步优化使用功能，如苏州古典园林的暗香疏影楼新增"书香驿
站"，供社区居民和游客读书、休憩；北京皇家园林——颐和园对东宫门外广场
的南朝房游客服务中心进行了提升改造，将之前部分商业空间全部调整为文
化社会功能空间。

　　古村落、历史城镇和中心类遗产的 4 处使用功能变化均发生在"鼓浪屿：
历史国际社区"。依据《鼓浪屿世界文化遗产区商业业态导则》，"鼓浪屿：历
史国际社区"的黄氏小宗、闽南圣教书局旧址、番婆楼、日本领事馆旧址 4 处

遗产要素的原有餐饮用房、摄影基地以及空置建筑等按照导则的要求被调整为非物质文化遗产展示馆、与世界文化遗产主题相结合的精品茶艺馆、人文社科艺术高等院校等场所，助力营造既能满足岛内居民及上岛游客需求，又具有地区特色、功能完善、布局合理的高素质高颜值世界级文创名岛。

案例1:《鼓浪屿世界文化遗产区商业业态导则》

一 导则背景

根据十九大报告提出的经济发展由高速增长阶段转向高质量发展阶段，加强城市的精细化治理，是中国城市发展的方向。2019年厦门专场新闻发布会中也明确了"坚持高质量发展建设高素质高颜值现代化国际化城市"目标。作为厦门重要组成部分之一的世界文化遗产"鼓浪屿：历史国际社区"也面临着新的治理要求。厦门市根据国务院《风景名胜区条例》等规定，特编制了《鼓浪屿—万石山风景名胜区总体规划（2017-2030年）》，将"发掘文化主题和相关素材，拓展相关文化产业"作为鼓浪屿发展目标之一。此外，《厦门经济特区鼓浪屿世界文化遗产保护条例》（2019）、《厦门市商事主体经营场所备案及监管若干规定》（2019）、《厦门市经营场所禁设区域目录》（2018）、《厦门市商事主体登记备案办法》（2014）等条例、规定以及办法中进一步对鼓浪屿商业业态的经营提出了新要求。

为了杜绝由于缺乏有效的业态控制标准，鼓浪屿地区商业业态过于同质化等问题，鼓浪屿作为集旅游观光、休闲度假、科普教育等功能于一体的综合性著名风景旅游区，其转型升级与质量提升尤为重要。因此2019年鼓浪屿—万石山风景名胜区管理委员会着手组织《鼓浪屿世界文化遗产区商业业态导则》的修编工作。

二 控制范围

鼓浪屿文化遗产的遗产区内实行统一标准控制。

三 规划原则

（1）坚持以总体规划纲领，以"世界遗产文化"为主题，以"原真性"为原则，营造高质量的历史国际社区。

（2）坚持以文化遗产和社区生活保护为主，以问题为导向，推动业态重构，实现鼓浪屿地区文化遗产的活化利用与可持续发展。

（3）坚持以可持续发展为目标，构建长效管控机制，保障导则的合理性与实操性，实现资源的永续利用。

四 规划目标

《鼓浪屿世界文化遗产区商业业态导则》旨在落实党和国家对鼓浪屿发展的要求和目标，践行世界遗产委员会对鼓浪屿遗产地的保护要求，以遵循《鼓浪屿—万石山风景名胜区总体规划（2017-2030年）》等上位规划为纲领，以统筹《厦门经济特区鼓浪屿世界文化遗产保护条例》等相关法规、条例及规定为依据，通过控制与引导推动鼓浪屿业态提升，建立起遗产地保护与利用、社区生活和旅游开发两套平衡关系，营造既能满足岛内居民及上岛游客的需求，又具有地区特色、功能完善、布局合理的高素质高颜值世界级文创名岛。

五 业态控制

1．鼓励发展业态

文化艺术业：文化创意产业、文化艺术教育培训、艺术沙龙、文化论坛场馆、国学文化传播馆；影视文化创意基地、剧场、演艺场馆；博物馆、纪念馆、陈列馆、展览馆等展示世界文化遗产价值的展馆；传统手工艺精品专门店；文化传媒办公等。

精品业态类：国际品牌时尚精品专卖店、连锁店；传统老字号体验店；与世界文化遗产主题相结合的精品茶艺馆、咖啡馆。

社区服务类：社区服务产业。

2．禁止的商事功能

易燃、易爆、剧毒、放射性等危险品；网吧、游戏室；喧闹的歌舞厅、夜总会；招待所、培养中心、疗养院以及与风景名胜资源保护无关的其他建筑；旅游饭店等住宿场所；牧畜饲养、水产养殖；污染环境与造成生态破坏的商事活动；其他业态。

3．禁止的商事模式

占道经营、靠墙经营、破墙经营、门口经营、庭院经营、露天经营、流动经营、叫卖经营、无序经营。

4．禁止的经营行为

推销、兜售商品；使用扩音设施、设备；设置户外广告设施；完全开放式店面经营；在建筑外墙、店铺外额外设置菜单、店铺文化等广告招牌；公共路面倾倒污水；违规排放油烟。

5．禁止的经营产品

容易增加环境负担的产品；造成异味污染的产品；使用尖锐食签的产品。

6．其他补充条款

现状未通过审批的，没有办理合法手续的商户，必须取缔；本导则实施前已存在的对资源环境具有较大影响的业态可在充分协商和尊重利益相关人合理意愿的前提下，积极创造条件逐步疏解；因世界文化遗产或历史风貌建筑活化再利用改造等超出控制要求之外的项目，提请鼓浪屿文化遗产保护委员会办公室会议研究。

资料来源：鼓浪屿—万石山风景名胜区管理委员会。

自 2018 年起，我国每年均有近 10% 遗产地的使用功能发生正面变化（见图 4），积极响应《文物建筑开放导则》（2019 年）、《大遗址利用导则（试行）》（2020 年）等文件中提出的，统筹推进文物保护、利用和传承工作，切实增强中华优秀传统文化的生命力和影响力等相关要求。

（二）遗产利用方式亟待优化和创新

目前，包括世界文化遗产在内的我国文化遗产总体仍存在合理利用不足、

图4　2017~2021年遗产使用功能变化

资料来源：2017~2021年我国世界文化遗产监测年度报告。

传播传承不够、让文物"活起来"的方法途径亟须创新等问题。有关数据显示[1]，不合理利用给我国13项世界文化遗产造成了负面影响，主要体现在不恰当的旅游/参观/娱乐活动、当地人口和社区的迁出、传统生活方式和知识体系的摒弃、仪式/宗教利用的消失等。例如，丽江古城作为纳西族重要的传统聚居地，其遗产价值载体除了有形的民居、街道等，还包括无形的纳西族生活传统、宗教信仰和习俗等。在旅游经济的刺激下，丽江古城传统居民外迁，民居被外地人改造为客栈、商店或者酒吧，纳西族的传统生活方式和知识体系的保护与传承面临较大挑战。红河哈尼梯田文化景观遗产区内有6万多名当地居民从事传统的生产生活活动，年复一年的梯田耕作使梯田景观得以持续。但因耕作所需劳动力大，耕作产物红米的经济效益不够理想，当地年轻人受教育后更趋向到大城市谋生发展，传统的农耕技艺传承受阻。除此之外，超过承载量的旅游参观行为、不恰当的解说内容或展示方式、遗产附近不符合遗产环境的功能性场所等，均会对遗产价值的保护和传承造成负面影响。

（三）世界文化遗产利用工作迎来历史发展机遇期

2021年，是"十四五"时期的开局之年，我国政府及相关行业主管部门

---

[1]　数据来源：《中国世界文化遗产第三轮定期报告》，世界遗产中心官网，https://whc.unesco.org/en/prcycle3/，最后检索时间：2022年10月21日。

相继发布《大遗址保护利用"十四五"专项规划》《"十四五"石窟寺保护利用专项规划》《"十四五"文物保护和科技创新规划》等政策文件，对新时期包括世界文化遗产在内的我国文化遗产利用工作的原则、目标和重点任务进行了整体部署和谋划（见表 2），我国世界文化遗产的利用工作将迎来更好的发展机遇。遗产所在地政府及管理者应乘势而为，围绕遗产价值的保护和传承，创新合理利用方式，充分发挥世界文化遗产在促进坚定文化自信、扩大中华文化影响力方面的引领和示范作用。

表 2 2021 年颁布的与世界文化遗产利用有关的政策文件	
文件名称	涉及遗产利用的相关内容
《大遗址保护利用"十四五"专项规划》	**基本原则：**坚持合理利用。要以"价值利用"为导向，兼顾"相容使用"，发挥大遗址的社会教育功能和使用价值，充分运用创意、科技手段多维度、多方式展现大遗址价值内涵，让大遗址"活起来"、传下去。 **总体目标：**到 2025 年，大遗址保护利用总体格局基本成型。文物本体和周边环境总体安全，大遗址考古研究、保护管理、展示利用、教育休闲、传承创新、传播交流等方面取得重要成果。 **主要任务：**实施大遗址展示提升工程和大遗址研学精品工程，推介一批实证文明起源、彰显文化传承、见证民族融合、印证文明互鉴的大遗址展示利用项目。
《"十四五"石窟寺保护利用专项规划》	**基本原则：**坚持传承弘扬，合理利用。加强对石窟寺历史底蕴、文化内涵的研究和阐释，采用多种形式传播石窟寺文化艺术价值，讲好石窟寺故事，传承弘扬中华优秀传统文化。正确处理石窟寺保护与城乡建设、旅游开发的关系，规范旅游开发活动，合理控制石窟寺游客数量，避免石窟寺资源过度利用。 **发展目标：**到 2025 年，石窟寺展示形式丰富多样，价值阐释、艺术弘扬、文化传承深入人心……到 2035 年，石窟寺保护利用工作在铸牢中华民族共同体意识、坚定文化自信、促进经济社会发展、高质量共建"一带一路"、增进文明交流互鉴等方面的重要作用得到充分发挥。 **主要任务：**阐释文化内涵，提升展示利用水平。加强对石窟寺历史内涵、文化价值、现实意义的科学解读和阐释，充分利用融媒体平台、云展览、数字化等现代科技手段，创新拓展石窟寺展示利用。发挥石窟寺在铸魂育人等方面的独特优势，推动一批重点石窟寺相关内容进入中小学教材。加强讲解员、导游能力考核和上岗培训，编制专门培训教材及工作手册，规范讲解服务，提升服务质量。开展重要石窟寺旅游及配套服务设施、解说系统升级改造，提升石窟寺保护利用设施水平和公共文化服务能力。

	续表
文件名称	涉及遗产利用的相关内容
《"十四五"文物保护和科技创新规划》	基本原则：坚持依法保护利用。始终把保护放在第一位，健全文物保护利用法律制度、执法机制，落实各级政府主体责任，严守文物安全红线，确保文物本体安全，维护文物周边环境安全，提升全社会文物保护法治意识。 主要目标：文物蕴含的中华文化基因得到更好挖掘阐释……文物工作在坚定文化自信、扩大中华文化影响力、铸牢中华民族共同体意识方面的重要作用愈加彰显，文物保护成果更好惠及人民群众。形成资源管理全覆盖、法律法规更完备的文物保护利用体系，走出一条符合国情的文物保护利用之路。 主要任务：大力推进让文物"活起来"，坚持创造性转化、创新性发展，深入挖掘、广泛传播文物蕴含的文化精髓和时代价值，创新文物合理利用方式，塑造全民族历史认知，推动文物保护利用工作全面融入经济社会发展……依托全国重点文物保护单位、世界遗产等，推进国家文化地标和精神标识，试点推广国家文化遗产线路，促进文物保护研究与文化阐释传播……加大文物建筑开放利用力度，鼓励因地制宜辟为公共文化设施或场所，对产生良好社会效益的优秀案例予以重点推介……融通多媒体资源，强化内容建设，创新表现手法，拓展传播渠道，推进重要文物全媒体传播，宣介文物保护利用理念与实践。

三 五成遗产地发生遗产要素变化，绝大部分由实施保护措施引起

遗产要素是能承载并体现突出普遍价值的遗产组成部分[1]。遗产要素的外观、材料、形式或其他有价值的特征发生任何较为明显的变化，都可能会影响遗产突出普遍价值的保护和传承。促进发生遗产要素的正面变化、避免或减少遗产要素的负面变化是遗产保护管理工作的重点。

（一）遗产要素发生213处变化，92.49%的变化造成正面影响

2021年，18项遗产、60处遗产地的遗产要素未发生变化，我国世界文化遗产要素保存稳定。30项遗产、50处遗产地的遗产要素发生213处变化，占遗产地总数的45.45%，比上年提高了1.01个百分点，发生变化的遗产地比上年多2处。

2021年，有正面影响的变化197处，占变化总数的92.49%，相较上年多

---

[1] 中华人民共和国国家文物局：《WW/T0090-2018世界文化遗产地风险管理术语》，2019，第2页。

63 处。从遗产类型来看，古建筑类遗产发生遗产要素变化的最多，其次是石窟寺及石刻类，第三是古遗址及古墓葬类（见图 5）。

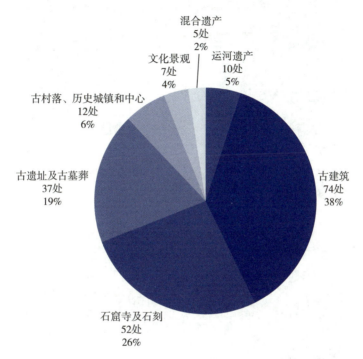

图 5　2021 年不同遗产类型发生的遗产要素正面影响变化

资料来源：2021 年我国世界文化遗产监测年度报告。

2021 年，古建筑类遗产共发生 74 处遗产要素正面变化，发生变化的原因为实施维修加固工程、拆除不当加建。"鼓浪屿：历史国际社区"的遗产要素延平戏院旧址位于鼓浪屿市场路菜市场的二楼和三楼，曾是岛上居民唯一看电影的去处。20 世纪 80 年代，鼓浪屿新的农贸市场和兼具电影放映功能的音乐厅相继建成，市场路一带的热闹也逐渐沉寂下去。延平戏院也一度被改造成住宅、员工宿舍和仓库。2021 年，为深入推进鼓浪屿整治提升，延平戏院旧址内的不当加建被拆除，恢复了建筑的历史空间格局，同时完成了部分结构加固，有利于建筑内部价值特征的保护和传承，同时也为下一步的展示利用工作提供了基础（见图 6）。

延平戏院旧址整治前

延平戏院旧址整治后

图6 2021年延平戏院旧址的变化情况

资料来源：鼓浪屿世界文化遗产监测中心。

2021年，古遗址及古墓葬类遗产共发生37处遗产要素正面变化。发生变化的原因为实施加固工程、建设/改建保护棚、回填遗址。针对良渚古城遗址的老虎岭遗址考古发掘剖面受持续性渗水以及风、水、温度、生物等自然环境条件综合作用形成的病害威胁，遗产管理者实施了遗址保护棚改造以及本体防渗、排水等专项措施，提升了遗址的保存状况。丝绸之路 - 崤函古道石壕段遗址的自然岩石道路遗存长 230 米，由于历史上自然岩石道路中段、东段破坏较严重，以及岩石自身酥脆、较易风化的缘故，遗产管理者根据《崤函古道石壕段本体保护方案》，对自然岩石道路遗存的中段、东段进行了回填，使遗址得到了较好的保护（见图 7）。

道路遗存回填前

道路遗存回填后

图 7　2021 年丝绸之路 - 崤函古道石壕段遗址道路遗存的变化情况

资料来源：三门峡市陕州区崤函古道石壕段遗址文物保护管理所。

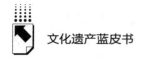
（二）气候变化和恶劣天气事件对遗产要素保存威胁较大

2021 年，我国世界文化遗产的遗产要素共发生负面变化 16 处，占变化总数的 7.51%，相较上年多 12 处，涉及 7 项遗产、8 处遗产地。

从变化原因来看，有 8 处负面变化由影响遗产本体的当地条件引起，1处负面变化由运输基础设施建设引起，造成遗产要素外观出现一定程度的裂隙、构件变形、糟朽等现象，但总体影响程度较低，未对遗产完整性造成较大威胁。针对这种情况，遗产管理者需要继续加强对遗产要素的监测，一旦发生影响遗产安全的情况，及时采取相关措施。另有 7 处负面变化由气候变化和恶劣天气事件造成，其中 6 处引起了遗产要素的局部坍塌，5 处与城墙或围墙有关，对遗产完整性造成一定程度的负面影响。明清皇家陵寝 – 明十三陵受到暴雨侵袭，由河卵石砌筑的墙体被大量雨水浸泡，发生局部坍塌。丝绸之路 – 新安汉函谷关因降雨量大、持续时间长，关楼遗址的东侧南、北阙台出现多处覆土脱落，西侧南、北关墙覆土出现局部坍塌。平遥古城受强降雨影响，内墙发生局部坍塌。可以看出，2021 年气候变化和恶劣天气事件对我国世界文化遗产的遗产要素保存造成较大威胁。

2017~2021 年数据显示，我国世界文化遗产每年都有一定数量的遗产要素发生负面变化（见图 8），究其原因，主要是由当地条件、气候变化和恶劣天气事件、突发性生态和地质事件引起。从具体类型看，当地条件以水（雨水 / 地下水）、相对湿度、气温、风、有害动植物、微生物为主，气候变化和恶劣天气事件以暴风雨、气温变化、洪水、干旱为主，突发性生态和地质事件以火灾（野火）、地震、雪崩 / 滑坡为主。其中，气候变化和恶劣天气事件具有如下特点，影响范围以有限的（影响遗产范围 10%及以下）和局限的（影响 11%~50% 的区域）为主，发生频率以一次性的或很少发生、间歇性的或时有时无的为主，影响价值以轻微的、较小的为主，管理响应能力以较高和中等能力为主，整体发展趋势趋于稳定。突发性生态和地质事件具有如下特点，影响范围以有限的（影响遗产范围 10%及以下）为主，发生频率以一次性的或很少发生为主，影响价值以轻微的为主，管理响应能力以较高和中等能力为主，整体发展趋势趋于稳定。相较而言，气候变化和恶劣天气事件的影响范围更大、发生更加频繁、影响更加明显。

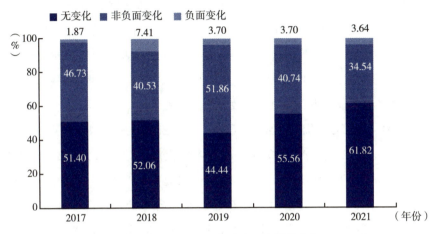

图 8　2017~2021 年遗产要素单体变化

资料来源：2017~2021 年我国世界文化遗产监测年度报告。

四　九成遗产地表示病害治理较好或控制正常，未对遗产造成较大威胁

病害是指遗产要素已有的或自身缺陷引起的持续性损坏[①]。定期对遗产本体及载体的病害情况进行全面调查，了解病害的发生位置、发展状况及趋势、威胁程度，是确认遗产本体是否处于安全状态的重要途径。

---

①　中华人民共和国国家文物局：《WW/T0090-2018 世界文化遗产地风险管理术语》，2019，第 2 页。

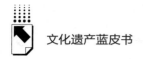

（一）53处遗产地连续4年开展病害调查工作，为遗产安全提供保障

1.71处遗产地开展病害调查工作，其中53处为连续4年开展

2021年，36项遗产、71处遗产地对遗产本体及载体的病害情况进行了调查，占遗产地总数的64.55%，比上年提高了0.66个百分点，遗产地比上年多2处。2018~2021年数据显示，连续4年都开展病害调查工作的遗产地有53处，占遗产地总数的48.18%，表明近一半遗产管理者持续关注病害情况，以确保遗产本体能够得到及时、有效保护（见表3）。

2.39处遗产地未提交病害记录数据，其中29处为连续4年未提交

本年度，12项遗产、39处遗产地未提交病害记录数据。2018~2021年数据显示，29处遗产地已经连续4年未提交该项数据，其中17处为大运河各个遗产地，包括山东省5处、河南省4处、江苏省4处、北京市2处、安徽省1处、天津市1处。经分析，出现这种情况的原因主要有两个，一是这些遗产管理者确实长期未开展病害调查工作，或者开展了但调查得不够细致，未记录病害的具体位置和数量，导致无法填报该项数据；二是部分管理者对这项数据抱有警惕心理，认为如果填报了病害数据会让外界以为自身保护管理工作做得不到位，而引起不必要的麻烦。

病害调查工作的缺失或是不细致，均将无法知晓遗产本体的安全状态以及面临的各项威胁，从而无法及时实施有针对性的干预措施，可能导致遗产处于危险状态。世界文化遗产绝大多数都是历经百年或者千年的文物古迹，在自然或者人为环境影响下，存在病害是一种正常且可以理解的客观现象，遗产管理者应进一步提高对病害数据的认识，尽可能准确、全面地知晓遗产面临的各项病害情况，方能更好地履行作为遗产管理者的责任和义务。

序号	遗产名称	序号	遗产名称
	表3　2018~2021 年连续 4 年均开展病害调查的遗产地		
1	明清故宫－北京故宫	28	元上都遗址
2	明清故宫－沈阳故宫	29	丝绸之路－汉魏洛阳城遗址
3	秦始皇陵及兵马俑坑	30	丝绸之路－隋唐洛阳城定鼎门遗址
4	莫高窟	31	丝绸之路－新安函谷关
5	周口店北京人遗址	32	丝绸之路－唐长安城大明宫遗址
6	长城－山海关	33	丝绸之路－汉长安城未央宫遗址
7	长城－嘉峪关	34	丝绸之路－大雁塔
8	承德避暑山庄及周围寺庙	35	丝绸之路－兴教寺塔
9	庐山国家公园	36	丝绸之路－彬县大佛寺石窟
10	苏州古典园林	37	丝绸之路－麦积山石窟
11	北京的皇家园林—颐和园	38	丝绸之路－锁阳城遗址
12	北京的皇家祭坛—天坛	39	丝绸之路－北庭故城遗址
13	大足石刻	40	丝绸之路－克孜尔石窟
14	明清皇家陵寝－清东陵	41	丝绸之路－交河故城
15	明清皇家陵寝－清永陵	42	丝绸之路－高昌故城
16	明清皇家陵寝－明孝陵	43	大运河－江南运河苏州段
17	明清皇家陵寝－清昭陵	44	大运河－会通河临清段
18	明清皇家陵寝－清西陵	45	大运河－江南运河杭州段和浙东运河杭州萧山段
19	龙门石窟	46	土司遗址－海龙屯
20	青城山—都江堰	47	土司遗址－老司城遗址
21	高句丽王城、王陵及贵族墓葬－五女山城	48	左江花山岩画文化景观
22	高句丽王城、王陵及贵族墓葬－国内城、丸都山城及高句丽王陵和贵族墓葬（以下简称"国内城"）	49	黄山
23	殷墟	50	峨眉山—乐山大佛（仅乐山大佛）
24	登封"天地之中"历史建筑群	51	峨眉山—乐山大佛（仅峨眉山）
25	开平碉楼与村落	52	武夷山－城村汉城遗址
26	福建土楼－华安土楼	53	鼓浪屿：历史国际社区
27	杭州西湖文化景观		

资料来源：2021 年我国世界文化遗产监测年度报告。

（二）本年度病害发生率有所下降，洞窟/龛类遗产要素病害最多

1. 病害发生率有所下降，更多遗产管理者记录了病害位置

根据病害调查记录，2021 年我国世界文化遗产共有病害 554 项，相较上年减少 162 项，病害发生率有所下降。其中，480 项病害（占比为 86.64%）被记录了具体位置，共计 3963 处，涉及 31 项遗产、60 处遗产地，占遗产地总数的 54.55%，比上年提高了 5.48 个百分点，表明有更多的遗产管理者记录了每项病害的具体数量（处），体现出我国世界文化遗产的病害工作正逐渐转向精细化。例如，本年度北京皇家园林—颐和园的管理者记录了 11 个遗产要素的 472 处病害，北京皇家祭坛—天坛的管理者记录了 39 个遗产要素的 211 处病害，承德避暑山庄及其周围寺庙的管理者记录了 10 个遗产要素的 122 处病害，大运河－江南运河杭州段和浙东运河杭州萧山段的管理者记录了 8 个遗产要素的 97 处病害，杭州西湖文化景观的管理者记录了 10 个遗产要素的 40 处病害，"鼓浪屿：历史国际社区"的管理者记录了 11 个遗产要素的 30 处病害。这些数据将为下一阶段遗产管理者开展有针对性的巡查、监测、评估工作打下坚实的基础。但数据也显示，有 74 项病害未被记录具体的位置和数量，涉及 12 项遗产、15 处遗产地，说明这些遗产地的病害调查工作还需加强。

2. 洞窟／龛类遗产要素的病害数量最多，病害类型以裂隙、空鼓为主

2021 年，我国世界文化遗产被记录的 3963 处病害中，有 1125 处（占比为 28.39%）为本年度新发现病害，分布在 251 个遗产要素上。受遗产自身结构、材料等特性及所处位置环境的影响，各类遗产要素的病害发生率以及病害类型不尽相同（见图 9）。其中，洞窟／龛类要素的病害数量最多，共有 2108 处，占病害总数的 53.19%，病害类型以裂隙、空鼓、危岩体、生物病害为主。其次是建／构筑物类要素，共 1331 处，占比 33.59%，病害类型以裂隙、植物病害、构件材料风化、构件缺失为主。除此之外，遗址／墓葬类要素以表层风化、裂隙、生物病害为主；造像／碑刻类要素以裂隙、空鼓为主；水体类要素以堤岸损坏、水质污染为主。

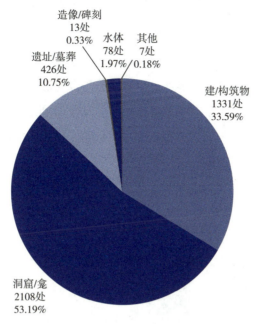

图 9　2021 年不同类型遗产要素的病害分布（按病害处数统计）

资料来源：2021 年我国世界文化遗产监测年度报告。

3.37 处遗产地存在严重病害，仅有 15.91% 的严重病害被定期监测

根据病害对遗产本体威胁程度的不同，可分为一般病害和严重病害。其中一般病害是指可以通过保养维护措施消除的病害，严重病害是指无法通过保养维护措施消除，又暂未达到实施保护工程程度，需要现阶段重点观察的病害。2021 年，15 项遗产、34 处遗产地不存在严重病害，未受到严重病害的威胁。21 项遗产、37 处遗产地存在严重病害，占遗产地总数的 33.64%，比上年提高了 4.01 个百分点。严重病害共计 137 项、2017 处，相较上年增加 1196 处，占本年度病害总数的 50.9%，比上年提高了 33.51 个百分点。数量增加较多的原因是云冈石窟保护管理者本年度上报了 1544 处严重病害，比上年增加 1484 处。2021 年，21 项遗产、35 处遗产地通过监测，记录严重病害的发展状况，占存在严重病害遗产地总数的 94.59%，比上年提高了 10.21 个百分点。被实施监测的严重病害数量 321 处，占严重病害总数的 15.91%，比上

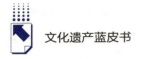

年回落了 26.23 个百分点。

从监测方法来看，拍摄照片、观察仍是主要的监测方式，分别占比 80.67%、73.95%（见图 10）。相较上年，4 种监测方式的使用率都有所上升，表明当前遗产地更倾向采用多种监测方式相结合的形式开展监测工作。13 项遗产、15 处遗产地使用了前端设备监测严重病害 81 处，比上年的 139 处减少 58 处。前端设备监测的病害类型以裂隙、形变、风化、渗水为主，分别为 36 处、18 处、13 处和 8 处。

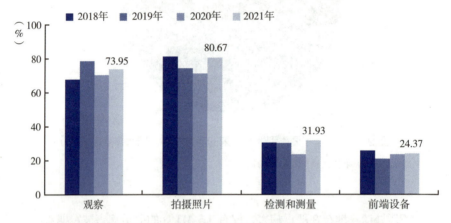

图 10　2018~2021 年严重病害的监测方式占比（按病害项数统计）

资料来源：2018~2021 年我国世界文化遗产监测年度报告。

从实施监测的机构来看，监测机构参与了 152 处严重病害（占比为 47.35%）的监测工作，比上年回落了 35.89 个百分点，变化幅度较大。其中，120 处由监测机构单独负责,32 处由监测机构和保护管理机构其他部门 / 机构、外单位合作完成。

此外，142 处严重病害（占比为 44.24%）监测工作由遗产保护管理单位的其他部门 / 机构负责，相较上年上涨 28.06%；27 处严重病害（占比为 8.4%）监测工作完全由外单位负责，相较上年上涨 7.83%，涉及 4 项遗产、4 处遗产地，如针对北京皇家园林—颐和园的贵寿无极、听鹂馆、长廊的位移等病害，明清皇家陵寝－明显陵的琉璃影壁的不均匀沉降、构件材料风化等病害，遗产管理者均聘请了第三方机构进行监测，有助于提高严重病害监测能力（见图 11 ）。

图 11　2021 年明清皇家陵寝－明显陵的琉璃影壁构件材料风化监测

资料来源：钟祥市明显陵管理处。

（三）病害治理率相较上年下降 3%，病害总体控制情况较好

1. 病害治理率为 93.48%，相较上年下降 3%

客观、全面地了解遗产面临的各项病害，只是遗产保护管理工作的第一步，还需在此基础上进一步明确病害发生及发展机理，以提出有针对性的日常保养或是保护维修措施，尽量消除或者减缓各类病害对遗产的劣化，最大限度地延长遗产寿命。2021 年，25 项遗产、40 处遗产地通过实施各种保护措施，治理病害 2922 处，病害治理率为 93.48%[①]，相较上年下降 3%。如长城－山海关的管理机构通过现状整修、补砌剥落墙体、城墙夯土边坡整修和加固、清除城墙树木植物等日常保养维护方法，对构件材料腐蚀、构件缺失、植物病害、构件变形等 9 处病害进行了治理。承德避暑山庄及其周围寺庙的保护管理机构通过石质文物保护、屋面抢修、墙面保养、地面挖补、天花彩画维护回帖、围墙抢修、倒垄除草、瓦面查补、钢结构支撑等手段，控制或消除

---

① 2922 处被治理的病害中，2610 处填报了病害总数量 2792 处，即 2021 年的病害治理率为 93.48%。2020 年的病害治理率为 96.48%。

了裂缝、渗漏、构件材料风化、构件缺失等 46 处病害的隐患，使遗产得到有效保护，同时通过监测调查、拍摄等方法，将其他 56 处病害的情况上报至预防性保护平台并列入维修计划中，为岁修抢修工程提供了依据。

2. 严重病害的控制或治理情况向好发展，造像/碑刻类遗产要素的恶化比例较高

监测结果显示，2021 年严重病害对我国世界文化遗产的威胁程度相较上年有所缓解。其中，78.82% 的严重病害（253 处）治理较好或是控制正常，比上年提高了 3.39 个百分点，表明绝大部分严重病害未对我国世界文化遗产造成安全隐患。12.77% 的严重病害（41 处）开始恶化，比上年回落了 2.84 个百分点，涉及 9 项遗产、14 处遗产地，病害类型以建/构筑物类要素的构件材料风化为主。8.41% 的严重病害（27 处）已经严重恶化，造成很大威胁，比上年回落了 0.55 个百分点，涉及 2 项遗产、2 处遗产地，病害类型以造像/碑刻类要素的表层风化为主。总体来看，造像/碑刻类要素受严重病害威胁的比重较高（见图 12）。

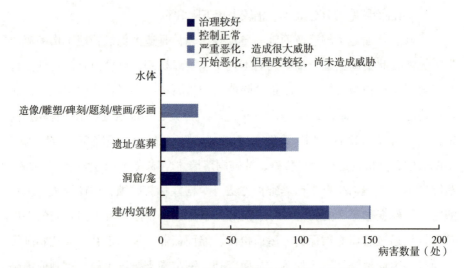

图 12　2021 年不同类型遗产要素的严重病害控制状态

资料来源：2021 年我国世界文化遗产监测年度报告。

3.90.14% 的遗产地病害治理较好和控制正常

总体来看，2021 年病害未对我国世界文化遗产造成较大安全威胁，绝大部分病害的治理情况较好或者处于正常控制的状态。其中，15 项遗产、21 处遗产地（占比为 29.58%）认为病害治理较好，23 项遗产、43 处遗产地（占比为 60.56%）认为病害控制正常，两者占比合计比上年提高了 0.28 个百分点。但同时，也有 4 项遗产、6 处遗产地（占比为 8.45%）认为病害开始恶化，但程度较轻，尚未造成威胁；1 项遗产、1 处遗产地（占比为 1.41%）认为病害开始严重恶化，造成很大威胁。

五　总结与建议

以突出普遍价值为核心的世界遗产保护理论和实践是履行《世界遗产公约》责任和义务、促进新时期我国世界文化遗产高质量发展的唯一途径。本报告通过数据分析发现，在各级政府和遗产管理者的努力下，2021 年我国世界文化遗产的突出普遍价值总体保存稳定，并朝好的方向发展。遗产管理者通过实施一系列的本体保护工程、展示利用工程或环境整治工程等措施，使遗产格局特征得到更好的保护，遗产展示利用方式得到改善，更有益于向公众传播遗产价值，彰显遗产在当代生活的活力，遗产要素病害得到有效治理和控制，保存状况明显改善。

与此同时，也可以看出我国世界文化遗产突出普遍价值保护和传承工作仍面临一些威胁。当前我国处于经济社会快速发展、建设需求量大的阶段，遗产周边建设活动频繁，对总体格局特征保存的潜在负面影响较大；气候变化带来的暴风雨、洪水等灾害事件也对总体格局、遗产要素保存造成了不同程度的影响；有些地方还存在对遗产不合理使用的情况，不仅造成遗产精神、感觉方面的破坏，损害遗产价值的传承，而且加速了遗产本体的劣化。未来，我国遗产管理者要进一步树牢以保护和传承遗产突出普遍价值来统筹所有保护管理工作的思想，在正确、全面地理解遗产突出普遍价值的前提下，加强对遗产本体及其影响因素的监测，促使正面变化，抑制负面变化，确保遗产突出普遍价值能得到更好的保护。针对 2021 年遗产保存状况，本报告对下一阶段工作提出以下几点建议。

（一）全面、准确地识别遗产价值特征，明确保护管理工作的核心

价值特征是遗产突出普遍价值显现的要素，是具体实施保护管理工作的核心对象。在实施保护工作之前，遗产管理者要全面、准确地识别遗产的各项价值特征，可能是外形和设计、材料和材质、用途和功能、传统技术和管理体系、环境和位置、语言和其他形式的非物质遗产、精神和感觉等，并具体归纳到《中国世界文化遗产监测数据规范》（试行版）提出的总体格局、遗产要素、遗产使用功能等 3 个维度中，以此作为开展各项保护管理工作的基础。

（二）建立多部门协同工作机制，加强对遗产周边建设行为的管控

为尽量避免或削弱建设行为对总体格局的负面影响，当地政府应该积极协调建设规划管理部门与文物行政部门、遗产管理者建立协同工作机制，共享建设项目审批、监管等方面的数据，以确保遗产管理者能够及时、全面地了解遗产周边地区将要建设和正在建设的项目情况。一旦在受保护地区内开展或批准开展有可能影响遗产价值的大规模建设工程，遗产管理者要严格按照《操作指南》的要求上报，寻求国际帮助。与此同时，遗产管理者在日常管理工作中也应加强对遗产周边建设项目的主动监测，建立健全社会力量参与机制，发现异常事件后，积极"发声"，及时上报至相关主管部门以及当地政府，持续跟踪异常事件的处置情况，避免对遗产突出普遍价值造成不可挽回的损坏[1]。

（三）全面推进病害调查与严重病害监测工作，深入贯彻预防性保护思想

《"十四五"文物保护和科技创新规划》中提及"预防性保护""监测"各

---

[1] 罗颖：《中国世界文化遗产影响因素——基于中国世界文化遗产第三轮定期报告的分析》，《中国文化遗产》2022 年第 5 期，第 77 页。

10 余次，同时还明确提出到 2025 年要基本实现国保单位从抢救性保护到预防性保护的转变，以上都充分说明了新时期新阶段文物保护工作的新目标和新要求。基于此背景，遗产所在的当地政府要加大对病害调查及严重病害监测等工作的财政支持力度，提供稳定、充足的资金保障。遗产管理者要在现有工作基础上，深入贯彻预防性保护思想，全面推进遗产病害调查工作，进一步提高调查水平，尤其是连续 4 年都未开展此项工作的遗产地，以全面掌握遗产保存状况和存在的各项病害情况。根据调查结果，及时采取预防性保护措施，阻断各种影响遗产安全的危险源，避免遗产遭受破坏，最大限度地保存、延续遗产的真实性和完整性。对于严重病害，尤其是造像 / 碑刻类要素的严重病害，遗产管理者需要进一步加强科学监测管理，尽可能地提高严重病害监测率，针对突出、典型的严重病害，争取组织具有文物保护工程勘察设计经验的专业机构共同实施，以提升监测管理水平。具体监测内容要充分考虑病害及与之相关的各项影响因素之间的关系，避免只采集病害数据的做法，尤其关注全球气候变化背景下的病害发展状况，以深化遗产固有材质特性、病害形成机理以及发展的预测方法研究，为文物保护实践提供依据，助力《"十四五"文物保护与科技创新规划》提出的"构建符合我国文物资源特点的文物修复、预防性保护和防灾减灾理论体系"。

（四）增强遗产抵御灾害事件的韧性，减少灾害对遗产的负面影响

《中国气候变化蓝皮书 2021》指出，1901~2020 年中国地表年平均气温呈显著上升趋势，并伴随明显的年代际波动。气候变化带来的暴风雨、洪水，将对我国世界文化遗产造成更加直接的负面影响。为了应对这种挑战，遗产所在的当地政府及遗产管理者需要切实转变轻防灾、重救灾的思想，根据当前气候变化趋势，重新开展灾害风险的识别与评估，通过分析各项致灾因子的危险性、应灾环境的敏感性、文物本体的脆弱性和遗产价值等，客观评估文物受到的自然灾害风险[1]。当地政府应统筹灾害管理，主动把遗产风险管理纳入城市

---

[1] 乔云飞:《不可移动文物自然灾害风险管理研究》,《中国文化遗产》2021 年第 4 期, 第 6 页。

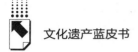

防灾减灾体系中，加强跨部门间的沟通和协调工作，全面增强我国世界文化遗产抵御气候变化和恶劣天气事件、突发性生态和地质事件的灾害风险等方面的韧性。

城墙作为古代城市、建筑的重要元素之一，也是我国世界文化遗产中常见的组成部分，受建造年代、材质、结构等方面的影响，在灾害事件下极易造成各种险情，遗产管理者应加强对此类遗产的关注，提高城墙类遗产的保存状态以及抵御各类灾害事件的能力。

（五）积极探索遗产有效利用途径，让世界文化遗产"活起来"

中国世界文化遗产作为在全球范围内具有突出普遍价值的文物古迹，是中华文化和中华文明的核心载体，是推动实现中华民族伟大复兴的中国梦的强大精神力量，理应成为贯彻习近平总书记关于文物工作重要论述精神、践行新时代文物工作方针中提出的"有效利用、让文物活起来"的先行者。为进一步推进我国世界文化遗产的利用成效，首先，当地政府应组织多部门联合参与的方式，从全局、片区等层面研究世界文化遗产在社会经济发展中的定位，编制遗产保护利用专项规划，系统、全面地评估遗产保护和利用的关系，着力推进遗产与相关产业融合发展，最大限度地提高我国世界文化遗产的社会效益和经济效益，促进遗产保护和区域社会经济的协调发展。其次，当地政府和遗产管理者要彻底改变粗放型的旅游方式、改善低端旅游服务设施，通过研究、提供凝聚遗产突出普遍价值的示范性利用方式，深度丰富公众的精神需求，提高对遗产突出普遍价值认知度和认同感。针对遗产周边居民，还应充分利用公共政策，积极促进他们生计的可持续发展，为遗产可持续发展提供坚实的思想基础。最后，遗产管理者还应加强对遗产旅游活动的管理，通过设置合理的游客承载量，采用游客预约或者适时限流、分流等措施，营造舒适、安全的游览环境，尽量降低旅游活动对遗产的负面影响。

参考文献

中国文化遗产研究院：《中国世界文化遗产 2020 年度保护状况总报告》，文物出版社，2021。

中国文化遗产研究院：《中国世界文化遗产 2019 年度保护状况总报告》，文物出版社，2020。

罗颖、王芳、宋晓微：《我国世界文化遗产保护管理状况及趋势分析——中国世界文化遗产 2018 年度总报告》，《中国文化遗产》2019 年第 6 期。

罗颖、王芳、宋晓微：《我国世界文化遗产保护管理状况及趋势分析——中国世界文化遗产 2017 年度总报告》，《中国文化遗产》2018 年第 6 期。

B.5
2021 年中国世界文化遗产影响因素分析报告[*]

张玉敏　宋晓微[**]

摘　要： 2021 年，我国世界文化遗产受自然和人为因素总体负面影响程度有所减少，其中自然侵蚀、建设压力、自然灾害是主要影响因素，人口压力、游客压力次之，人为破坏、开采压力、污染压力最轻。66% 的遗产地开展了支撑遗产本体病害与周边环境分析的自然环境监测，其中 95% 的遗产地对自然环境负面影响因素防治较好或控制正常；23 处遗产地遭受以暴雨为主的自然灾害影响，遗产本体未受到严重破坏；4 处遗产地遭受游客及社会公众破坏，但未对遗产本体产生严重影响；受资源开采点、严重污染企业影响的遗产地数量维持不变，15 处遗产地仍存在人口疏散需求；72% 的遗产地游客量出现回升，存在日游客量超载现象的遗产地占比下降 1 个百分点；经文物部门同意的建设项目数量与上年基本持平。

关键词： 中国世界文化遗产　自然环境　建设控制　游客管理

根据《操作指南》的要求，申请列入《世界遗产名录》的世界遗产，需

---

* 本报告主要资料来源于我国世界文化遗产保护管理机构 / 监测机构编写的《中国世界文化遗产 2021 年度监测年度报告》，共计 110 份，涉及 41 项遗产、110 处遗产地。截至 2022 年 9 月，我国共有 42 项世界文化遗产（含 4 项混合遗产）、113 处遗产地。

** 张玉敏，中国文化遗产研究院中国世界文化遗产中心（中国世界文化遗产监测中心）工程师，主要研究领域：世界文化遗产保护管理、监测研究；宋晓微，中国文化遗产研究院中国世界文化遗产中心（中国世界文化遗产监测中心）工程师，主要研究领域：世界文化遗产保护利用、监测研究。

识别该项遗产面临的影响因素（包括威胁），这也作为将来监测申报遗产保护状况必要的基础数据。目前，我国世界文化遗产面临的影响因素[①]主要有自然环境和人为两大类，其中自然环境因素主要包括自然侵蚀、自然灾害，人为因素主要包括人为破坏、旅游与游客管理、建设控制和社会环境。本报告将分别阐述以上因素对我国世界文化遗产产生的影响情况，尤其是负面影响，以及分析其发展趋势，并提出对策与建议。

一 我国世界文化遗产地自然环境影响情况

自然环境因素是影响我国世界文化遗产保存状况的因素之一，主要包括对遗产本体产生自然侵蚀的大气环境、土壤环境、地表水环境、地下水环境、生物环境因素，以及突发性的自然灾害因素。持续监测自然环境因素是为了将遗产本体与载体病害更科学地开展关联性分析，有效指导遗产地开展各项保护管理工作。

（一）以监测大气、地表水为主的自然环境因素略有增长

2021 年，共有 39 项遗产、72 处遗产地开展了以监测大气、地表水为主的自然环境监测，占遗产地总数的 65.45%，比上年提高了 1.56 个百分点，其中 35 项遗产、63 处遗产地为两年持续开展自然环境监测。占比提高原因为本年度新增 4 处遗产地开展自然环境监测，涉及丝绸之路－汉魏洛阳城遗址，大运河－通惠河北京旧城段、通惠河通州段，"泉州：宋元中国的世界海洋商贸中心"。例如，丝绸之路－汉魏洛阳城遗址新增遗址区温度、湿度监测，并结合裂隙病害数据开展关联性分析，为实施保护措施提供数据支撑。

2021 年，各遗产地共开展自然环境监测 142 项。其中，大气环境监测 64 项，占开展自然环境监测遗产地总数的 75%；地表水环境监测 38 项，占开展

[①] 影响因素依据《关于开展中国世界文化遗产地基础数据采集、监测年度报告编制报送及监测体系建设专项评估工作的通知》（文物保函〔2015〕2666 号）和《中国世界文化遗产监测数据规范》进行分类。

自然环境监测遗产地总数的 38.89%；土壤监测 11 项，占开展自然环境监测遗产地总数的 15.28%；生物监测 8 项，占开展自然环境遗产地总数的 6.94%；地下水监测 5 项，占开展自然环境监测遗产地总数的 6.94%；其他监测 11 项，占开展自然环境监测遗产地总数的 11.11%。按照遗产类型来分析其所受到的自然环境影响因素，古建筑类遗产主要为大气、生物、地表水，古村落、历史城镇和中心类遗产主要为大气、地表水，古遗址及古墓葬类遗产主要为大气、地表水、土壤，文化景观类遗产主要为大气、地表水、生物，混合遗产类主要为大气、地表水、生物（见表 1）。

表 1　2021 年各类型遗产主要受到的自然环境影响因素	
古建筑	大气：温度、湿度、降水、气态污染物、空气颗粒物 生物：植物 地表水：水质、水位
古村落、历史城镇和中心	大气：温度、湿度、降水 地表水：水位、水质、流速
古遗址及古墓葬	大气：降水、温度、湿度、酸雨、风速、风向、紫外线/光污染、空气颗粒物、气态污染物 地表水：水质、水位、流速 土壤：电导率、土壤温度、土壤湿度
文化景观	大气：温度、湿度、降水、风速、风向、酸雨、空气颗粒物 地表水：水质、水位、流速 生物：动物、植物、微生物
混合遗产	大气：空气颗粒物、降水 地表水：水质 生物：植物

资料来源：2021 年我国世界文化遗产监测年度报告。

另外，莫高窟、庐山国家公园、苏州古典园林、明清皇家陵寝－清永陵 4 处遗产地持续开展了动物、微生物和植物病害等生物环境监测。2021 年度新增杭州西湖文化景观 1 处遗产地开展此项监测，其监测目的是维持生态系统、物种多样性的稳定。

2018~2021 年数据显示，我国约有 3/4 的遗产地开展了大气监测，近 1/3 的遗产地开展了地表水监测，不足 1/6 的遗产地分别开展了土壤、生物和地下水监测（见图 1）。这表明，大气环境和水环境一直是影响我国世界文化遗产的主要因素，治理难度较大。我国各世界文化遗产地正持续开展自然环境监测以积累数据，为保护措施制定和预防性保护基础研究工作提供科学支撑。

图 1　2018～2021 年遗产地开展各类自然环境监测占比

资料来源：2018~2021 年我国世界文化遗产监测年度报告。

（二）自然环境监测数据获取方式呈现多样化互补趋势

我国世界文化遗产地主要采用前端设备（占比为 43.23%）、检测和测量（占比为 24.45%）、观察（占比为 16.16%）、拍摄照片（占比为 11.35%）等方法采集自然环境监测数据。从监测方式来看，55 处（占比为 76.39%）遗产地以监测机构、本单位其他机构/部门采集监测数据为主。以促进信息资源共享、节约成本为目的，27 处（占比为 37.50%）遗产地与其所在市/县、区的环保、气象、水利、水文、生态环境、自然资源、海洋等相关部门建立了有效且运行良好的数据共享机制，共享的数据主要有大气中的温度、湿度、降水、空气颗粒物、气态污染物、风速、风向、臭氧、气压、酸雨，地表水中的水位、水质、流速，以及地下水中的水位等，遗产地共享数据占比较上年提高了 5.62 个百分点。同时，遗产地还充分利用数据进行分析，并根据分析结果制定了相关保护措施。例如，大运河－江南运河苏州段，通过共享苏州市气象局的大气（降水）数据，对降雨量开展分析，得出每年夏季降雨较密集时间段内，河水上涨会导致水位与宝带桥、吴江古纤道持平，为防止通行

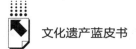

船只对遗产本体造成破坏，一方面加强汛期的人工巡查，另一方面在两处遗产点设置防撞栏、指示浮标、通航灯等防护措施。

另外，为提高自然环境监测和数据分析的专业性，2021年度共有8处（占比为11.11%）遗产地采用购买服务的方式委托专业机构开展大气、地表水、生物、土壤等自然环境专项监测，与上年基本持平。其中，新增1处杭州西湖文化景观开展了土壤监测，对取样点土壤中的重金属元素含量分析检测，结果表明，西湖龙井茶产区内土壤重金属元素整体处于安全范围。

上述分析表明，我国世界文化遗产地通过各类数据采集方式进行相互补充，采集了较为丰富的自然环境数据，并通过开展数据分析有力地支撑了保护管理工作。

（三）自然环境负面影响总体防治较好或控制正常

从自然环境影响程度来看，被监测的111项（占比为78.17%）自然环境对遗产本体及其环境影响较轻；29项（占比为20.42%）影响一般；2项（占比为1.41%）影响较严重。对影响较严重遗产地进行分析，莫高窟主要是因为可溶盐分运移、相对湿度等影响壁画保存状况。元上都遗址主要受温度、湿度、风蚀影响较大，一方面是因为冬、春季期间遗址夯土面、砖石墙体的顶部或底部受到温度、湿度影响易产生冻融现象；另一方面是雨雪天气过后湿度较大，墙体生长青苔、盐碱失衡易造成砖表层剥离等现象；此外，风对遗址本体砖石墙面和夯土墙体易造成掏蚀现象。

总体来看，68处（占比为94.44%）遗产地认为，自然环境负面影响因素防治较好或控制正常；4处（占比为5.56%）遗产地提出，自然环境对遗产本体及其环境的负面影响因素开始恶化，但程度较轻，尚未造成威胁，具体包括高句丽王城、王陵及贵族墓葬－五女山城，以及丝绸之路－崤函古道石壕段遗址、克孜尔石窟、炳灵寺石窟，及时分析监测数据可以掌握自然环境对遗产本体的影响。其中，丝绸之路－克孜尔石窟，主要受外界降雨等自然环境影响，窟内温度、湿度等微环境变化剧烈，特别是面积较小的洞窟更易受到影响，其数值明显超出壁画保存最佳值，但窟内壁画保存稳定，未发生严重劣化现象。

（四）遗产地遭受的自然灾害①影响有所增加

2021 年，共有 14 项遗产、23 处遗产地遭受 30 次自然灾害，相较上年增加 10 次，受灾遗产地占遗产地总数的 20.91%，比重比上年提高 10.82 个百分点。从灾害类型分析来看，27 次气象水文灾害中以暴雨为主，占比 53.13%，洪涝、台风、大风次之，极个别遗产地遭受了冰雹、低温、沙尘暴灾害。与我国世界文化遗产第三轮定期报告分析的"气候变化和恶劣天气事件"中暴风雨占主要负面影响因素一致。遗产地遭受的 3 次地质地震灾害为地震、滑坡。从灾害发生时间来看，灾害主要集中在 6~10 月，此期间的次数占比为 90%（见图 2）。特别是 7 月 17~23 日，河南省遭遇历史罕见的暴雨、洪涝灾害，灾害影响范围广、损失重，其中龙门石窟、登封"天地之中"历史建筑群、殷墟、丝绸之路－汉魏洛阳城遗址，以及大运河－卫河（永济渠）滑县段、卫河（永济渠）浚县段（含黎阳仓遗址）6 处遗产地遭受自然灾害，对遗产本体和周边环境产生了不同程度的影响。

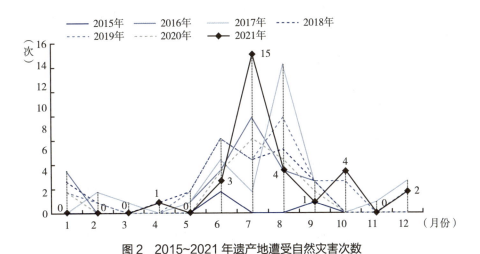

图 2　2015~2021 年遗产地遭受自然灾害次数

资料来源：2015~2021 年我国世界文化遗产监测年度报告。

---

① 本报告所涉及的自然灾害主要有气象水文灾害、地质地震灾害等，其中，气象水文灾害包括干旱、洪涝、台风、暴雨、大风、冰雹、雷电、低温、冰雪、高温、沙尘暴、大雾，地质地震灾害包括地震、火山、崩塌、滑坡、泥石流、地面塌陷、地面沉降、地裂缝。

经评估，16 次（占比为 53.34%）自然灾害对遗产本体影响轻微；7 次（占比为 23.33%）自然灾害影响一般；7 次（占比为 23.33%）自然灾害影响较重或严重，涉及承德避暑山庄及其周围寺庙、平遥古城、明清皇家陵寝 - 清西陵、明清皇家陵寝 - 十三陵、登封"天地之中"历史建筑群、丝绸之路 - 彬县大佛寺石窟、大运河 - 卫河（永济渠）浚县段（含黎阳仓遗址）7 处遗产地。古建筑类遗产，主要受暴雨、大风、冰雹等自然灾害影响，易发生漏雨、屋面瓦件碎裂和移位、构件脱落、墙体坍塌等问题；古遗址及古墓葬类遗产，主要受暴雨、低温等自然灾害影响，易发生坍塌、开裂、脱落等问题；石窟寺及石刻类遗产，主要受暴雨、洪涝等自然灾害影响，易发生龛窟遗存渗水、覆土坍塌、岩体失稳、微生物病害等问题。

（五）灾前防范措施已成为减少或削弱自然灾害影响的重要手段

2021 年，遭受自然灾害的遗产地中，对 18 次（占比为 60%）自然灾害采取了有效的灾前防范措施，降低了灾害带来的损失。灾前，遗产地除了随时关注天气预报、及时发出预警、增加巡查频次、启动相应应急预案外，还针对不同类型遗产，采取了具有针对性的防范措施。石窟寺及石刻类遗产，主要采取了修剪树枝、清理洞窟周围碎石及杂草、疏通排水系统等措施；古遗址及古墓葬类遗产，主要采取了清理排水设施、清理树木和植被、清理河道、配备防汛物资等措施；古建筑类遗产，主要采取了疏通排水口、支护树木及修剪树枝、危险部位装配围挡和临时支护等措施；文化景观类遗产，主要采取了配备救灾物资、加强树木防护、排放积水、及时整改隐患部位等措施。

例如，龙门石窟清理洞窟周围碎石，以及对文物安全有影响的树木杂草，做好 24 小时巡护，与防汛指挥部门保持联系及时获知上游河段情况，随时关注预警并及时上报。丝绸之路 - 新安汉函谷关遗址，密切关注汛情，成立防汛工作领导小组和应急抢险救援队，制定防汛预案，实行 24 小时值班制度，配足防汛物资，并对遗址区内主要洪涝区域涧河、皂涧河、东风渠进行重点排查，清理河道，在风险点进行布防。杭州西湖文化景观，为防范台风"烟花"，景区启动了 I 级应急响应，投入人员 10700 余人次、车辆 900 余辆次、船艇18艘次参与防台风抗台风行动，转移安置群众、游客，对树木进行支撑，排放积水，暂停旅游服务设施，出动文保巡查队伍对景区遗产本体及周围环境进行摸排和安全巡查，及时发现并整改隐患部位，提前转移展厅文物和架高库房文物，确保台风"烟花"登陆前后遗产安全。上述遗产地及时采取的灾前措施，减少了灾害对遗产本体及周围环境产生的负面影响。

2015~2021年数据表明，受全球气候大环境影响，每年均有遗产地遭受自然灾害影响，2016~2020年受灾比例呈下降趋势，但2021年又出现增长势头（见图3）。因受全球气候变暖影响，2021年我国气候也相应出现了显著变化，全国极端天气频发，导致了我国世界文化遗产受自然灾害影响有所增加，这与我国气候变化特点相一致。《中国气候公报（2021）》显示，2021年我国气候暖湿特征明显，涝重于旱，极端天气气候事件多发、强发、广发、并发，气候总体情况偏差，其中暴雨较常年增加26.9%[①]。

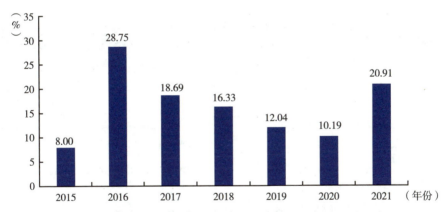

图3　2015~2021年遭受自然灾害的遗产地数量占比

资料来源：2015~2021年我国世界文化遗产监测年度报告。

二　我国世界文化遗产地人为破坏情况

我国世界文化遗产地面临的人为破坏是指以人为主体，对遗产及周边环

---

① 中国气象局：《中国气候公报（2021）》，http://www.cma.gov.cn/zfxxgk/gknr/qxbg/202203/t20220308_4568477.html，最后检索时间：2022年10月16日。

境产生蓄意或无意识的破坏活动，主要包括刻画、涂污、攀爬、踩踏、损害文物保护设施，开垦种植，采砂等。

（一）遗产地遭受的人为破坏情况小幅回落

2021 年，我国共有 4 项遗产、4 处遗产地遭受 6 项不同程度的人为破坏事件（见表 2），占遗产地总数的 3.64%，占比较上年回落了 2.84 个百分点。其中，明清故宫－北京故宫、长城－八达岭、苏州古典园林连续两年均有人为破坏情况发生，主要是游客刻画或踩踏植物。从事件类型来看，6 项均属于蓄意或无意识的破坏事件，为游客刻画或踩踏植物、社会公众损害文物保护设施。从遗产受损程度来看，一般的占 33.33%，轻微的占 66.67%。总体上来看，我国世界文化遗产地遭受的蓄意或无意识的破坏事件有所减少，且对遗产本体、环境的破坏程度较轻。

表 2 2021 年遗产地遭受人为破坏的情况			
遗产地	人为破坏情况描述	受损程度	处理措施
明清故宫－北京故宫	观众用车钥匙在故宫西华门外城墙上刻字	轻微	加设保安巡逻岗位，加设城墙监控，做好城墙看护工作，制作"爱护文物"标语手举牌
长城－八达岭	在长城北二楼墙体上进行刻画，造成墙体轻微损伤	轻微	对涉事人进行批评教育，并要求写下保证书，同时将其列入景区旅游不文明行为记录
	在北三至北四楼外侧墙体刻画，造成墙体中度损伤	一般	对涉事人处以行政拘留 5 日、罚款 200 元，并列入景区旅游不文明行为记录
	某加纳留学生在北八楼刻画，造成墙体中度损伤	一般	报警后由警方批评教育并写下保证书
苏州古典园林	游客爬上留园西部土山山顶，随意踩踏山顶种植的地表植物，造成植物破坏	轻微	增设警示牌，对破坏区域进行补植，并加强人员巡逻提醒
大运河－宁波三江口	野钓爱好者在小西坝旧址周边乱扔垃圾，屡次破坏斗门新闸周边围栏	轻微	遗产所在地人民政府多次组织清理小西坝闸体内环境卫生，修复斗门新闸周边围栏

资料来源：2021 年我国世界文化遗产监测年度报告和 2021 年中国世界文化遗产监测预警总平台舆情监测数据。

（二）2015~2021年我国世界文化遗产地遭受的人为破坏现象呈下降趋势

2015~2021 年数据表明，我国世界文化遗产地遭受的人为破坏，以游客、社会公众对遗产本体及其环境蓄意或无意识的破坏行为为主，占比在2017~2021 年呈下降趋势（见图 4）。究其原因，一方面，遗产地采取加强巡视巡查、增设宣传引导和警示标识系统等管理措施，引导公众知晓共情，共同维护建设游览体验环境，减少了人为破坏行为的发生；另一方面，近年来，遗产所在地人民政府或人民代表大会常务委员会也针对世界文化遗产制定并颁布了各项地方性法规，其中明确规定了在遗产保护范围和建设控制地带内（或遗产区、缓冲区内）禁止刻画、涂污、损坏文物、损坏文物保护设施、采砂、取土等行为，并规定违反上述行为应承担相应法律责任，从法律层面上遏制了人为破坏行为对遗产本体及其环境造成的蓄意或无意识破坏。

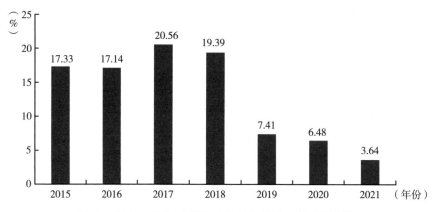

图 4　2015~2021 年遭受人为破坏的遗产地数量占比

资料来源：2015~2021 年我国世界文化遗产监测年度报告。

三　我国世界文化遗产地旅游与游客管理情况

旅游与游客管理是我国世界文化遗产面临的人为影响因素，也是制约遗产地可持续发展的因素，其主要监测我国世界文化遗产地的游客量、游客管理情况、游客影响评估以及旅游效益等指标，用于评估旅游对遗产保护和社会经济发展的影响，及时调整遗产地利用强度，有效提升旅游服务水平，发挥社会价值。

（一）本年度游客总量增长近一半，主要以省内及周边客源为主

2021 年，41 项遗产、109[①] 处遗产地共接待游客 2.39 亿人次（见图 5），比上年增加 0.68 亿人次，增长 39.77%。分析其原因，其一是全年疫情相对较为平稳，且疫情防控政策更精准化，有利于出行旅游；其二是部分遗产地为促进旅游业增长，实施了节假日、冬季等期间免票政策，以及开展如"国际博物馆日""豫见金秋、惠游老家""本地人游本地"等大型活动带动游客增长。

2021 年度我国世界文化遗产地游客接待量占全国总游客量[②]的 7.35%，比上年提高 1.41 个百分点，主要以省内及周边城市游客为主。从全年游客量月度总体分布来看，2~7 月、9~10 月游客量较多，其余月份游客人数相对较少（见图 6）。

相较上年[③]，71 处（占比为 73.20%）遗产地游客量增长，增长 1 倍以上的遗产地有 17 处，增长的原因是上年受新冠疫情影响严重导致游客量基数较小，或是本年度遗产地所在地区疫情发生频率较低。另外，26 处（占比为 26.80%）遗产地游客量减少，其中减幅在 50% 以上的有 4 处遗产地，包括武当山古建筑群，明清皇家陵寝 - 明显陵，大运河 - 江南运河南浔段、柳孜运

---

① 大运河 - 江南运河嘉兴段的监测年度报告中统计的为嘉兴市游客量（2372 万人次），不符合统计口径，未纳入计算。庐山国家公园监测年度报告中游客总量资料来源于庐山市政府工作报告中的全域旅游数据（2827.09 万人次）。丝绸之路 - 悬泉置遗址和大运河 - 通济渠郑州段、通济渠商丘南关段等 8 处遗产地，因未对外开放、属于开放河道无法统计游客量等原因，年度游客总量数据填写的为 0。

② 国家统计局：《中华人民共和国 2021 年国民经济和社会发展统计公报》，http：//www.stats.gov.cn/xxgk/sjfb/zxfb2020/202202/t20220228_1827971.html，最后检索时间：2022 年 10 月 16日。公报显示全年国内游客 32.5 亿人次，比上年增长 12.8%，国内旅游收入 29191 亿元，增长 31.0%。

③ 2020~2021 年，游客总量有效数据为 97 组。

河遗址。游客量减少主要是因为疫情防控期间部分景区执行限制游客量、暂停对外开放等防控措施，自然灾害呈多发现象导致景区关闭，个别遗产地因实施环境提升工程暂不对外开放或开放区域减少。虽然部分遗产地游客量有所减少，但从参观体验方面来说，游客参观、研学、讲解服务等方面体验更加舒适。

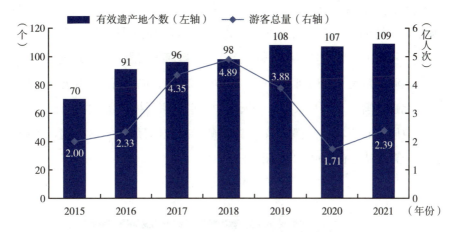

图 5　2015~2021 年我国世界文化遗产年度游客总量

资料来源：2015~2021 年我国世界文化遗产监测年度报告。

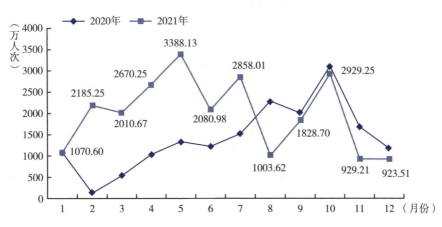

图 6　2020~2021 年我国世界文化遗产游客量的月度分布

资料来源：2020~2021 年我国世界文化遗产监测年度报告。

（二）遗产地游客量差异依旧悬殊

2021 年，我国世界文化遗产地游客量差异依旧悬殊，游客量最高的是杭州西湖文化景观，达 1857.01 万人次，其次是北京皇家祭坛—天坛，游客量为 1048.07 万人次，最少的是大运河－淮扬运河扬州段，游客量仅有 0.25 万人次。8 处遗产地游客量不足 1 万人次，主要以古遗址、遗产运河类为主，包括丝绸之路－崤函古道石壕段遗址、兴教寺塔、汉魏洛阳城遗址，大运河－含嘉仓 160 号仓窖遗址（含回洛仓遗址）、淮扬运河扬州段、江南运河常州城区段、南运河德州段、南运河沧州段。2019~2021 年，杭州西湖文化景观、明清故宫－北京故宫、北京皇家祭坛—天坛、北京皇家园林—颐和园、丽江古城、苏州古典园林、青城山—都江堰、"鼓浪屿：历史国际社区" 8 处遗产地游客量排名一直保持在前 10 位（见图 7）。

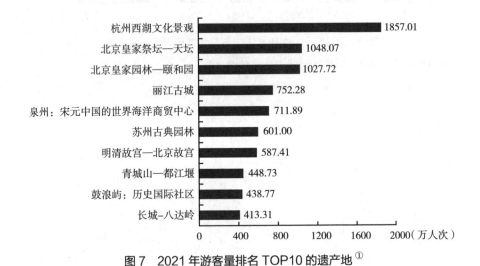

图 7　2021 年游客量排名 TOP10 的遗产地 [①]

资料来源：2021 年我国世界文化遗产监测年度报告。

---

① 不含大运河，共有 80 处遗产地数据。

（三）境外游客量[①]与上年基本持平

2021 年，20 项遗产、25 处遗产地接待境外游客总数达 15 万人次，比上年减少 10.98 万人次，占其遗产地全年总游客量[②] 的 0.25%，比上年回落 0.11 个百分点。2021 年，明清故宫－北京故宫、丽江古城、北京皇家祭坛—天坛仍然为接待境外游客人数较多的遗产地，但其占比均不足 1%（见图 8）。

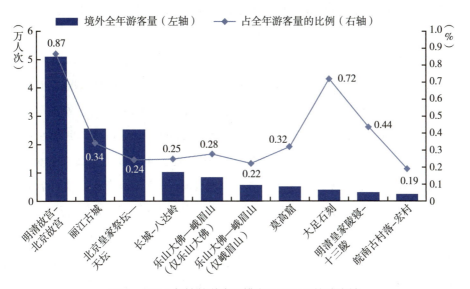

图 8　2021 年境外游客量排名 TOP10 的遗产地

资料来源：2021 年我国世界文化遗产监测年度报告。

（四）日游客承载量[③]超载的现象有所减轻

1. 存在日游客量超载现象的遗产地占比下降 1 个百分点

截至 2021 年底，除暂未对公众开放或开敞空间类遗产（如部分大运河河道）无法设置游客承载量外，我国世界文化遗产地均设置了日游客承载量。

---

① 境外游客是指具有境外身份的游客数量。

② 20 项遗产、25 处遗产地的总游客量为 5991.81 万人次。

③ 游客承载量通常是指一定时间内、在保障游客安全和遗产安全的前提下，遗产地所能容纳的最大游客量。遗产地游客承载量的制定是遗产地根据自身的属性和特点，通过对关键参数指标研究和长期经验积累而确定的每日安全、合理的游客接待量。

另外，根据新冠疫情防控要求，各遗产还根据疫情防控政策执行疫情期间设定的游客承载量。

2021年，5项遗产、5处遗产地存在超出日游客承载量情况，占遗产地总数的4.55%，比上年回落了0.11个百分点。涉及超载的遗产地分别为莫高窟 [①]（109天）、大运河－江南运河杭州段（33天）、五台山－台怀核心区（10天）、丝绸之路－麦积山石窟（5天）、苏州古典园林（3天）。综合前两年数据，连续3年超载的遗产地有莫高窟、苏州古典园林、丝绸之路－麦积山石窟。

2.8处遗产地存在瞬时游客承载量超载现象，遗产地积极应对

2021年，37项遗产、73处遗产地设定了瞬时游客承载量，占遗产地总数的66.36%。5项遗产、8处遗产地存在超出瞬时游客承载量情况，涉及苏州古典园林，云冈石窟，丝绸之路－崤函古道石壕段遗址、克孜尔尕哈烽燧、苏巴什佛寺遗址、麦积山石窟，大运河－江南运河杭州段，良渚古城遗址，占设定瞬时游客承载量遗产地的10.96%，比上年提高了5.25个百分点。其中，1处遗产地连续三年超载（苏州古典园林），3处遗产地连续两年超载（苏州古典园林、良渚古城遗址、丝绸之路－麦积山石窟），2处遗产地上年超载今年未超载（丝绸之路－炳灵寺石窟、土司遗址－海龙屯）。丝绸之路－崤函古道石壕段遗址、克孜尔尕哈烽燧、苏巴什佛寺遗址设定的瞬时游客承载量较低，分别为100人、25人、105人，出现超载现象。苏州古典园林采用增设夜游模式来缓解游客压力，游客超载天数大幅降低，并促进了社会经济发展（见案例1）。

案例1：苏州古典园林"拙政问雅"园林艺术沉浸式夜游模式探索

拙政园是苏州古典园林世界文化遗产的遗产组成部分之一，其规模最大、知名度较高，在苏州市旅游体系中扮演着重要角色。但其面临的游客压力也比较大，曾出现游客超载等现象。为了缓解游

---

① 莫高窟因执行应急门票发售制度，故日游客量超出限制值。

客压力和疫情带来的经济影响，响应苏州市启动的"姑苏八点半"计划，拙政园启动了"拙政问雅"夜游体验项目。该项目遵循尊重与彰显遗产价值的原则，尝试借助光和声音等非固体媒介，以与拙政园有关的诗词、联文、书画为线索，重塑东方造园美学中的空间诗学，使游客得以探访文人雅士隐于市的山水雅趣。

"拙政问雅"夜游体验项目共在拙政园内设置了 25 处夜景景观，其中 8 处位于南侧建筑院落内，17 处位于花园内，主要有青藤园冶、暖轿移光、樱珠游心、山水营园、十指春风、闲庭廊回、幽园放鹤、月行揽胜、玲珑玉冰、嘉实映月、听雨芭蕉、海棠石光、月影回响、竹林藤架等内容，为游客提供了感悟与触摸东方园林美学思想的契机，感受传统文化创造性转化、创新性发展的魅力。

"拙政问雅"夜游体验项目的实施，是在充分保护文物本体不受损害的前提下开展的。经评估，该项目对园内的自然环境要素没有明显影响。该项目的开展，一定程度上缓解了白天游客压力，还带动了旅游消费，对苏州市经济发展起到了一定促进作用，对于各相关群体而言是有积极意义的，符合可持续性要求。另外，这也是在新时代新要求的指引下，"让文物活起来"实现路径的积极探索与实践。

[注：苏州古典园林，建造于公元 11~19 世纪，是中国传统文化精髓的极致体现，其艺术的完美展现使其成为中国古代最具创造性的造园杰作，形成独特的造园艺术体系，对中国乃至世界园林发展产生了重大影响，反映了中国古代文人士大夫所追求的与自然和谐、修身养性的文化传统，其蕴含的哲学、文学、艺术和传承的建筑、园艺及各类手工技艺代表了该地区当时社会文化和科学技术的发展成就，是中国传统居所与精心设计的自然环境完美结合的杰出范例。]

资料来源：苏州市拙政园管理处、中国文化遗产研究院"拙政问雅"遗产影响评估项目组。

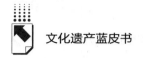

（五）预约管理基本上成为我国世界文化遗产地的主要管理方式

2021 年，36 项遗产、69 处遗产地采用预约方式管理游客，占总遗产地的 62.73%，比上年提高了 2.54 个百分点。本年度新增 11 处采用预约方式管理游客的遗产地。

数据表明，2021 年采用预约方式接待的游客数量约为 6919.64 万人次，占涉及遗产地游客总量的 53.39%，比上年上升了 3.23 个百分点；占所有遗产地游客总量的 28.95%，比上年上升了 2.19 个百分点。从单个遗产地来看[①]，40 处（占比为 71.43%）遗产地预约游客量相较上年有所增长，16 处（占比为 28.57%）有所减少；预约比例超过 50% 的遗产地有 34 处，其中游客实行全部预约遗产地有 21 处，较上年新增 11 处，分别为明清故宫 - 沈阳故宫，周口店北京人遗址，长城 - 八达岭，苏州古典园林，皖南古村落 - 宏村，青城山—都江堰，丝绸之路 - 高昌古城、交河故城、新安汉函谷关遗址、克孜尔石窟，大运河 - 江南运河南浔段。

（六）游客讲解服务有所增长

2021 年，24 项遗产、44 处遗产地为游客提供讲解服务，共服务游客 397.9 万人次，比上年减少 66.09 万人次，降幅为 19.92%。游客讲解服务人数占这些遗产地年度游客总量[②]的 6.57%，比上年提高了 2.67 个百分点。从单个遗产地来看，仅有莫高窟，云冈石窟，丝绸之路 - 锁阳城遗址、克孜尔石窟、张骞墓 5 处遗产地游客讲解服务人次占其游客总量比例超过 45%。上述表明，我国世界文化遗产地游客讲解服务比例仍然较低。

（七）门票和经营性收入均增长明显

2021 年，83 处遗产地门票收入 75.43 亿元，同比增长 1.1 倍，但相较 2019 年下降 25.66%。另有 26 处遗产地无门票收入。相较上年[③]，64 处（占比

---

① 涉及 2020 年和 2021 年预约游客量的有效数据 56 组。
② 24 项遗产、44 处遗产地的年度游客总量为 6056.93 万人次。
③ 2020~2021 年，涉及门票收入的有效数据为 77 组。

为 83.12%）遗产地门票收入增长，11 处（占比为 14.29%）遗产地相较上年门票收入有所下降。

2021 年，48 处遗产地保护管理机构参与的经营活动收入共计 12 亿元，同比增长 25.92%，但相较 2019 年下降 58.99%。另有 60 处遗产地未统计经营性收入。从单个遗产地来看，30 处（占比为 73.17%）遗产地相较上年[①]收入增长，11 处（占比为 26.83%）遗产地收入减少。

分析遗产地的门票收入和经营收入情况显示[②]，33 处（占比为 71.74%）遗产地以门票收入为主，13 处（占比为 28.26%）遗产地以经营收入为主。

在遗产旅游促进社会经济发展方面（见案例 2），57 处（占比为 51.82%）遗产地认为对经济效益起到较显著影响，65 处（占比为 59.09%）遗产地认为对社会效益起到较显著影响，79 处（占比为 71.82%）遗产地认为对环境效益也起到较显著影响。

案例 2：遗产旅游促进社会经济发展

拉萨布达拉宫历史建筑群（含罗布林卡和大昭寺）– 布达拉宫

经济效益：2021 年，西藏地区生产总值首次突破 2000 亿元，生产总值增长 8% 左右，城乡居民人均可支配收入增长 8% 和 10% 以上。旅游人次达 4150 万人次，收入为 441 亿元，各项数据均创历史新高。布达拉宫 2021 年门票总收入为 1.4 亿元，布达拉宫作为拉萨旅游的中心，为拉萨周边的旅游业发展起到了一定的带动作用。此外，"冬游西藏"活动，采取的免门票、奖励旅行社等方式，让冬游西藏游客人数实现了翻倍增长的重大利好，有效激发了西藏旅游的冬季潜力。

---

① 2020~2021 年，涉及经营收入的有效数据为 41 组。

② 2020~2021 年，涉及门票收入和经营收入的有效数据为 46 组。其中，门票收入为 26.78 亿元，经营收入为 11.89 亿元。

丽江古城

社会效益：作为丽江市窗口品牌景区，以文化遗产为依托、旅游为载体，丽江古城逐渐探索和积累了遗产保护与旅游文化创新发展的有效经验，丽江古城遗产旅游成为丽江旅游业发展至关重要的部分，也逐步带动当地居民投身到遗产保护和旅游服务活动中。一方面，居民依托遗产旅游成为旅游从业人员，生产、生活方式逐步得到改善，主要体现在经营服务（旅游接待、餐饮等）、零售（农、特产品出售等）、传统工艺传承（银器、铜器、木雕、民族服饰制作，美术，传统民居修缮等）、民族民俗文化体验（东巴文化传承及其周边产品的制作、纳西古乐、婚俗文化体验等）等行业。另一方面，多措并举，通过文化引领、项目带动、业态调整，引导当地居民依托传统文化创新、创业，全面推进了文旅融合发展，古城商业业态持续优化；并通过宣传教育、文化活动、志愿服务、联合巡逻等方式，督促行业组织发挥自律作用，引导古城居民和经营户树立"主人翁"意识，探索建立了"新老丽江人"共建、共管、共享机制，缔造古城文化、利益和命运共同体。

登封"天地之中"历史建筑群

环境效益：2021 年各遗产点积极开展"环境综合整治"活动，加强周边及内部环境卫生治理力度，从清理卫生死角、黄土裸露区补植绿植、树木养护保养、病虫害防治、绿化带修剪、除草、养护等多方面入手，使各遗产点环境卫生状况得到显著改善；"会善寺""启母阙"等遗产点经过前期整修、绿化，环境优美度得到有效提升；"嵩阳书院""嵩岳寺塔"等遗产点外围实行封闭管理，加大生态系统保护力度，生态环境及系统得到恢复；"中岳庙"加强了日常环境卫生、绿化带、植被维护治理力度，环境治理能力进一步加强；"7·20"水灾后，各遗产点投入大量人力、物力及财力，加快了灾后重建工程进度。目前，各遗产点灾后重建工程基本完工，遗产点内环境在原有基础上得到进一步提升和改善，整个嵩山生态系统及绿化环境和谐发展，游客游览舒适度明显增加。

资料来源：拉萨布达拉宫历史建筑群（含罗布林卡和大昭寺）–布达拉宫、丽江古城、登封"天地之中"历史建筑群 3 处遗产地监测年度报告。

四 我国世界文化遗产地建设控制情况

我国世界文化遗产的遗产区、缓冲区范围内均有建设项目，但目前国内在法律层面还未对其做出详细规定，仅有《世界文化遗产保护管理办法》（原文化部，2006 年 11 月 14 日）中规定："世界文化遗产中的不可移动文物，按照《中华人民共和国文物保护法》和《中华人民共和国文物保护法实施条例》的有关规定实施保护和管理；世界文化遗产中的文物保护单位应当根据世界文化遗产保护的需要依法划定保护范围和建设控制地带并予以公布，其划定应当符合世界文化遗产核心区和缓冲区的保护要求。"[1]

2021 年，15 项遗产、32 处遗产地填报了遗产区、缓冲区范围内实施的建设项目，占遗产地总数的 29.09%，比上年提高了 1.31 个百分点。遗产地填报建设项目共计 160 项，与上年相比增加 62 项，其中遗产区 40 项（占比为 25%），缓冲区 81 项（占比为 50.63%），遗产区和缓冲区两者之中 38 项（占比为 23.75%），遗产区和缓冲区外 1 项（占比为 0.63%）。

根据《中华人民共和国文物保护法》第十七条、第十八条规定[2]，经文物

---

[1] 原文化部：《世界文化遗产保护管理办法》，中华人民共和国文化部令第 41 号，http://www.ncha.gov.cn/art/2020/9/14/art_2406_27.html，最后检索时间：2022 年 10 月 16 日。

[2] 按照《中华人民共和国文物保护法》第十七条规定，文物保护单位的保护范围内不得进行其他建设工程或者爆破、钻探、挖掘等作业。但是，因特殊情况需要在文物保护单位的保护范围内进行其他建设工程或者爆破、钻探、挖掘等作业的，必须保证文物保护单位的安全，并经核定公布该文物保护单位的人民政府批准，在批准前应当征得上一级人民政府文物行政部门同意；在全国重点文物保护单位的保护范围内进行其他建设工程或者爆破、钻探、挖掘等作业的，必须经省、自治区、直辖市人民政府批准，在批准前应当征得国务院文物行政部门同意。第十八条规定，在文物保护单位的建设控制地带内进行建设工程，不得破坏文物保护单位的历史风貌；工程设计方案应当根据文物保护单位的级别，经相应的文物行政部门同意后，报城乡建设规划部门批准。

部门同意的有 137 项，占比 85.63%，比上年回落了 0.93 个百分点。其中，大运河建设项目通过文物部门审批率较高。经统计，我国世界文化遗产地上报的建设项目中，未经文物部门审批同意的有 23 项，位于缓冲区内的有 12 项（占比为 52.17%），遗产区 10 项（占比为 43.48%），遗产区和缓冲区两者之中 1 项（占比为 4.35%），项目类型以基础服务设施、建筑物为主。其中，针对丝绸之路－汉长安城未央宫遗址存在问题的部分建设项目，西安市汉长安城遗址保管所已通过行政处罚程序向涉事部门送达了《行政处罚决定书》，对于未按要求整改的涉事部门，已经法院裁定，采取强制执行措施。

五　我国世界文化遗产地社会环境情况

我国世界文化遗产地面临的社会环境主要涉及人口压力、资源开采点、严重污染企业、噪声环境等方面，评估社会环境对我国世界文化遗产地的影响，有助于遗产管理者制定更有效的保护管理措施。

（一）遗产地资源开采点和严重污染企业数量与上年持平

2021 年，2 项遗产、2 处遗产地的遗产区和缓冲区内存在严重污染企业 2 个，涉及秦始皇陵及兵马俑坑、殷墟，与上年相比未发生变化。

2021 年，2 项遗产、2 处遗产地的遗产区和缓冲区内存在 4 处资源开采点，涉及云冈石窟（1 处）、丝绸之路－高昌故城（3 处），与上年相比未发生变化。

2016~2021 年数据表明，我国世界文化遗产地的遗产区和缓冲区内一直存在严重污染企业和资源开采点，建议遗产所在地人民政府在组织编制城市总体规划、国土空间规划过程中，将其纳入整治或改造对象。

（二）遗产地噪声影响控制较好，营造了良好的游客游览和社区居住环境

2021 年，共有 5 项遗产、5 处遗产地开展了噪声监测（见表 3），涉及庐山国家公园、丽江古城、杭州西湖文化景观、青城山—都江堰、峨眉山—乐

山大佛（仅峨眉山），占遗产地总数的 4.55%，与上年基本持平，主要对游客游览密集区、施工作业区、居民生活区等重点区域进行监测，监测结果显示噪声环境的负面影响控制情况为控制正常或防治较好，为游客、居民提供了舒适的环境，使其能更好地感受文化遗产的魅力。

表 3　2021 年开展噪声监测的遗产地	
遗产地	监测内容及采取措施
庐山国家公园	为提升游客参观环境体验，庐山国家公园对牯岭街、博物馆、白鹿洞、花径等 4 个交通或人流量大的区域开展环境噪声监测，如噪声监测超过预警值，则派人前往发生区域及时处理
丽江古城	为做好噪声污染防治工作，健全噪声污染防治长效工作机制，丽江古城通过在酒吧门口安装前端噪声检测仪，结合日常巡查和投诉受理，对噪声实施全天候监测监控，重点监测监控时间控制在每天游客较多时间段。监测数据及实地走访结果显示，古城内噪声的分贝大小及声源引起的振动对遗产本体均未造成实际影响，也未使人体感到极度不适。同时，建立环境信息通报制度提高古城内居民、经营户和游客的环保认识，加大对噪声违法行为的舆论监督和曝光力度，营造安静、舒适、良好的遗产保护和生活环境
杭州西湖文化景观	为进一步提高西湖景区的旅游环境，做好降噪管控工作，西湖景区公安、城管以及水域管理处联合加强管理，要求湖边音响器材控制在合理音量，唱歌、乐器演奏不外接扩音设备，并在相关位置设置了噪声分贝仪加强监测；断桥附近的"云水光中"亭也安装了噪声监测系统，通过后台设置，当环境噪声超过 75 分贝时，报警器响起进行预警，现场管理人员及时处理。除此之外，杭州市生态环境局在景区林泉山庄也设置了噪声监测国家级控制点，开展日常噪声监测工作，为市民、游客创造一个更加和谐的环境
青城山—都江堰	为有效改善和控制景区环境噪声，青城山—都江堰对游客游览、景区日常作业等区域开展环境噪声监测，并对监测数据进行分析，根据分析结果采取了调整景区日常作业活动和施工作业时间、改善景区导游讲解设施、宣传和引导游客文明游览等措施
峨眉山—乐山大佛（仅峨眉山）	为科学做好峨眉山生态保护工作，联合高校开展了噪声环境监测，采取定期监测、跟踪调查的方式确保采集数据达标，并及时优化景区环境

资料来源：庐山国家公园、丽江古城、杭州西湖文化景观、青城山—都江堰、峨眉山—乐山大佛（仅峨眉山）2021 年世界文化遗产监测年度报告。

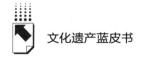
（三）遗产地的人口疏散需求有所减少

2021 年，25 项遗产、48 处遗产地填报了遗产区人口数量，共计 129.91 万人，27 项遗产、58 处遗产地填报了缓冲区人口数量，共计 640.33 万人。

2021 年，12 项遗产、15 处遗产地提出遗产区内有人口疏散需求，占遗产地总数的 13.64%，比上年减少 3.03 个百分点，减少的 2 处遗产地为丝绸之路 - 小雁塔、良渚古城遗址，主要是因为提升改造工程、拆迁工程已完成，未再提出人口疏散需求。峨眉山—乐山大佛（仅峨眉山）1 处遗产地存在显著的人口疏散需求。

分析 2017~2021 年数据，周口店北京人遗址，北京皇家祭坛—天坛，青城山—都江堰，丝绸之路 - 汉魏洛阳城遗址、麦积山石窟，大运河 - 通济渠商丘南关段，峨眉山—乐山大佛（仅峨眉山）7 处遗产地持续提出存在人口疏散需求。

（四）世界文化遗产品牌效应一定程度上促进当地经济增长

2021 年，12 项遗产、21 处[①] 遗产所在地（县 / 市）人均 GDP[②] 超过全国人均 GDP，占比 21.65%，比上年减少 5.52 个百分点；76 处（占比为 78.35%）低于全国人均 GDP（见图 9）。数据表明，虽然我国世界文化遗产的品牌效应对遗产地当地经济发展有一定促进作用，但大部分世界文化遗产所在地（县 / 市）经济水平还低于全国平均水平，如何利用世界文化遗产促进当地经济发展是遗产工作者应重点关注和研究的方向。

---

① 涉及 2021 年遗产所在地（县 / 市）人均 GDP 有效数据 97 组。

② 2020 年全国人均 GDP 折合为 12551 美元。资料来源于国家统计局发布的《2021 年国民经济和社会发展统计公报》，http://www.stats.gov.cn/xxgk/sjfb/zxfb2020/202202/t20220228_1827971.html，最后检索时间：2022 年 10 月 16 日。其公报显示：全年人均国内生产总值80976 元。

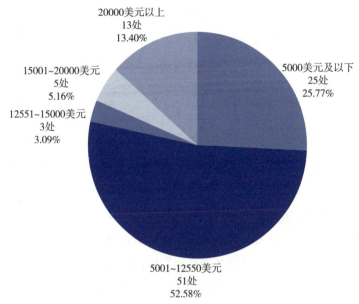

图 9 2021 年度遗产所在地（县 / 市）人均 GDP 分布

资料来源：2021 年我国世界文化遗产监测年度报告。

六 对策与建议

2021 年，我国世界文化遗产受自然和人为因素的负面影响程度有所减少，按影响程度由高到低依次是自然侵蚀、建设压力、自然灾害、人口压力、游客压力、人为破坏、开采压力和污染压力，虽未对遗产突出普遍价值产生较严重影响，但给遗产地保护管理工作带来了挑战。本报告基于数据分析结果，从自然环境、自然灾害、旅游与游客、建设项目、人为破坏和社会环境 6 个方面，在国家层面引领监管、地方层面落实主体责任两个维度上进行阐述，对如何保护好、利用好、传承好世界文化遗产提出了相关对策与建议。

（一）加强自然环境与气候变化分析研究，注重其数据共享利用

我国世界文化遗产普遍遭受自然侵蚀，也面临着气候变化的影响。
国家层面，应科学应对气候变化，开展气候变化影响及风险评估，制定

相关政策减缓气候变化对遗产的影响，还应结合我国世界文化遗产总体保护管理状况，从政策、经费、课题项目类型上支持开展针对自然环境、气候变化研究方面的国家专项课题，支持科研院所、高校等科研机构参与预防性保护工作，进一步支持中国世界文化遗产监测预警总平台建设成为国家预防性保护支撑平台。

地方层面，各遗产地应持续开展自然环境监测，结合病害监测数据开展数据分析，以指导日常保养维护及各类保护修复方案制定。如古建筑类遗产应分析自然环境对其所受的倾斜、糟朽、沉降等病害的关联性影响，提供保养维护、保护修缮工程所需的科学数据。现阶段，各遗产地已积累大量的自然环境监测数据，但如何开放共享给本行业或其他领域的研究人员使用，却还依然停留在研究探索阶段，建议各遗产地积极探索数据共享利用新模式，如自然环境监测数据可通过遗产地公众号等渠道对外发布，为游客提供旅游服务信息。

（二）着力构建防灾减灾理论体系，加强灾害监测预警

受全球气候变化影响，我国世界文化遗产面临着自然灾害的影响。

国家层面，应研究制定针对文化遗产的气候变化对策，加快推进洪涝灾害防御等方面标准制修订和应用，进一步倡导节能减排，为实现"碳达峰、碳中和"的目标贡献力量。针对重大灾害及时开展调查评估工作，指导地方救灾，安排专项经费给予支持。还应着力开展防灾减灾理论体系研究和实践，以及灾害风险防控与应急处置专用技术研发，借鉴和利用应急管理部全国灾害普查工作经验与成果，将其纳入国家与地方层面的灾害防御体系。与科技部联合设立国家科技支撑计划、国家重点研发计划等项目，重点研究风险防控关键技术、预防措施等。

地方层面，省级文物行政主管部门指导遗产地防灾救灾工作，每年不定期开展巡视巡查工作。遗产所在地人民政府应组织编制文化遗产防灾减灾专项规划，或是作为城市总体规划中的章节予以体现和落实，预防或减轻灾害对文化遗产造成的损害。遗产地应在每年灾害多发的 6~10 月份做好预防措

施，如增加巡查力度、清理或修剪文物本体周围植物、清理排水设施、支护树木、临时遮盖遗产本体、及时排查并整改隐患点、加强重点风险点布防等。另外，应将洪涝、地质灾害、地震等方面的自然灾害综合风险排查工作作为近期重点工作任务，针对排查出来的问题，编制方案，实施抗震加固、地质灾害防控等工程，建立健全文物灾害综合风险监测和评估制度，落实防洪安全责任，加强防洪除涝设施和应急处置力量建设，强化洪涝风险辨识与管控，提升应急管理水平，增强防控能力。还应加强与地方灾害应急与处置部门建立联动机制，确保灾害在发生的第一时间能得到有效处置。还应加强灾害监测预警、风险评估、综合防范、应急处置，提升遗产地适应气候变化、防灾减灾能力和水平。

（三）积极探索旅游发展与管理新模式，讲好中国故事

近几年，我国世界文化遗产地一直受新冠疫情影响。

国家层面，应在探索新旅游发展模式上给予政策、经费方面的支持，扶持优质"云展览"项目。依托世界文化遗产，遴选推介一批国家文化地标和精神标识。此外，还应引导社会公众力量积极参与其中，全民共享文物保护成果。

地方层面，各遗产地应在做好疫情防控工作基础上，以世界文化遗产优质资源为基础，深入挖掘遗产价值，提倡研学游、深度游，研发线上数字化体验产品，提供沉浸式体验、虚拟展厅、高清直播等新型文旅服务，使文化遗产高品质走进公众视野，让文物真正"活起来"。我国世界文化遗产中古建筑类遗产占很大一部分，应加大其开放利用力度，以展示开放促进保护管理水平提升。同时，各遗产地还应根据已积累的游客量监测数据，结合保护管理能力，研究制定合理的游客承载量，全面提升游客管理能力。为传播世界文化遗产价值，扩大海外影响力，各遗产地应积极探索文物外展，运用数字技术，开展线上传播，充分利用海外文化阵地的作用，发挥与遗产地积极合作的国外文物保护合作机构的影响力，积极传播文化遗产价值，共建"一带一路"，向全世界讲好中国故事，促进中外文明交流互鉴。

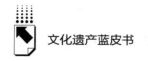

（四）强化执法监督，严格落实政府主体责任

我国世界文化遗产地不合规、不合法建设项目时有发生。针对此情况，应强化执法监督落实主体责任。

国家层面，积极推进将遗产区、缓冲区纳入文物保护相关法律规定，使其有法可依。国家文物行政执法部门还应加强文物行政执法监督，规范违法涉建项目举报流程，对于重大违法行为予以追究违法案件责任，进一步完善监测与巡查监管衔接制度。国家级监测管理部门应加强遥感监测，积极探索新技术、新方法，提高数据成果精度与频率，并研究制定相应监测预警处置机制。

地方层面，遗产所在地各级人民政府应严格落实主体责任，将其纳入政府绩效考核评价体系，推行片区责任人公示负责制，健全社会监督机制，坚持依法保护利用，严守文物安全红线，确保遗产突出普遍价值和真实性、完整性不受破坏。同时，还应将保护区划纳入国土空间规划"一张图"，并在规划中落实空间管制措施。遗产所在地各级文物行政主管部门，应加强监督巡查，严格落实建设项目审批制度。遗产地各保护管理机构、监测机构应加强巡视巡查，发现违法建设方面的问题，及时上报有关管理部门依法依规处理，并进行跟踪监测。

（五）加强法律法规制度建设，减少人为破坏行为发生

我国世界文化遗产地主要遭受游客或当地居民对遗产本体及其环境蓄意或无意识的破坏。

国家层面，应深入开展游客管理理论政策研究，制定相关标准政策，加强监管，统筹资源配置。

地方层面，遗产所在地各级人民政府应积极推进各世界文化遗产保护条例、办法等的修编、制定工作，将其刻画、涂污、损坏文物、损坏文物保护设施、采砂、取土等人为破坏行为纳入禁止范畴，并明确相应法律规定。遗产地保护管理机构，应加强巡查，设置警示标志牌，增强宣传教育，对于影

响严重的人为破坏行为，将其涉事人纳入"黑名单"，增加文化遗产保护志愿者、义务巡查员等社会力量参与遗产保护。

（六）制定缓解措施，减轻社会环境对遗产保护带来的压力

我国部分世界文化遗产地一直受人口、资源开采点、严重污染企业等社会环境所产生压力的影响。

国家层面，应在可持续发展理论和发展战略方面开展研究，制定相关发展战略、政策，或形成研究成果，支撑世界文化遗产保护管理工作。另外，还应加强监督和执法检查。

地方层面，遗产所在地各级人民政府应在疏解人口压力、合理利用资源开采点、搬迁严重污染企业上给予政策、经费等方面的支持，制定缓解措施并实施。遗产地应加强监测，开展相应影响评估，将其评估结果向相关责任部门反馈，配合其制定缓解措施。

参考文献

中国文化遗产研究院：《中国世界文化遗产 2020 年度保护状况总报告》，文物出版社，2021。

联合国教育、科学及文化组织及联合国教科文组织驻华代表处：《世界遗产灾害风险管理》，2015。

国际古迹遗址理事会中国国家委员会：《中国文物古迹保护准则》，2015。

B.6
2021 年中国世界文化遗产工程项目
与日常管理分析报告[*]

宋晓微　张玉敏 **

摘　要： 2021 年，18 项遗产、56 处遗产地的保护管理规划已公布实施，占
　　　　遗产地总数的 49.56%。工程项目管理方面，35 项遗产、63 处遗
　　　　产地实施了各类保护工程 205 项，工程数量近 4 年基本保持稳定。
　　　　33 项遗产、51 处遗产地实施了 84 项安消防工程。日常管理与监
　　　　测方面，各遗产地重视日常巡查工作，并积极开展多种手段提升
　　　　安全防范水平。我国约有 1/3 的世界文化遗产地借助监测信息系统
　　　　开展日常监测工作，体系监测平台建设初步成形。考古调查与学
　　　　术研究方面，11 项遗产、15 处遗产地开展了 31 项考古调查和发
　　　　掘项目，各类学术研究成果数量显著增长。

关键词： 中国世界文化遗产　保护管理规划　保护工程

　　本报告聚焦我国文物行业的主要传统业务领域，从规划编制和实施、工
程项目管理、日常管理与监测、考古调查和发掘、学术研究 5 个方面分析和

---

　　*　本报告主要资料来源于我国世界文化遗产保护管理机构 / 监测机构编写的《中国世界文化
遗产 2021 年度监测年度报告》，共计 110 份，涉及 41 项遗产、110 处遗产地。截至 2022
年 9 月，我国共有 42 项世界文化遗产（含 4 项混合遗产）、113 处遗产地。
　　**　宋晓微，中国文化遗产研究院中国世界文化遗产中心（中国世界文化遗产监测中心）工程
师，主要研究领域：世界文化遗产保护利用、监测研究；张玉敏，中国文化遗产研究院中
国世界文化遗产中心（中国世界文化遗产监测中心）工程师，主要研究领域：世界文化遗
产保护管理、监测研究。

论述我国世界文化遗产的总体工程项目开展情况及日常管理与监测现状，简要总结存在的问题，并提出相应的对策和建议。

一　我国世界文化遗产地规划编制和实施情况

《世界文化遗产保护管理办法》第八条要求，"世界文化遗产保护管理规划应当由省级人民政府组织编制，报国家文物局审定，由省级人民政府公布并组织实施"[①]。

（一）已公布实施保护管理规划的遗产地占比有所下降[②]

截至 2021 年，18 项遗产、56 处遗产地的保护管理规划（含保护规划）报请国家文物局审定后由省级人民政府公布实施，占遗产地总数的 49.56%。2021 年度新公布实施的保护管理规划涉及 3 项遗产、3 处遗产地，分别为明清皇家陵寝－明孝陵、福建土楼－南靖土楼和丝绸之路－小雁塔。9 项遗产、10 处遗产地的保护管理规划通过国家文物局审定，尚未由省级人民政府公布实施，占比为 8.85%。24 项遗产、43 处遗产地尚未完成保护管理规划的编制或修编工作，占比为 38.05%。3 项遗产、4 处遗产地的保护管理规划由省级文物局等其他主体公布，占比为 3.54%（见图 1）。

需要关注的是，与 2020 年相比，保护管理规划已公布且现行的遗产地占比有所下降，主要原因是 2020 年到期的 13 项保护管理规划中，只有福建土楼－南靖土楼的保护规划完成修编，并由省级人民政府公布实施；高句丽王城、王陵及贵族墓葬－国内城、丸都山城及高句丽王陵和贵族墓葬（以下简称"国内城"）的保护规划通过国家文物局审批，但尚未由省级人民政府公布；秦始皇陵及兵马俑坑的保护规划完成修编，并报省文物局审定；周口店北京人遗址、

---

① 原文化部：《世界文化遗产保护管理办法》（文化部令〔2006〕41 号），http://www.gov.cn/flfg12006-1123/content_451783.htm，最后检索时间：2022 年 11 月 17 日。

② 此资料来源于我国世界文化遗产地提交的 2021 年度监测年度报告以及中国世界文化遗产监测预警总平台基础数据库，涵盖 41 项遗产、113 处遗产地（其中大运河按组成部分算，共计 31 处）。澳门历史城区未统计在内。

登封"天地之中"历史建筑群、杭州西湖文化景观及丝绸之路－麦积山石窟的保护规划正处于编制阶段。

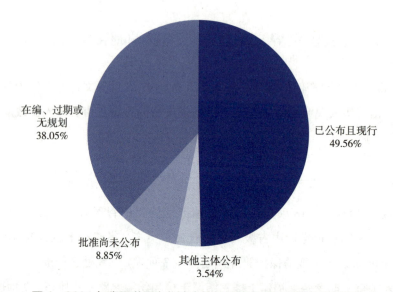

图 1　2021 年我国世界文化遗产地保护管理规划编制及公布情况

资料来源：2021 年我国世界文化遗产监测年度报告及中国世界文化遗产监测预警总平台基础数据库。

（二）正常实施的规划项目占比略有上升

根据遗产地填报的有效数据①，2021 年正常实施的规划项目②比例超过90%（见图 2），略高于上年水平（87.18%），其中实施评价为良好的项目数量比例达 80%。

在尚未实施的规划项目中，其中 4 项属于远期规划、未到时间节点；5项经专家进一步论证或新规划编制导致的项目方案变更，无须实施。如《万里长城－嘉峪关文物保护规划》中涉及的关城柔远楼扶正维修工程，经专家进一步论证，认为柔远楼现状基本稳定，暂不需要进行扶正维修。《殷墟遗址保护总体规划（修编）》中的车马坑博物馆，其未实施原因是 2019 年经国家

---

① 该项数据为已经公布实施的保护管理规划中按要求填报的规划项目数据。
② 该项数据为实施完成和正在实施比例之和。

文物局同意正式实施的《殷墟国家考古遗址公园规划》计划建设殷墟博物馆，将原车马坑博物馆展示内容纳入殷墟博物馆展示。2021 年，殷墟博物馆主体建筑已进入全面施工阶段。其余 15 项规划项目因整体推进速度较慢，尚未实施，主要涉及文物保护、修复、展示利用和环境整治工程等方面。

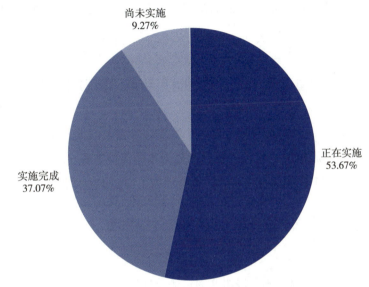

图 2　2021 年我国世界文化遗产地规划项目实施情况

资料来源：2021 年我国世界文化遗产监测年度报告。

（三）多数相关规划[①]对遗产保护管理起到正面影响

2021 年，8 项遗产、16 处遗产地编制了 27 项相关规划，规划类型主要涉及风景名胜区规划，历史文化名城、名镇、名村保护规划，土地利用规划，遗址公园规划，旅游规划和交通规划等。以上相关规划中，除《泉州市"十四五"现代综合交通运输体系专项规划》《泉州市"十四五"文化和旅游改革发展专项规划》对遗产保护管理的影响尚无法确定外，其他均为正面影响。

---

①　相关规划是指遗址公园规划，历史文化名城、名镇、名村保护规划，风景名胜区规划，旅游规划，城市规划，土地利用规划，交通规划，水利规划，环保规划，林业规划及其他文物保护规划（遗产要素以外的，其他单个、多个文物保护、利用规划）等。

值得关注的是，2021 年度国家文化公园建设工作领导小组印发的《大运河国家文化公园建设保护规划》是落实习近平总书记关于国家公园建设战略部署的重要一步。该规划整合了大运河沿线 8 个省市文物和文化资源，旨在优化总体功能布局，深入阐释大运河的文化价值，大力弘扬大运河的时代精神，加大保护管理的力度，加强主题展示功能，促进文旅之间融合，提升传统利用水平①。

二　我国世界文化遗产地工程项目管理情况②

本节从保护工程和安消防工程两个维度，分析我国世界文化遗产地的工程项目开展和实施情况。保护工程具体分为本体保护工程③、环境整治工程、监测工程、展示工程和其他工程④，抢险加固工程属于本体保护工程。

（一）保护工程项目数量近4年基本保持稳定

1. 本体保护工程占比超六成

"保护措施是通过技术手段对文物古迹及环境进行保护、加固和修复，包括保养维护与监测、加固、修缮、保护性设施建设、迁移以及环境整治。所有技术措施在实施之前都应履行立项程序，进行专项设计。"⑤保护措施的应用和实施可以改善文物古迹的安全状态，减缓或制止文物古迹的蜕变过程。

2021 年，35 项遗产、63 处遗产地实施了各类保护工程 205 项，工程数量近 4 年基本保持稳定。项目类型以本体保护工程为主，涉及 30 项遗产、50 处遗产地。本体保护工程数量达 142 项，占比（69.27%）较上年略有提高。展

---

① 《长城、大运河、长征国家文化公园建设保护规划出台》，http://www.gov.cn/xinwen/2021-08/08/content_5630201.htm，最后检索时间：2022 年 11 月 17 日。
② 此资料来源于我国世界文化遗产地提交的 110 份 2021 年度监测年度报告。
③ 含保护性设施建设工程。
④ 指上述 4 类保护工程以外的其他工程，可包含勘察、测绘、可移动文物修复、数字化等工程。
⑤ 国际古迹遗址理事会中国国家委员会制定《中国文物古迹保护准则》（2015 年修订），文物出版社，2015，第 22 页。

示工程数量降至近 2015 年以来最低值。从近 7 年数据分析来看，本体保护工程一直占比最高，是我国世界文化遗产地工程实施的重点（见图 3）。

图 3　2015~2021 年我国世界文化遗产地实施的各类工程数量

资料来源：2015~2021 年我国世界文化遗产监测年度报告。

2. 不同类型世界文化遗产地实施的保护工程情况

从遗产类型来看，古建筑类遗产实施的工程数量最多，接近工程总量的 30%，以本体保护工程和监测工程为主。其次是古遗址及古墓葬类遗产，实施的环境整治类项目较多，主要涉及殷墟和良渚古城遗址针对周边的基础设施建设及环境的整体提升整治。石窟寺及石刻与古村落、历史城镇和中心类遗产实施的工程数量基本相同，均以本体保护工程为主。文化景观和混合遗产类的遗产地总数最少，因此工程实施数量也相对较少。下面将重点介绍石窟寺及石刻类遗产 2021 年度开展的本体保护工程情况。

2021 年，石窟寺及石刻类世界文化遗产共实施本体保护工程 22 项，其中 50% 是当年新开展项目。这些项目在实施过程中强调研究先行，加强多学科的联合利用，通过继续探索危岩体加固、水害治理、本体修复等保护核心技术，治理结构失稳和渗漏水等普遍性、关键性病害，提高了我国石窟寺及石刻类世界文化遗产的整体保护水平。如大足石刻实施的宝顶山大佛湾圆觉洞抢险加固工程，通过危岩变形监测、材料试验、周边岩体勘察等方式，完成洞窟顶板和危岩体加固，治理洞窟渗水。龙门石窟实施的奉先寺保护工程（危岩体加固）及渗漏水治理工程（见图4），基于奉先寺区域内危岩的主要破坏特征和危险程度，根据奉先寺微地形、地层和裂隙的分布、病害发育程度等因素，采取综合工程措施进行加固防护和防渗漏治理。丝绸之路－麦积山石窟第80窟塑像、壁画保护修复项目，通过对修复工艺和修复颜料的创新性研究和应用，不仅保证了修复效果，还尽可能地保持了文物原状，保留了更多的历史信息。

2021年11月，国家文物局印发《"十四五"石窟寺保护利用专项规划》[①]，提出了若干实施"十四五"期间的主要任务，其中"石窟中国"保护工程计划在莫高窟、云冈石窟、龙门石窟、大足石刻等重要石窟寺开展一批具有重大影响和示范效应的综合性文物保护工程。该专项规划为做好"十四五"时期石窟寺世界文化遗产的保护管理工作、走出一条具有示范意义的石窟寺保护利用之路打下坚实的基础。

图4　龙门石窟奉先寺保护工程施工现场

资料来源：龙门石窟研究院。

---

① 国家文物局：《"十四五"石窟寺保护利用专项规划》，http://www.ncha.gov.cn/art/2021/12/7/art_722_172219.html，最后检索时间：2022年11月17日。

3. 各世界文化遗产地应急抢险工程有序开展

我国应急管理部发布的 2021 年全国自然灾害基本情况显示，2021 年度我国自然灾害以洪涝、风雹、干旱、台风、地震、地质灾害、低温冷冻和雪灾为主。尤其华北、西北地区极端性强降雨过程频发，遭遇了历史罕见洪涝灾害，对世界遗产的保护造成了极大的负面影响。2021 年，各遗产地保护管理机构积极应对灾害险情，开展受损文物的抢险处置、调查评估和保护修缮工作，竭力确保文物安全。

龙门石窟 2021 年 7~9 月多次遭受暴雨袭击，经过现场调查发现，擂鼓台南洞出现较为严重的结构失稳和渗漏水现象，窟顶过水面积约占 80%，擂鼓台南洞存在随时坍塌破坏的风险，暴雨期间修补体已经出现明显的附加变形，且有多处砖块坍塌破坏。修补体本身也是文物，其坍塌将严重破坏南窟的安全，同时也会导致嵌在南洞外壁的"佛足印碑"（国家一级文物）彻底破坏。擂鼓台南洞亟须采取措施进行抢险加固。面对险情，龙门石窟研究院紧急编制了《龙门石窟擂鼓台区域抢险加固工程方案》，开展擂鼓台南洞临时性支撑工作，防止变形发展。该项目组在支护钢管上面安装了位移计，对墙体变化情况和裂隙发展情况做实时监控，以便更好地监测洞窟稳定性。同时，龙门石窟研究院组织编写《龙门石窟擂鼓台区域维修加固与水害治理项目勘察设计方案》，针对擂鼓台南洞至党晔洞区域进行详细的病害调查、地质调查和工程测绘，为下一步从根源上治理擂鼓台南洞的结构失稳和渗漏水问题提供科学的依据。

（二）实施安消防工程的遗产地数量有所增加

2021 年，33 项遗产、51 处遗产地（46.36%）实施了 84 项安消防工程。相较上年，实施安消防工程的遗产地数量增加 21.42%。全年安消防经费达 47559.18 万元，较上年增长近 1 倍。其中，中央财政占比 84.83%，地方财政占比 12.15%。从单个遗产地看，54.90% 遗产地的安消防经费以中央财政为主，相较 2018~2020 年，这类遗产地的数量有所增加（见图 5）。安消防工程数量和经费的增长表明，中央对文物安全的重视程度和支持力度逐年提高。

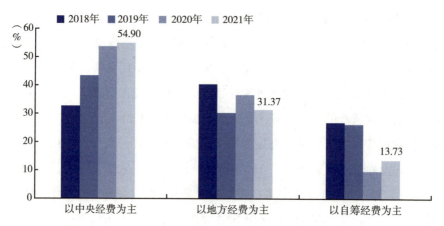

图5　2018~2021年我国世界文化遗产地安消防经费来源占比

资料来源：2018~2021年我国世界文化遗产监测年度报告。

三　我国世界文化遗产地日常管理与监测情况

本节从日常巡查、日常安全及监测系统管理三个角度，阐述我国世界文化遗产地的日常管理与监测情况。

（一）各遗产地持续开展日常巡查工作

2021年，我国世界文化遗产地均开展了日常巡查工作，90%遗产地的日常巡查记录评估结论为良好或较好[①]。除用于支付巡查人员的劳务费外，34项遗产、73处遗产地投入专门的经费用于遗产的日常养护工作，经费总数达15373.08万元，与上年基本持平。数据显示，周口店北京人遗址、龙门石窟等31处遗产地连续4年投入经费开展日常巡查和养护工作，这充分说明了各遗产地对于日常巡查工作的重视。

杭州西湖文化景观等遗产地通过制定或完善专项巡查制度，进一步规范文物遗产巡查工作，提升遗产监管水平。杭州西湖文化景观修改完善了《文物遗产巡查工作制度》，构建了遗产监测中心及属地单位相互配合的巡查工作体系，

---

① 此资料来源于我国世界文化遗产地提交的110份2021年度监测年度报告。

提升了巡查频率，实现了对文物安全隐患和违法行为早发现、早研判、早处理。

殷墟等遗产地建立多部门联合的巡查机制，确保文物的安全。殷墟持续优化遗产联合巡查机制，扎实开展日常巡查工作，并在此基础上建立了有公安部门、属地政府等相关机构参与的联合巡查机制，实现遗产地信息的互通和高效联动，有力地保障了文物安全。

长城－八达岭开发了专门用于日常巡查工作的微信小程序，通过上传照片记载文物本体变化，并实现了长城本体的及时比对，极大地提高了工作人员的巡查效率。

（二）各遗产地多举措提升日常安全防范水平

2021 年，习近平总书记关于文物安全工作多次做出重要指示批示。全国文物系统紧抓文物安全风险和隐患排查工作，严肃惩治文物法人违法案件，全面提升消防能力，重大文物违法案件和火灾事故数量出现明显下降，文物安全形势整体向好[①]。各遗产地通过积极开展制度建设、科技运用及培训宣传等多种手段提升安全防范水平。

一是建立健全文物安全责任体系。拉萨布达拉宫建筑群－罗布林卡，殷墟，丝绸之路－汉魏洛阳城、交河故城等遗产地通过签订消防安全责任书明确工作职责，有效落实各岗位人员的安全管理工作。

二是制定突发事件应急处置总体预案，健全文物安全机制。北京皇家祭坛—天坛为提升遗产地风险应急能力，启动《北京市天坛公园应急能力评估报告》《北京市天坛公园管理处安全风险评估报告》《北京市天坛公园应急资源调查报告》《北京市天坛公园管理处安全风险汇总信息》编制工作，对安全风险进行了科学分析，提升了整体应急防控能力。

三是加强科技手段在文物安全监测和执法督察中的应用。杭州西湖文化景观完成遗产区 48 处文物建筑和 44 处历史建筑智慧消防建设，进一步保证了文物安全。通过采用用电安全智能终端作为传感器的处理和数据发送装置，

---

① 薛帅：《国家文物局负责人就 2021 年度文物行政执法和安全监管工作情况答记者问》，《中国文化报》2022 年 4 月 13 日，第 2 版。

收集使用单位用电数据，对数据进行分析，建立数学模型并进行比对，分析判断电器线路存在的安全隐患，并将风险报告及时推送给绑定的用户，帮助解决用电隐患，达到防患于未然的效果。在此基础上，杭州还将根据文保单位和历史建筑的具体情况逐步推广安装消防设施远程监控系统、电动车智能充电桩，完善微型消防站系统。良渚古城遗址除定期开展消防、安防教育培训和演练外，还持续优化安防体系。2021年度良渚已初步构建并实施"人防＋物防＋技防"的全方位系统化防控体系，配备文物安全专职巡防队伍、巡逻车辆、无人机、雷达系统等，初步构建了文物安全隐患防治体系。

四是加强安消防培训和宣传活动。本年度明清故宫－北京故宫等32处遗产地开展了安消防培训，进一步提升了相关业务人员的文物消防安全意识和技能水平。拉萨布达拉宫建筑群－罗布林卡充分依托重大节日，面向社会各界开展消防安全宣传活动，提升公众的消防安全意识。

但与此同时，文物法人违法、盗窃盗掘、火灾事故等安全风险依然存在。大部分遗产地对自然灾害应急处置能力仍显不足，影响文物安全的问题和隐患不可小觑。

（三）遗产地体系监测平台建设初步成形

监测信息系统是遗产地根据监测需求，运用数据传感器、计算机技术、数据通信技术设备等现代科技手段建设的，为遗产保护提供预警提示和及时处置等辅助决策的信息化平台，从而实现对监测数据的高效管理和资源共享，以此提升对遗产的保护管理水平。

截至2021年，已有28项遗产、50处遗产地建成或正在建设（提升）监测平台[①]（见表1），占全部遗产地的44.25%[②]。2021年度新增7项遗产、9处

---

① 监测信息系统可分为体系监测平台和专项监测平台两类。体系监测平台的监测内容围绕世界文化遗产的价值设定，综合全面。而专项监测平台一般只针对一项或多项对世界文化遗产价值可能产生影响的因素进行监测，监测内容较为单一。

② 此资料来源于我国世界文化遗产地提交的2021年度监测年度报告以及中国世界文化遗产监测预警总平台基础数据库，涵盖41项遗产、113处遗产地（其中大运河按组成部分算，共计31处）。澳门历史城区未统计在内。

遗产地正在建设（提升）体系监测平台，包括明清故宫－北京故宫，秦始皇陵及兵马俑坑，拉萨布达拉宫历史建筑群－罗布林卡，平遥古城，明清皇家陵寝－明孝陵，苏州古典园林，大运河－江南运河无锡城区段、江南运河嘉兴段、江南运河南浔段。

另外，7 项遗产、8 处遗产地针对突出、典型的遗产本体病害以及保护管理问题开展专项监测平台的建设和管理工作。如武当山金殿危岩体监测项目，根据对武当山天柱峰地质构造、岩体类型、岩体结构、崩塌等灾害历史的调查及边坡现状稳定性的初步分析，确定武当山危岩体监测内容，为武当山推进体系监测平台建设、开展科学化监测工作提供基础。西湖文化景观游客量监测项目旨在基于西湖世界文化遗产监测管理中心的管理体制和信息化建设现状，完成所有遗产点的基础网络环境建设，并建立起一套普遍适用的游客量监测系统，用于规范遗产地游客监测预警流程，提升游客管理和服务水平。

表 1　我国世界文化遗产监测预警系统建设情况（截至 2021 年底）

序号	遗产名称		监测平台类型	监测平台建设情况
1	明清故宫	北京故宫	体系监测平台	正在建设（提升）平台
2			专项监测平台	正在建设（提升）平台
3		沈阳故宫	专项监测平台	正在建设（提升）平台
4	秦始皇陵及兵马俑坑		体系监测平台	正在建设（提升）平台
5	莫高窟		体系监测平台	已建设平台
6	周口店北京人遗址		体系监测平台	已建设平台
7	长城	八达岭	专项监测平台	正在建设（提升）平台
8		嘉峪关	体系监测平台	已建设平台
9	武当山古建筑群		专项监测平台	正在建设（提升）平台
10	拉萨布达拉宫历史建筑群	罗布林卡	体系监测平台	正在建设（提升）平台
11	庐山国家公园		体系监测平台	已建设平台
12	平遥古城		体系监测平台	正在建设（提升）平台
13	苏州古典园林		体系监测平台	正在建设（提升）平台
14	丽江古城		体系监测平台	已建设平台

续表

序号	遗产名称		监测平台类型	监测平台建设情况
15	北京皇家园林—颐和园		体系监测平台	已建设平台
16	大足石刻		体系监测平台	已建设平台
17			专项监测平台	已建设平台
18	明清皇家陵寝	明孝陵	体系监测平台	正在建设（提升）平台
19	龙门石窟		体系监测平台	已建设平台
20	高句丽王城、王陵及贵族墓葬	国内城	体系监测平台	已建设平台
21		五女山城	体系监测平台	正在建设（提升）平台
22	五台山	佛光寺核心区	专项监测平台	已建设平台
23	登封"天地之中"历史建筑群		体系监测平台	已建设平台
24	杭州西湖文化景观		体系监测平台	已建设平台
25			专项监测平台	已建设平台
26	元上都遗址		体系监测平台	已建设平台
27	丝绸之路	唐长安城大明宫遗址	体系监测平台	已建设平台
28		交河故城	体系监测平台	已建设平台
29		北庭故城遗址	体系监测平台	已建设平台
30		玉门关遗址	体系监测平台	已建设平台
31		克孜尔石窟	体系监测平台	已建设平台
32		炳灵寺石窟	体系监测平台	已建设平台
33		麦积山石窟	体系监测平台	已建设平台
34		彬县大佛寺石窟	体系监测平台	已建设平台
35		大雁塔	体系监测平台	已建设平台
36		兴教寺塔	专项监测平台	已建设平台
37		张骞墓	体系监测平台	已建设平台
38	大运河	清口枢纽	体系监测平台	已建设平台
39		淮扬运河扬州段	体系监测平台	已建设平台
40		江南运河无锡城区段	体系监测平台	正在建设（提升）平台
41		江南运河苏州段	体系监测平台	已建设平台
42		江南运河杭州段和浙东运河萧山段	体系监测平台	已建设平台
43		江南运河嘉兴段	体系监测平台	正在建设（提升）平台
44		江南运河南浔段	体系监测平台	正在建设（提升）平台
45		浙东运河宁波段和宁波三江口、浙东运河余姚段	体系监测平台	已建设平台

续表

序号	遗产名称		监测平台类型	监测平台建设情况
46	土司遗址	老司城	体系监测平台	已建设平台
47		唐崖土司城址	体系监测平台	已建设平台
48		海龙屯	体系监测平台	已建设平台
49	鼓浪屿：历史国际社区		体系监测平台	已建设平台
50	良渚古城遗址		体系监测平台	已建设平台
51	泉州：宋元中国的世界海洋商贸中心		体系监测平台	已建设平台
52	黄山		体系监测平台	已建设平台
53	峨眉山—乐山大佛	乐山大佛景区	体系监测平台	已建设平台

资料来源：2021 年我国世界文化遗产监测年度报告及中国世界文化遗产监测预警总平台基础数据库。

数据表明，我国约有 1/3 的世界文化遗产地[①]借助监测信息系统开展日常监测工作，体系监测平台建设初步成形。这在一定程度上提升了遗产地监测管理水平，为我国世界文化遗产的有效保护和管理起到了重要的作用。但少数遗产地的监测平台是在申报世界遗产前就建设完成的，由于后期经费支持不足，存在平台运行不稳定甚至无法使用的情况，造成了资源的大量浪费。此外，绝大部分遗产地平台积累的数据仍然缺乏深度的分析和研究，对遗产地管理者决策的支持作用有待进一步加强。

（四）大运河省级监测平台试点工作取得重要成果

各省级文物系统逐渐开展省级监测系统建设和管理工作。2021 年，大运河世界文化遗产监测预警总平台提升及浙江试点、河南试点建设取得重要成果。大运河世界文化遗产监测预警总平台于 2013 年开始建设，2014 年建成并上线运行，经过多年运行维护和提升，建立了大运河世界遗产监测指标体系，建成以基础数据库、监测预警模块、定期报告模块和手持移动数据采集终端——监测云为核心的，覆盖大运河 31 处世界文化遗产组成部分的国家总

---

① 此处统计为已建设体系监测平台的遗产地数量。

平台。

为落实国家建设"大运河国家文化公园"的重要部署，中国文化遗产研究院分别与浙江省文物考古研究所（浙江省世界文化遗产监测中心）、河南省文物建筑保护研究院合作开展了大运河世界文化遗产监测预警总平台提升及浙江试点、河南试点建设工作。通过对大运河世界文化遗产监测预警总平台进行提升，推动大运河文化遗产保护传承利用的数字化、信息化、智能化。通过地理信息系统、遥感技术、视频监控、物联网、云计算等技术应用，开展"互联网＋数据管理"、监测预警工作，增强大运河文化遗产保护传承利用的整体性，推动大运河文化遗产信息资源数据共享、开发利用，强化空间监测管控。在大运河国家级数据库和监测预警体系框架下，开展大运河浙江段和河南段数据库建设和监测工作，为建成覆盖大运河全线的国家数据库总平台建立试点与范本。

四 我国世界文化遗产地考古调查和发掘情况 [①]

（一）考古调查和发掘项目持续开展

2021年是仰韶文化发现暨中国现代考古学诞生100周年。各遗产地按照习近平总书记提出的建设"中国特色、中国风格、中国气派"的考古学目标 [②]，积极开展考古成果挖掘、整理和研究工作，取得了较为瞩目的成绩。

2021年度，11项遗产、15处遗产地开展了31项考古调查和发掘项目，相较上年增加6项。考古发掘面积达1.7万平方米，回填率35%。31项考古调查和发掘项目投入总计3621.38万元，相较上年增加54.77%，中央经费占比六成（见图6）。其中，12项考古发掘项目投入专门经费对遗址发掘现场进行保护。

---

① 此资料来源于我国世界文化遗产地提交的110份2021年度监测年度报告。
② 《习近平致仰韶文化发现和中国现代考古学诞生100周年的贺信》，https://baijiahao.baidu.com/s?id=1713844031520526256&wfr=spider&for=pc，最后检索时间：2022年11月17日。

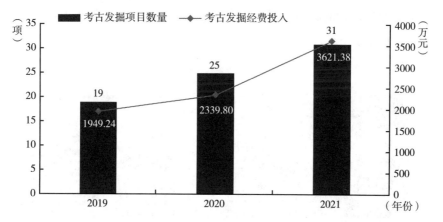

图6 2019~2021年我国世界文化遗产考古发掘项目数量和经费投入

资料来源：2019~2021年我国世界文化遗产监测年度报告。

　　殷墟对小屯宫殿宗庙区乙二十基址西庑北段的考古发掘，确认了在宫殿区西部大型池苑的存在，极大改变了对宫殿布局的认识，有着重要的学术意义。这是殷墟被列入《世界遗产名录》以来第二次在殷墟宫庙区进行发掘，也是为配合"殷墟国家考古遗址公园"建设，进行的具有非常明确学术目的的发掘；为认识乙二十基址四合院建筑群的空间格局及小屯宫庙区园林式宫殿建筑群的布局奠定了基础。

　　秦始皇陵及兵马俑坑在考古发掘过程中，引入高光谱色彩分析等多种技术手段，联合建筑学等多学科，逐步加强考古工作的科学化、标准化、规范化和系统化建设。2021年，一号坑、二号坑、陵西大墓和外城东门遗址的发掘取得重要成果。一号坑将军俑与中级军吏俑的发现对研究一号坑的军阵排列有重要意义；二号坑东北部"跪射俑区域"将军俑和铠甲武士俑的发现刷新了对二号坑陶俑分布的认识。此外，工作人员在考古发掘中改变了传统色彩记录方式，采用数字化记录手段，量化色彩记录，为建立秦俑色彩数据库提供数据积累；陵西大墓北墓道及其东侧陪葬坑的发掘，明确了墓葬的形制、结构与内涵，为秦始皇帝陵陪葬制度研究提供了重要资料；外城东门遗址发掘确认了东门的形制、结构与规模，厘清了秦始皇帝陵园外城东门的营建过

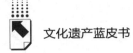
程，为秦始皇帝陵的朝向问题以及礼制布局、陵墓制度研究提供了翔实的基础资料（见图7）。

图7　秦始皇陵及兵马俑一号坑和二号坑考古发掘现场

资料来源：秦始皇帝陵博物院。

（二）考古成果数量与上年持平

2021年，龙门石窟、云冈石窟、殷墟、良渚古城遗址及"泉州：宋元中国的世界海洋商贸中心"出版了8项考古报告（见表2），与上年成果数量持平。

其中，《龙门石窟考古报告：东山万佛沟区》全面、客观、科学、系统地记录了龙门东山万佛沟区的各类遗迹，这一"区域的窟龛造像，在规划选址、崖面分布、形制功能、布局组合及造像题材等方面具有其鲜明特征和独特之处，为学术界以全新的视角审视万佛沟区石窟寺院的内涵提供了研究材料，对深入研究龙门的唐代盛期洞窟乃至全国的唐代石窟，具有重要的学术价值"[①]。此外，山西大同云冈石窟窟顶北魏辽金佛教寺院遗址[②]被评为"2011年度全国考古十大考古新发现"。经过多年的整理和研究，《云冈石窟山顶佛教寺院遗址发掘报告》最终出版发行。

①　伊铭：《〈龙门石窟考古报告：东山万佛沟区〉（全三册）简介》，《考古》2021年第11期，第89页。

②　2008~2012年，为配合云冈石窟山顶防渗工程，山西省考古研究所、大同市博物馆、云冈石窟研究院组成联合考古队，对云冈石窟中西部山顶开展了大规模的考古发掘工作。

数据表明，我国世界文化遗产地的考古成果虽然较为突出，但从成果数量和出版时间来看，存在考古成果数量较少、发表时间滞后等问题。

表 2　2021 年我国世界文化遗产地出版的考古报告 / 简报

序号	遗产名称	考古报告	编写单位	出版时间
1	龙门石窟	《龙门石窟考古报告：东山万佛沟区》	龙门石窟研究院	2021 年 7 月
2	云冈石窟	《云冈石窟山顶佛教寺院遗址发掘报告》	云冈研究院、山西省考古研究院、大同市考古研究所	2021 年 12 月
3	殷墟	《2017 年河南安阳市殷墟郭家庄东墓葬发掘简报》	中国社会科学院考古研究所安阳工作队	2021 年 9 月
4		《河南安阳市殷墟大司空东地 M123 发掘报告》	中国社会科学院考古研究所安阳工作队	2021 年 9 月
5		《河南安阳市大司空东地魏晋隋唐宋元墓葬发掘报告》	中国社会科学院考古研究所安阳工作队	2021 年 6 月
6		《2008 年河南安阳市殷墟刘家庄北地 J15 发掘简报》	中国社会科学院考古研究所安阳工作队	2021 年 9 月
7	良渚古城遗址	《瑶山》修订本	浙江省考古研究所	2021 年 11 月
8	泉州：宋元中国的世界海洋商贸中心	《安溪下草埔遗址 2019-2020 年度考古发掘报告》	北京大学考古文博学院；泉州市文化广电和旅游局；泉州市安溪县人民政府；北京大学考古文博学院（安溪研究中心）	2021 年 6 月

资料来源：2021 年我国世界文化遗产监测年度报告。

五　我国世界文化遗产地学术研究情况 [①]

（一）学术研究成果数量显著增长

2021 年，35 项遗产、55 处（50%）遗产地的保护管理机构开展了各项学术研究。总体来看，学术研究成果成绩斐然。成果总量达 867 项，相较上年增长 57.07%。其中，科研课题 245 项、著作 94 部、论文 528 篇（见图 8），

---

① 此资料来源于我国世界文化遗产地提交的 110 份 2021 年度监测年度报告。

各类成果数量相较上年均有明显增加。数据表明，遗产地和各级政府对我国世界文化遗产科研工作的普遍重视。从研究内容看，2021年度的学术研究成果仍以理论研究和历史文化为主①（见图9）。

图8 2018~2021年我国世界文化遗产地开展的各项学术研究成果数量

资料来源：2018~2021年我国世界文化遗产监测年度报告。

图9 2018~2021年我国世界文化遗产科研成果研究方向

资料来源：2018~2021年我国世界文化遗产监测年度报告。

———————

① 学术成果研究方向分为历史文化、工程技术理论研究、行业指导和其他，可多选。

2021 年，29 项遗产、40 处遗产地共投入 17781.76 万元开展科研课题研究。从课题级别来看，国家级课题 33 项（见表 3），其中约 1/3 为 2021 年新启动项目，涉及明清故宫－北京故宫、莫高窟、大足石刻、云冈石窟、殷墟和良渚古城遗址 6 处遗产地，研究方向以文物保护工程技术和理论研究为主。

序号	遗产名称	课题名称
1	明清故宫－北京故宫	《明清官式建筑营造技艺科学认知与本体保护关键技术研究与示范》
2		《北京故宫慈宁宫遗址考古资料整理与研究》
3		《不可移动文物本体劣化风险监测分析技术和装备研发》
4		《大型明清古建筑（群）安全风险预警关键技术研究》
5		《养心殿西暖阁佛堂唐卡画心的保护修复方法研究》
6		《有机质可移动文物价值认知及关键技术研究》
7		《抬梁式木构古建抗震性能系统化研究》
8		《元大内规划复原研究》
9	秦始皇陵及兵马俑坑	《秦始皇帝陵 K9901 考古报告整理》
10		《大型陶俑文物防震技术研究》
11		《秦始皇陵铜车马坑陪葬坑综合研究》
12	莫高窟	《墓葬壁画原位保护关键技术研究》
13		《多场耦合下土遗址劣化过程及保护技术研究》
14		《丝路文物数字复原关键技术研发》
15		《平顶窟顶板岩体加固技术研发》
16		《石窟寺壁画突发性微生物病害成因机制及防治对策研究》
17		《植物对甘肃境内土长城遗址的影响及防护研究》
18		《西北干旱区土遗址裂隙修复浆——土界面粘结机制与耐候性能研究》
19		《科技和艺术结合——多光谱影像技术在敦煌壁画艺术多角度价值阐释中的应用》
20	拉萨布达拉宫历史建筑群－布达拉宫	《不可移动文物安防（防盗、防破坏）关键技术及装备研究》

表 3　2021 年我国世界文化遗产地开展的国家级科研课题

续表

序号	遗产名称	课题名称
21	庐山国家公园	《常绿阔叶木本植物叶形态性状与光合敏感性对低温的响应》
22		《亚热带山地植物多样性与资源利用》
23	大足石刻	《重庆地区石窟寺及石刻铭文史料抢救性收集与整理研究》
24		《石窟文物风化评估研究及保护技术应用示范》
25		《石窟水盐运移的监测系统及规律研究》
26		《图像与历史：两宋时期陕北与川东地区佛教石窟艺术的综合研究》
27	云冈石窟	《平城与北魏丝绸之路与民族融合科技考古》
28		《云冈石窟多元一体中华民族交融研究，子课题之四：云冈模式对中国北方石窟营造的影响》
29	高句丽王城、王陵及贵族墓葬－国内城	《高句丽壁画墓原址保护》
30	殷墟	《安阳洹北商城铸铜、制骨、制陶作坊发掘资料整理与研究》
31	丝绸之路－麦积山石窟	《麦积山石窟第 74~78 窟考古报告》
32	良渚古城遗址	《良渚古城姜家山遗址资料整理》
33		《考古中国——平湖海盐调查勘探》

资料来源：2021 年我国世界文化遗产监测年度报告。

2021 年，敦煌研究院针对石窟寺主要病害成因及防治技术开展了多项课题研究，如《石窟寺壁画突发性微生物病害成因机制及防治对策研究》，由国家自然科学基金委委托，分析壁画微生物致病类群及群落特征，探讨壁画病害菌与节肢动物间相互关系；通过关联性分析，确定诱发壁画微生物病害发生发展的关键因素和成因机制；提出壁画微生物防治对策并建立防治技术体系。大足石刻本年度新启动的《大足石刻石质文物本体风化机理研究》，以潮湿环境下砂岩质文物面临的干湿循环风化破坏研究为核心，采用现场调查与室内模拟实验相结合的方法，揭示大足石刻风化破坏机理，从而深化砂岩类石质文物风化病害分类、风化评估指标研究，为大足石刻的文物本体预防性保护提供理论基础。

（二）监测相关课题数量增长近1倍

2021 年，13 项遗产、13 处遗产地开展了以遗产监测为研究方向的科研课题 21 项，其中 11 项为当年新启动项目。相较上年，课题数量增长近 1 倍。课题内容主要涉及遗产本体及微环境的病害监测研究、风险监测系统的研发与技术应用（见表 4）。

序号	遗产名称	课题名称	课题级别
1	明清故宫－北京故宫	《不可移动文物本体劣化风险监测分析技术和装备研发》	国家级
2	莫高窟	《基于 Arches 平台的石窟寺群文化遗产管理与风险监测系统研发及应用示范》	国家级
3		《平顶窟顶板岩体加固技术研发》	国家级
4		《植物对甘肃境内土长城遗址的影响及防护研究》	国家级
5	周口店北京人遗址	《周口店遗址长期监测下的本体保护评估研究》	自主课题
6	长城－嘉峪关	《嘉峪关夯土遗址病害监测研究》	省级
7		《嘉峪关木构城楼现状结构分析与状态评估研究》	省级
8	承德避暑山庄及其周围寺庙	《承德避暑山庄及周围寺庙世界文化遗产监测工作现状及对策研究》	市级
9	苏州园林	《苏州园林假山监测研究》	市级
10	北京皇家祭坛—天坛	《基于"自然—文化融合"理念的天坛世界文化遗产监测研究》	市级
11	大足石刻	《大足石刻千手观音修复效果跟踪监测》	省级
12		《大足石刻千手观音造像微环境监测》	省级
13		《石窟水盐运移的监测系统及规律研究》	国家级
14	云冈石窟	《基于常态模型的云冈石窟结构稳定性监测预警技术试验研究与应用示范》	省级
15		《云冈石窟核心保护区振动监测及石雕稳定性对振动的动力响应研究》	省级
16		《山西省石质文物现状调查与评估管理系统研究》	省级
17	五台山－佛光寺核心区	《古建筑预防性保护研究》	省级

表 4　2021 年我国世界文化遗产地开展的监测相关课题

			续表
序号	遗产名称	课题名称	课题级别
18	杭州西湖文化景观	《世界遗产客流监测的技术手段及策略研究——以西湖世界文化遗产为例》	区级
19	丝绸之路－大雁塔	《大雁塔一层外墙阴水线课题研究》	自主课题
20		《大雁塔倾斜及不均匀沉降》	自主课题
21	良渚古城遗址	《良渚古城遗址本体变形破坏机理分析及预测方法研究》	省级

资料来源：2021年我国世界文化遗产监测年度报告。

敦煌研究院开展的《基于 Arches 平台的石窟寺群文化遗产管理与风险监测系统研发及应用示范》课题，由国家文物局委托，基于文化遗产风险管理理论相关研究成果，以其管辖的莫高窟等六处石窟寺为研究对象，开展跨地域石窟寺群文化遗产管理与风险监测系统研发及应用示范。《嘉峪关夯土遗址病害监测研究》旨在通过分析嘉峪关夯土长城赋存环境与病害特征，对该地区长城赋存环境、土遗址病害分类及其病害特征进行深入细致的分类分级，建立嘉峪关夯土长城风险监测与预警体系。《良渚古城遗址本体变形破坏机理分析及预测方法研究》课题针对潮湿环境下良渚古城遗址赋存工程地质条件、环境因素与本体劣化之间的关系，提出了专业的分析和预测方法，进一步完善了遗址保护监测体系。

六　结论与建议

（一）加快保护管理规划编制和依法公布的进程

保护管理规划是世界遗产管理制度框架的一项重要工具，在一定程度上，可以弥补我国世界文化遗产管理中法律缺失的问题。《操作指南》第108条中明确要求，"每一处申报遗产都应有合适的管理规划或其他有文可依的管理体制（最好是多方参与的方式），保护遗产的突出普遍价值"①。世

---

① 《实施〈世界遗产公约〉操作指南 2021》（中文版），http://jcomoschina.org.cn/upload/file/202210192/3759_3567.pdf，最后检索时间：2022 年 11 月 17 日。

界遗产委员会在审核遗产保护状况时，遗产地是否制定了合理的保护管理规划成为评估的重要依据，由此更加凸显了国际社会对于保护管理规划重要性的普遍认识。我国各世界文化遗产管理机构应充分利用这一有效的管理工具，发挥其应有的法律效力，更好地保护世界文化遗产的价值。建议对于尚未开展或已经开展保护管理规划编制但进展缓慢的遗产地，所在地方和省级人民政府应给予充分重视、加快推进规划编制相关工作；对于没有公布实施保护管理规划的遗产地，所在地方和省级人民政府应落实主体责任，依法依规报请国家文物局审批后由省级人民政府公布并组织实施。

在保护管理规划的实施过程中，我国各世界文化遗产地还应重视对规划实施情况进行持续有效的评估，这样一方面有利于规划措施的真正落地，另一方面为后续规划的修编提供切实的依据，从而更好地发挥保护管理规划的作用。

（二）完善遗产监测体系建设，加强数据分析和利用

2021 年，我国世界文化遗产地均开展了日常巡查工作，近一半的遗产地建成或正在建设（提升）体系监测平台，部分遗产地还针对特定病害开展了专项监测。数据表明，监测作为保护遗产地突出普遍价值的基本工具，对遗产保护管理的作用日益显现，也得到了从国家到地方的普遍性认可和重视。但绝大部分遗产地平台积累的数据仍然缺乏深度的分析和解读，监测数据利用不足、对遗产地管理者决策支持作用有待于进一步加强是目前监测工作要解决的主要问题。各遗产地应明确监测不是目的，而是手段，监测应为管理者提供决策服务。各遗产地应根据实际的保护管理需求，基于遗产的突出普遍价值设计科学合理的监测指标体系，定期采集数据、重视并加强深度分析监测数据、科学确定监测阈值，从而指导遗产地保护管理机构的日常保养维护和修缮等工作。遗产地还应适时评估监测的有效性，即监测系统是否发挥了保护遗产地价值、提升保护管理水平的作用，并根据评估结果不断完善监测系统。

（三）健全安全责任体系，增强遗产风险防范能力

2021 年，我国各世界文化遗产地积极建立健全文物安全责任体系、完善和制定突发事件应急处置总体预案、开展科技运用及培训宣传等多种手段提升安全防范水平。我国世界文化遗产安全形势整体良好，但法人违法、盗窃盗掘、火灾事故等安全风险仍然存在。个别地方管理部门文物安全意识淡薄，安全责任落实不到位；文物行政执法和安全监管缺位；大部分地方对自然灾害应急处置能力不足，影响文物安全的问题和隐患不可小觑。《"十四五"文物保护和科技创新规划》（以下简称"十四五"规划）以确保文物资源安全为核心，强调要统筹做好各级各类文物资源管理工作，增强防护能力，加强执法督察，严厉防范和打击文物犯罪，守牢文物安全底线[①]。各遗产地应严格贯彻落实习近平总书记关于文物安全工作的重要指示批示精神，进一步健全文物安全责任体系；加强文物安全排查，攻坚整改重大火灾隐患和突出问题；组织开展消防安全和应急演练，提升安全管理和应急能力；结合国家层面有关文化遗产防灾减灾方面的研究成果，提高遗产地管理人员的风险意识，加快研究、制定和出台适合遗产地的风险应急预案，降低文物的安全风险，提升遗产防灾减灾能力。

（四）深化基础研究，加快学术成果转化

2021 年，我国世界文化遗产学术研究成果总量虽较上年有大幅度增长，但从研究内容看，仍以理论研究和历史文化为主，涉及工程技术的成果占比相对较低。从开展学术研究的遗产地数量来看，仍有一半的遗产地未开展任何研究性项目。这和遗产地管理机构的研究人员匮乏、研究水平不足有密切的关系。此外，从考古成果数量和出版时间来看，也存在考古成果数量较少、发表时间较为滞后等问题。

"十四五"规划强调，要深化和提高基础研究能力，"聚焦岩土质文物风

---

① 《国务院办公厅关于印发"十四五"文物保护和科技创新规划的通知》，http://www.gov.cn/zhengce/content/2021-11/08/content_5649764.htm，最后检索时间：2022 年 11 月 17 日。

化和水盐侵蚀、壁画彩绘褪色、木结构建筑失稳、微生物污染等主要病害，深化文物材质特性、病害形成机理及发展预测方法研究，着力构建符合我国文物资源特点的文物修复、预防性保护和防灾减灾理论体系"[①]。我国世界文化遗产地应重视高素质研究人才的引进和培养，聚焦文物本体的关键性病害，加强和深化基础性研究工作，提高成果转化的效率，加快实现"十四五"规划提出的构建我国文物保护修复理论体系的目标。

参考文献

中国文化遗产研究院：《中国世界文化遗产 2020 年度保护状况总报告》，文物出版社，2021。

---

① 国务院办公厅：《"十四五"文物保护和科技创新规划》http://www.gov.cn/zhengce/content/2021-11/08/content_5649764.htm，最后检索时间：2022 年 11 月 17 日。

专　题　篇
Thematic Reports

B.7
2021年中国世界文化遗产国内外形势报告

高晨翔*

摘　要： 2021年是"十四五"开局之年，党和国家高度重视文化遗产工作，国家各层面出台的专项规划中也频频提及文化遗产。中国在世界遗产委员国任期的最后一年中成功举办第44届世界遗产委员会会议，取得丰硕成果。会议期间发布的《福州宣言》是中国对世界遗产体系的重要贡献，会上还讨论了包括疫情、气候变化、可持续发展等趋势性议题。会上审议通过的"泉州：宋元中国的世界海洋商贸中心"成为我国第56项世界遗产，此外，我国的预备

---

* 高晨翔，中国文化遗产研究院中国世界文化遗产中心（中国世界文化遗产监测中心）文博馆员，主要研究领域：世界遗产国际趋势、系列遗产、遗产阐释。

名单项目培育工作也在稳步推进。我国世界文化遗产的保护状况报告获得世界遗产委员会认可。英国的利物浦海事商城因保护管理不利成为全球第三项被除名的世界遗产，为其他缔约国敲响了警钟。

关键词： 国际形势　世界遗产委员会会议　保护管理　世界遗产申报

世界遗产是"联合国教育、科学及文化组织"（UNESCO，以下简称"教科文组织"）的旗舰项目，旨在确认、保护、保存、展示对于全人类而言具有突出普遍价值的文化和自然遗产，并使之代代相传。在世界遗产运行体系中，由21个轮值委员国组成的世界遗产委员会是议事和决策的主体。中国于1985年加入《保护世界文化和自然遗产公约》（以下简称《世界遗产公约》），虽然起步较晚，但在党中央和国务院的领导下，中国在世界遗产的保护、管理、监测、利用、国际合作等方面都取得了显著成就，至今已四度担任世界遗产委员会委员国。

2021年，国际社会在新冠疫情的不断反复中艰难前行，同时逐步达成了一种微妙平衡的新常态。2021年，恰逢中国第四个世界遗产委员会委员国任期的最后一年，又逢世界遗产委员会会议在中国福州举办。在这样一个时间节点，有必要对世界遗产的国际动向和中国参与世界遗产工作的情况进行梳理和分析，以便更好地开展未来的工作。

国际层面，非洲优先、气候变化、可持续发展、冲突记忆相关遗产等重要议题获得持续广泛讨论，取得了一定成果。但在共性议题面前，各缔约国对于"共同但有差别的责任"仍存在分歧。第44届世界遗产委员会会议期间，《气候变化对世界遗产影响的政策文件》的修订未能如期完成，该议题后推迟至第23届缔约国大会继续讨论；而由波兰新申报项目"格但斯克船厂——'团结'工会的诞生地和欧洲铁幕倒塌的象征"再度牵出的关于冲突记忆相关遗产的讨论，也因争议过大而"无限期推迟"。如何寻求此类议题的突破路径仍将是未来讨论的热点。

国内层面，文化遗产工作越来越深入地与其他领域相结合，并且融入了国家各个层面的"十四五"专项规划，随着国家对于大遗址、石窟寺的重视，世界遗产对于这些专题类型遗产和整个遗产治理体系的带动作用也正日益凸显。各项预备名单项目的培育工作继续有条不紊地进行，云南普洱景迈山古茶林也已做好申遗准备。在亚洲文化遗产保护行动的框架下，中国的文化遗产国际合作迈上新台阶。

本报告以 2021 年第 44 届世界遗产委员会会议决议、联合国教科文组织咨询机构发布的主题研究报告和中国出台的政策文件为切入点，梳理本年度世界文化遗产的国内和国外趋势性议题，以期为世界遗产从业者和热心于世界遗产事业的广大公众提供些许参考。

一 世界文化遗产国内形势

（一）党和国家高度重视世界遗产工作

党的十八大以来，党和国家高度重视文化遗产工作，习近平总书记多次赴文化遗产地调研并围绕文物保护和利用、考古、世界遗产申报等做出重要批示。

世界遗产不仅有利于向世界讲好中国故事、提升中华文化影响力、促进人类文明交流互鉴，也可以增强全社会文物保护意识，加大文化遗产保护力度。2021 年 7 月 16 日，联合国教科文组织世界遗产委员会第 44 届会议在福州召开，习近平总书记向大会致贺信。

习近平指出，世界文化和自然遗产是人类文明发展和自然演进的重要成果，也是促进不同文明交流互鉴的重要载体。保护好、传承好、利用好这些宝贵财富，是我们的共同责任，是人类文明赓续和世界可持续发展的必然要求[①]。

---

① 人民日报：《习近平向第 44 届世界遗产大会致贺信》，人民网，2021 年 7 月 17 日，http://jhsjk.people.cn/article/32160634，最后检索时间：2022 年 12 月 29 日。

（二）文化遗产纳入国家各层面出台的"十四五"专项规划

1. 《"十四五"文物保护和科技创新规划》

国务院办公厅于 2021 年 10 月 28 日印发的《"十四五"文物保护和科技创新规划》提到，要重点推进云南普洱景迈山古茶林文化景观、北京中轴线、西夏陵、江南水乡古镇、海上丝绸之路、二里头遗址、景德镇御窑遗址申报世界遗产，培育三星堆遗址、万里茶道、钓鱼城遗址等预备名单项目；强化丝绸之路文化遗产保护与国际合作机制；完善世界遗产监测与巡查监管衔接制度，建设 5~10 处世界文化遗产地监测预警平台；加大世界遗产研究展示宣传力度 [①]。

《"十四五"文物保护和科技创新规划》首次将文物工作纳入国家级专项规划，足见党和国家对于文物事业的重视。其中有关世界遗产的部分涉及申遗、监测、展示阐释和国际合作，体现出世界遗产对于扩大中华文化影响力、推动遗产治理体系进步、促进遗产利用和国际合作方面的积极意义。

2. 《大遗址保护利用"十四五"专项规划》

国家文物局于 2021 年 10 月 12 日印发《大遗址保护利用"十四五"专项规划》，提出要加强大遗址考古工作、完善大遗址空间用途管制措施、深化理论制度研究与科技应用、实施大遗址综合保护工程、提升大遗址展示利用水平、推动国家考古遗址公园高质量发展、构建新时代大遗址保护利用新格局、创新大遗址保护利用体制机制。其中多处内容涉及世界遗产的申报和保护利用工作，提到将持续推动西夏陵、景德镇御窑厂窑址（含湖田窑址、高岭瓷土矿遗址）、石峁遗址申报世界遗产，积极培育二里头遗址、三星堆遗址、渤海国上京龙泉府遗址、古格王国遗址、钓鱼城遗址等项目申报世界遗产。重点打造丝绸之路（陆上丝绸之路、海上丝绸之路）、秦直道、蜀道、万里茶

---

① 国务院办公厅：《国务院办公厅关于印发"十四五"文物保护和科技创新规划的通知》，中华人民共和国政府网站，2021 年 10 月 28 日，http://www.gov.cn/zhengce/content/2021-11/08/content_5649764.htm，最后检索时间：2022 年 12 月 29 日。

道、南粤古驿道、湘桂古道、河西走廊等国家遗产线路[①]。

《大遗址保护利用"十四五"专项规划》具有强化国家属性、对接上位规划和国家重大政策、着力夯实基础工作、推动更高水平展示利用的特点[②]。该文件中列举的世界遗产申报培育和保护利用项目对于佐证我国多元一体的民族特征、技术和艺术的杰出成就、合作共赢的对外交流理念具有积极意义。

3.《"十四五"石窟寺保护利用专项规划》

国家文物局于2021年11月1日印发《"十四五"石窟寺保护利用专项规划》，规划提及实施"石窟中国"保护工程和"平安石窟"工程，全面提升保护水平和安全防范水平；推进石窟寺考古工作，深化学术研究和价值挖掘；加强科技创新，发挥科技支撑和引领作用；阐释文化内涵，提升展示利用水平；创新国际合作模式，弘扬中华优秀传统文化；推进体制机制改革创新，激发保护研究活力；完善人才教育培养体系，建设稳定人才梯队。其中，在"推进体制机制改革创新，激发保护研究活力"方面专门提到敦煌研究院、龙门石窟研究院、云冈研究院、大足石刻研究院、龟兹研究院等世界遗产地研究机构，提出发挥其区域带动作用，"以大带小""一个机构带一片"，实现国家统筹指导与区域协调互动。在经费保障措施中提到，应优化世界遗产石窟寺的经费结构[③]。

2021年公布的石窟寺调查结果显示，我国共有石窟寺2155处、摩崖造像3831处，共计5986处[④]。其中，已列入《世界遗产名录》的石窟寺有莫高

---

① 国家文物局:《国家文物局关于印发〈大遗址保护利用"十四五"专项规划〉的通知》，国家文物局网站，2021年11月18日，http://www.ncha.gov.cn/art/2021/11/18/art_2318_45063.html，最后检索时间：2022年12月29日。

② 国家文物局:《关于〈大遗址保护利用"十四五"专项规划〉的解读》，国家文物局网站，2021年11月18日，http://www.ncha.gov.cn/art/2021/11/18/art_1961_172618.html，最后检索时间：2022年12月29日。

③ 国家文物局:《国家文物局关于印发〈"十四五"石窟寺保护利用专项规划〉的通知》，国家文物局网站，2021年11月1日，http://www.ncha.gov.cn/art/2021/12/7/art_2237_45091.html，最后检索时间：2022年12月29日。

④ 国家文物局:《公布最新石窟寺调查结果 国家文物局召开"十四五"石窟寺保护与考古工作会》，国家文物局网站，2021年12月25日，http://www.gov.cn/xinwen/2021-12/25/content_5664501.htm，最后检索时间：2022年12月29日。

窟、云冈石窟、龙门石窟、大足石刻、乐山大佛、西湖文化景观的飞来峰，以及作为"丝绸之路：长安—天山廊道的路网"遗产构成的麦积山石窟、炳灵寺石窟、彬县大佛寺石窟和克孜尔石窟等。然而，与大型石窟寺和成为世界遗产的石窟寺相比，中小型石窟寺面临的问题最严峻[①]，不仅普遍位置偏远、分散，而且资金、人员和技术力量薄弱。《"十四五"石窟寺保护利用专项规划》提出的"以大带小""一个机构带一片"的管理模式将充分发挥世界遗产石窟寺的带动作用，统筹利用既有科研力量和资源，实现保护管理经验的共享和普及。

4.《"十四五"旅游业发展规划》

国务院于 2021 年 12 月 22 日印发《"十四五"旅游业发展规划》，其中提出要依托世界文化遗产，在加强保护基础上切实盘活用好各类文物资源，打造一批历史文化旅游目的地，发展文化遗产旅游[②]。

2021 年，我国完成了世界遗产第三轮定期报告的填报和整理工作，这项工作是对我国世界遗产近年情况的一次系统清查，有关数据显示，不合理利用给我国 13 项世界文化遗产造成了负面影响，主要体现在不恰当的旅游/参观/娱乐活动、当地人口和社区的迁出、传统生活方式和知识体系的摒弃、仪式/宗教利用的消失等。这反映出我国世界文化遗产的利用方式亟待优化和创新，遗产旅游活动仍须引导和规范。在此背景下，国家层面出台的《"十四五"旅游业发展规划》特别强调"在加强保护基础上"进行合理利用，突出了将保护作为利用的先决条件、利用作为遗产保护链条后端的重要一环这一原则，这也符合"保护第一、加强管理、挖掘价值、有效利用、让文物活起来"的新时代的文物工作方针。

5.《"十四五"国家应急体系规划》

国务院于 2021 年 12 月 30 日印发《"十四五"国家应急体系规划》，将

---

①　该观点由孙华教授于 2022 年 8 月在四川安岳召开的全国石窟寺保护利用学术研讨会上提出。

②　国务院：《国务院关于印发"十四五"旅游业发展规划的通知》，中华人民共和国政府网站，2021 年 12 月 22 日，http://www.gov.cn/zhengce/content/2022-01/20/content_5669468.htm，最后检索时间：2022 年 12 月 29 日。

博物馆、文物古建筑、古城古村寨等文物、文化遗产保护场所的消防安全纳入安全生产治本攻坚重点①。

火灾历来是危害文物安全的主要风险之一，2019 年的法国巴黎圣母院火灾和日本冲绳首里城火灾敲响了警钟。截至 2021 年，世界遗产委员会累计审议过 88 份关于世界遗产火灾风险的保护状况报告，涉及 19 个缔约国的 21 项遗产，2021 年涉及火灾风险的遗产多达 10 项，创历史新高②。

2020 年，全国文物系统启动文物火灾隐患排查整治和消防能力提升三年行动并印发《文物博物馆单位文物安全直接责任人公告公示办法（试行）》，总结一些地方先行先试的经验做法，确定文物安全直接责任人及其主要职责，实施公告公示制度，接受社会监督。截至 2021 年底，全国已有 25 万余处文博单位竖立安全责任人公告公示牌，主动接受社会监督。2021 年，国家文物局接报各类文物火灾事故 6 起，较 2020 年的 15 起，数量呈大幅下降趋势③。

6.《"十四五"推进农业农村现代化规划》

国务院于 2021 年 11 月 12 日印发《"十四五"推进农业农村现代化规划》，提出加强农业文化遗产的发掘认定和转化创新。加强对历史文化名村名镇、传统村落、少数民族特色村寨、传统民居等不可移动文物，以及可移动文物、地名和古树名木的保护④。"皖南古村落—西递、宏村"、福建土楼、红河哈尼梯田文化景观都是活态在用的乡土遗产，除此之外，还有大量世界遗产位于农村地区或是缓冲区内存在村落和农业用地，在管理这些遗产的过程中，不

---

① 国务院:《国务院关于印发"十四五"国家应急体系规划的通知》，中华人民共和国政府网站，2021 年 12 月 30 日，http://www.gov.cn/zhengce/content/2022-02/14/content_5673424.htm，最后检索时间：2022 年 12 月 29 日。

② 资料来源于世界遗产中心世界遗产保护状况信息系统（State of Conservation Information System），2021 年涉及火灾风险的遗产数目增多与该年度审议的保护状况报告基数大存在一定关系。

③ 崔毅飞:《2021 年全国重大文物违法和火灾事故明显下降》，北京青年报网站，2022 年 4 月 12 日，https://t.ynet.cn/baijia/32588263.html，最后检索时间：2022 年 12 月 29 日。

④ 国务院:《国务院关于印发"十四五"推进农业农村现代化规划的通知》，中华人民共和国政府网站，2021 年 11 月 12 日，http://www.gov.cn/zhengce/content/2022-02/11/content_5673082.htm，最后检索时间：2022 年 12 月 29 日。

仅要考虑遗产保护，还应着重关注如何让遗产惠及民生、助力"三农"，引导遗产地居民关注遗产并参与遗产保护，实现保护与发展之间的平衡。

（三）第44届世界遗产委员会会议在福州召开

联合国教科文组织世界遗产委员会第 44 届委员会会议于 2021 年 7 月 16~31 日在福州召开，这是中国继 2004 年第 28 届世界遗产委员会会议后，再次承办该会议，教育部副部长田学军担任大会主席。田学军指出，此次大会积极应对新冠疫情给世界遗产事业带来的挑战，确立并使用的一系列在线审议操作规范，为疫情防控常态化阶段世界遗产工作提供了参照。

1.《福州宣言》发布

第 44 届世界遗产委员会会议通过的《福州宣言》是中国作为负责任大国，积极贡献中国智慧、中国方案、中国力量的体现。各委员国普遍认为，该宣言极具包容性，反映了广大缔约国的关切，具有里程碑意义[1]。

在《世界遗产公约》即将步入 50 周年之际，《福州宣言》回顾了世界遗产的全球共识和积极作用；重申了布达佩斯（2002 年）、波恩（2015 年）、伊斯坦布尔（2016 年）、巴库（2019 年）等历届世界遗产大会宣言；专门议及了贯彻世界遗产全球战略、加强对非洲和小岛屿发展中国家的支持、应对气候变化、落实《将可持续发展愿景融入世界遗产公约进程的政策文件》、加强面向青年人的世界遗产教育和知识分享、将遗产保护与历史城市和居住区可持续发展相结合等方面的内容。在全球新冠疫情的背景下，《福州宣言》还特别关注了疫情对世界遗产的冲击和应对路径[2]。

2."泉州：宋元中国的世界海洋商贸中心"申遗成功

2021 年 7 月 25 日，"泉州：宋元中国的世界海洋商贸中心"经世界遗产委员会审议，成功列入《世界遗产名录》。

"泉州：宋元中国的世界海洋商贸中心"体现了泉州在宋元时期（公元

---

① 李韵：《〈福州宣言〉是本届大会团结的重要象征——访教育部副部长、第四十四届世界遗产大会主席田学军》，《光明日报》2021 年 8 月 3 日，第 9 版。

② WHC, "Fuzhou Declaration", 2021, accessed on 29 December 2022, https://whc.unesco.org/document/188530.

10~14世纪）作为世界海洋商贸中心的活力，及其与中国腹地的紧密联系。泉州在亚洲海运贸易的这个重要时期蓬勃发展。泉州拥有多座宗教建筑，如始建于公元11世纪的清净寺、伊斯兰教圣墓，以及大量考古遗迹，如行政建筑、具有重要商贸和防御意义的石码头、制瓷和冶铁生产遗址、城市交通网道的构成元素、古桥、宝塔和碑文。该遗产地还包括一座保留了部分原貌的元代寺庙，以及世界上仅存的摩尼石像。

该项目曾于2017年以"古泉州（刺桐）史迹"的名义申报，但因遗产构成与突出普遍价值之间关联不清，未获咨询机构和世界遗产委员会认可，被"要求补报"①。

该项目经过调整，将申报遗产点从原有的16处扩展为22处，同时整合了各遗产点的保护区划，形成了较为完整的缓冲区，调整并深化了价值标准（ⅱ）（ⅲ）（ⅳ）的论述。但咨询机构和世界遗产委员会经过评估认为，该项目仅价值标准（ⅳ）②符合条件。泉州的遗产点所展现的人类价值观交流在同时期世界上的其他地区也存在，泉州的遗产点反映了中外海洋贸易交流的一些侧面，但并不完整，因此不符合价值标准（ⅱ）③；泉州的遗产点反映了全球范围内海港城市共性的商贸传统，但未体现出泉州的独特之处，因此不符合价值标准（ⅲ）④；泉州申报的一系列遗产点的构成、遗产构成之间的位置关系

① WHC, "Decision 42 COM 8B.18", 2018, accessed on 29 December 2022, https://whc.unesco.org/en/decisions/7131/.

② 《泉州：宋元中国的世界海洋商贸中心申遗文本》中关于价值标准（ⅳ）的表述：泉州世界海洋商贸中心是亚洲海洋贸易网络东端引擎型港口的杰出范例，它具有典型的产—运—销功能高度整合的区域一体化空间结构与复合景观，展现了10~14世纪亚洲海洋贸易的高度繁荣阶段，对该时期东亚和东南亚社会的经济与文化发展做出了突出贡献。

③ 《泉州：宋元中国的世界海洋商贸中心申遗文本》中关于价值标准（ⅱ）的表述：由内向到外向、由单一分散到多元整合，宋元泉州区域功能布局的显著拓展与空间结构的高度整合，以及中外风格多元荟萃的聚落景观，展现了10~14世纪繁荣的亚洲海洋贸易网络中，东亚帝国农业文明与世界海洋商业文明间的经济与文化发展交流。

④ 《泉州：宋元中国的世界海洋商贸中心申遗文本》中关于价值标准（ⅲ）的表述：泉州系列史迹完整地呈现了10~14世纪在中国对外经济与文化交流窗口成功实践的海外贸易体系，见证了这一体系在泉州积淀而成的多元共荣海洋商业传统。该传统珍视官方与民间的平衡、民生福祉的促进、经济机遇的全民共享、跨行业跨区域的共同发展，以及多元文化的共存包容。它成为世代泉州人宝贵的精神财富并传承至今，对当代与未来的全球经济可持续发展具有重要的启示意义。

和相关功能，在整体上以杰出的方式反映了泉州作为宋元时期海洋商贸中心的关键因素和物质表征，这对亚洲和其他地区的全球海洋商贸发展至关重要，因此符合价值标准（ⅳ）①。泉州最终以价值标准（ⅳ）列入《世界遗产名录》，其价值主要在于"建筑和景观"而非"交流"或"传统"。

3. 2021 年度审议的中国世界文化遗产保护状况报告

世界遗产委员会第 44 届会议共审议通过了 258 份世界遗产保护状况报告，涉及中国的保护状况报告共 9 份，其中涉及文化遗产的有 6 份，分别是澳门历史城区、长城、武当山古建筑群、左江花山岩画文化景观、拉萨布达拉宫历史建筑群和"丝绸之路：长安—天山廊道的路网"。影响这些遗产保护状况的因素十分多样，其中涉及最多的是管理体制 / 管理计划、管理活动、交通基础设施建设、旅游 / 参观 / 娱乐的影响和住宅方面的问题。

（1）澳门历史城区：东望洋灯塔景观视廊的遗产影响评估获得认可

澳门历史城区遗产与城市的关系密切，建设控制是长期影响其保护管理的因素之一。2007 年，世界遗产中心接到包括澳门居民在内的多渠道信息称，东望洋斜街 18~20 号未完工建筑可能对东望洋灯塔周边景观视廊产生负面影响（见表 1），因此，世界遗产委员会自 2008 年起一直持续关注该项目进展和中国采取的应对措施。

表 1　澳门历史城区历次保护状况报告中的影响因素类型*						
	32 届大会（2008 年）	33 届大会（2009 年）	35 届大会（2011 年）	37 届大会（2013 年）	41 届大会（2017 年）	43 届大会（2019 年）	44 届大会（2021 年）
住宅	√	√	√		√	√	√
管理体制 /管理计划				√	√	√	√
土地转换						√	√

* 基于世界遗产委员会历次审议该遗产的保护状况报告后的会议决议整理，遗产影响因素按照世界遗产保护状况体系（State of Conservation）的官方分类统计。本节下同。

---

① ICOMOS, "Evaluations of Nominations of Cultural and Mixed Properties", 2021-07-31, accessed on 29 December 2022, https://whc.unesco.org/archive/2021/whc21-44com-8Binf1-en.pdf.

在国家文物局指导下，中国文化遗产研究院受澳门特别行政区政府文化局委托，开展了该项目的遗产影响评估工作，国际古迹遗址理事会认可了报告的结论和建议，同意该建筑"以现状高度完工"。在本年度大会决议中，世界遗产委员会进一步建议，修改该建筑上部楼层的设计，使其更透明、更轻巧，减少视觉冲击。

完善澳门历史城区法定保护管理体系、编制相关规划也是世界遗产委员会近年来关注的重点内容。在本次大会决议中，世界遗产委员会认可了《澳门特别行政区城市总体规划（2020—2040年）》在制定和完成方面取得的进展，同时建议在通过和执行《澳门历史城区保护及管理计划》之前尽快将其提交至世界遗产中心，供各咨询机构审查。

（2）长城：获评世界遗产保护管理示范案例

长城作为中华民族文化和精神的重要象征，在国内外享有极高的知名度，也是广受欢迎的旅游目的地，然而自20世纪末以来，过度的旅游就已经成为影响长城保护状况的重要因素（见表2）。在2019年的第43届世界遗产委员会会议上，世界遗产委员会敦促中国"确保解决游客增加带来的潜在影响……（并）采取一切必要措施减轻公众旅游对该遗产的影响……（并）尽量减少旅游基础设施对该遗产突出普遍价值造成的累积影响"，作为回应，游客压力最大的长城八达岭段采取了控制日游客量、网上订票预约、建立预警响应系统等管理措施。

表2　长城历次保护状况报告中的影响因素类型

	14届大会（1990年）	18届大会（1994年）	41届大会（2017年）	43届大会（2019年）	44届大会（2021年）
地面交通基础设施		√	√		
旅游/参观/娱乐的影响		√	√	√	√
解说和参观设施		√	√	√	√
地下交通基础设施				√	
其他：部分坍塌	√				

对于世界遗产委员会所关注的京张高铁下穿八达岭的问题，中国开展了遗产影响评估，该评估报告表明，高铁对八达岭的遗产和景观环境没有任何负面影响。报告结论获得了咨询机构和世界遗产委员会认可。

除此之外，世界遗产委员会还赞赏了中国政府在建设长城国家文化公园、颁布实施《长城保护总体规划》、开展"双墙对话"等国际交流、运用立法手段和现代科技促进遗产保护、提升遗产地能力建设、缓解旅游压力等方面的努力和成果[1]。得益于上述工作的有效开展，长城被世界遗产委员会评为保护管理优秀案例。

（3）武当山古建筑群：遗产构成和缓冲区问题仍待解决

管理体制/管理计划和管理活动是武当山古建筑群长期受到世界遗产委员会关注的遗产影响因素（见表3）。

表 3　武当山古建筑群历次保护状况报告中的影响因素类型

	17 届大会（1993 年）	27 届大会（2003 年）	28 届大会（2004 年）	37 届大会（2013 年）	38 届大会（2014 年）	40 届大会（2016 年）	42 届大会（2018 年）	44 届大会（2021 年）
管理体制/管理计划	√	√	√		√	√	√	√
火灾		√	√					
非法活动			√					
管理活动				√	√	√	√	√
旅游/参观/娱乐的影响						√	√	√

为回应世界遗产委员会的关切，武当山递交了《世界文化遗产武当山古建筑群保护与管理规划纲要》和《武当山风景名胜区总体规划纲要摘要》，对

---

[1]　邰晓安、赵雪彤：《中国长城获评世界遗产保护管理示范案例》，中华人民共和国政府网站，转引自新华社，2021 年 7 月 24 日，http://www.gov.cn/xinwen/2021-07/24/content_5627038.htm，最后检索时间：2022 年 12 月 29 日。

于这两个文件，特别是其中关于游客管理方面的内容，世界遗产委员会感到满意，同时希望能提供进一步的资料并说明确定该遗产及其独立遗产构成的游客承载能力的依据。

由于武当山的遗产构成（49个）与世界遗产委员会在2012年通过的"突出普遍价值回顾声明"中提到数量（62个）存在出入，而且每一独立构成都划定了单独的缓冲区，国际古迹遗址理事会认为，目前的缓冲区划定较为混乱，小规模的、独立的缓冲区并不能充分保护各遗产构成彼此之间的关系，以及它们与整个武当山脉之间的关系。因此建议中国加强与世界遗产中心和咨询机构的合作，澄清有关遗产构成和缓冲区的未解决问题，确保经修订的缓冲区包含整个武当山风景名胜区，以保护整个遗产及其更广泛的环境。

（4）左江花山岩画文化景观：正在逐步落实申遗承诺

世界遗产委员会在左江花山岩画文化景观列入《世界遗产名录》当年（2016年）的会议决议中，从林业/木材生产、土地转换、畜牧业/家畜放牧、管理活动、管理体制/管理计划和地表水污染7个方面提出了要求，这7个方面的遗产影响因素在2018年的第42届世界遗产委员会会议上也再次被提及（见表4）。

表4　左江花山岩画文化景观历次保护状况报告中的影响因素类型

	40届大会（2016年）	42届大会（2018年）	44届大会（2021年）
林业/木材生产	√	√	√
土地转换	√	√	√
畜牧业/家畜放牧	√	√	
法律框架	√	√	√
管理活动	√	√	
管理体制/管理计划	√	√	√
地表水污染	√		√

其中，法律体系建设上，左江花山岩画文化景观已按照要求将全部38处岩画点的保护级别提升为全国重点文物保护单位，但由于向国际递交保

护状况报告的时间略早于第八批全国重点文物保护单位的公布时间，咨询机构未及时掌握花山工作的最新进展，导致该事项继续出现在 2021 年度的世界遗产委员会会议决议中。除了提升保护级别，崇左市还出台了《崇左市左江花山岩画文化景观保护条例》，针对岩画类遗产的特点提出了保护措施。

为应对地表水污染问题，崇左市在左江流域的村庄推行"绿色能源试点"项目，推广清洁能源。经过世界遗产委员会在 2018 年的第 42 届世界遗产委员会会议要求汇报更多关于该试点项目的信息后，世界遗产委员会认可了试点结果并鼓励在遗产区和缓冲区内推行绿色能源项目。但同时世界遗产委员会继续建议船舶的驱动也要使用清洁能源。

（5）拉萨布达拉宫历史建筑群：需要重视对精神和传统的保护

拉萨布达拉宫历史建筑群的保护状况自 20 世纪末以来长期受到世界遗产委员会关注。早期影响因素主要与自然环境和传统生活方式相关，如相对湿度、仪式 / 宗教利用和相关利用改变等问题，随着保护力度的加强，以及新旧生活方式在磨合过程中渐趋平衡，这些问题逐步得到正视和解决。在 20 世纪的第一个 10 年中，拉萨布达拉宫历史建筑群的遗产影响因素的数量呈下降趋势，至 2013 年降至最低。但随后，伴随着西藏旅游吸引力增强、交通便捷性提高、经济和社会发展，商业开发和地面交通基础设施成为新的遗产影响因素，自 2014 年以来持续受到关注（见表 5）。

在第 44 届世界遗产委员会会议决议中，世界遗产委员会赞赏了中国对于与拉萨布达拉宫历史建筑群相关的非物质遗产的保护，并要求进一步加大保护力度，特别是对大昭寺前广场的管理。同时，世界遗产委员会进一步要求中国补充开展遗产影响评估。

（6）"丝绸之路：长安—天山廊道的路网"：进一步加强国际合作

"丝绸之路：长安—天山廊道的路网"同样在列入《世界遗产名录》当年（2014 年）被世界遗产委员会要求关注管理体制 / 管理计划方面的问题，2017年以来又增加了地面交通基础设施、住宅、旅游 / 参观 / 娱乐的影响方面的内容（见表 6）。

表5　拉萨布达拉宫历史建筑群历次保护状况报告中的影响因素类型

影响因素类型	20届大会(1996年)	22届大会(1998年)	23届大会(1999年)	24届大会(2000年)	25届大会(2001年)	26届大会(2002年)	27届大会(2003年)	28届大会(2004年)	29届大会(2005年)	31届大会(2007年)	33届大会(2009年)	35届大会(2011年)	37届大会(2013年)	38届大会(2014年)	40届大会(2016年)	42届大会(2018年)	44届大会(2021年)
对遗产的蓄意破坏	√	√	√	√	√	√	√							√	√	√	√
住宅	√	√	√	√	√	√	√							√	√	√	√
游客膳宿及相关基础设施	√	√	√	√	√	√	√		√	√		√		√	√	√	√
管理活动	√	√	√	√	√	√	√	√		√							
管理体制/管理计划	√	√	√	√	√	√	√	√					√	√	√	√	√
相对湿度	√	√	√	√	√	√	√			√							
仪式/宗教利用和相关利用	√	√	√	√	√	√	√										
水（雨水/地下水）					√	√	√			√		√					
旅游/参观					√		√										
娱乐的影响								√									
传统生活方式和知识体系的变化								√									
解说和参观设施											√						
商业开发														√	√	√	√
地面交通基础设施														√	√	√	√

表 6　"丝绸之路：长安—天山廊道的路网"历次保护状况报告中的影响因素类型

	40 届大会 （2016 年）	41 届大会 （2017 年）	42 届大会 （2018 年）	44 届大会 （2021 年）
地面交通基础设施		√	√	√
住宅		√	√	√
旅游 / 参观 / 娱乐的影响		√	√	√
管理体制 / 管理计划	√	√	√	√
其他：相对脆弱性	√	√	√	√

　　由于"丝绸之路：长安—天山廊道的路网"是跨国系列遗产，中、哈、吉三国中任何一方出现影响遗产保护的因素都会反映在整个遗产项目上。其中关于地面交通基础设施的影响最初源于哈萨克斯坦修建穿越本国遗产的道路。中国充分吸取经验教训，针对西安火车站改扩建工程，根据《操作指南》要求开展了遗产影响评估，但遗憾的是未能获得世界遗产委员会充分肯定。世界遗产委员会认为遗产影响评估应更加前置，提前到开工前，甚至提前到方案设计和规划阶段。这为日后开展此类工作时，能够更加合理地设置时间节点，提供了宝贵经验。

　　在工作机制方面，"丝绸之路：长安—天山廊道的路网"受到了世界遗产委员会表扬。通过丝绸之路世界遗产提名政府间协调委员会、跨国协调秘书处——国际古迹遗址理事会西安国际保护中心和中国世界文化遗产监测中心，中国各遗产所在省市以及中、哈、吉三国开展了卓有成效的信息管理和能力建设活动。特别是 2019 年，中、哈、吉三国首次联合编制保护状况报告，2020 年，三国又共同编制了第三轮定期报告。世界遗产委员会鼓励继续深化这种协调机制，同时也鼓励三国加强与国际自然与文化遗产空间技术中心、国际中亚研究所等教科文组织二类中心的合作，使用新技术加强遗产监测。

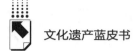

4. 中国结束第四个世界遗产委员国任期

2017 年 11 月 14 日，中国在《世界遗产公约》缔约国大会第 21 次会议上高票当选世界遗产委员会委员，任期为 2018~2021 年。这是中国加入《世界遗产公约》以来第四次担任委员国。

在本次世界遗产委员国任期内，中国展现出积极的姿态和专业的能力，不仅对于国际理念的理解和应用愈发娴熟，而且广泛且深入地参与世界遗产趋势性议题的讨论并达成共识，在世界遗产全球战略、"文化—自然融合实践"、非洲优先、能力建设等诸多方面做出积极贡献，在历届大会期间积极举办主题边会和学术论坛。

第 44 届世界遗产委员会会议的成功举办标志着中国本次世界遗产委员国任期圆满收官，大会期间通过的《福州宣言》既是对世界遗产近些年国际趋势的全面总结，也是"构建人类命运共同体"中国智慧的国际表达。但值得注意的是，中国在世界遗产国际议事中仍以参与既有议题为主，"附议"多于"创新"，如何引领世界遗产在类型和理念、体制机制运转和保护管理实践方面做出突破将是未来努力探索的方向。

（四）预备名单项目培育工作持续推进

2021 年，预备名单项目培育工作持续推进。普洱景迈山古茶林文化景观已基本完成申遗前的筹备工作，正等待迎接国际专家考察。北京中轴线、海上丝绸之路·中国史迹、万里茶道等申遗项目取得新进展。此外，二里头遗址、河姆渡遗址等也在积极谋划加入《中国世界文化遗产预备名单》。

1. 北京中轴线

北京中轴线是北京旧城内最具有代表性、最重要的一个剖面，是北京旧城严谨对称空间格局的核心所在，是其丰富壮美的空间秩序的集中体现，是中国古代都城规划设计经过数千年演变发展成熟的集大成者和保存最完整的最典型实例。

（1）"城市历史景观保护与可持续发展"主题边会顺利召开

2021 年 7 月 18 日，国家文物局和北京市人民政府在第 44 届世界遗产委员会会议期间共同主办"城市历史景观保护与可持续发展"主题边场会议。

国家文物局局长李群指出，希望借此机会提升公众对于历史城市遗产保护的关注，促进经验分享，共商历史城市保护与可持续发展，推动国际合作[①]。

北京中轴线申遗文本编制团队负责人吕舟教授介绍称，北京中轴线申遗为城市历史景观保护提供可借鉴的"北京模式"。北京中轴线的保护范围纵贯整个老城区，这需要保护老城整体，控制视廊、管控整个城市的建筑高度，通过老城保护促进城市环境品质提升，改善市民生活水平。

（2）北京中轴线申遗新进展

2021 年北京发布《北京市"十四五"时期文物博物馆事业发展规划》，其中将"推动中轴线申遗保护工作取得新进展"作为一项主要任务。要求中轴线申遗取得重大突破、中轴线遗产保护水平持续提升、老城整体保护取得实效。以《北京中轴线申遗保护三年行动计划（2020 年 7 月—2023 年 6 月）》为抓手，推进北京中轴线申遗和保护工作。以建设遗产监测保护平台为重点，全面推动中轴线保护管理迈上新台阶。以北京中轴线申遗保护为契机，努力推动老城整体保护与复兴。具体任务包括万宁桥修缮及环境综合整治、正阳门城楼修缮展示、先农坛腾退利用、国立蒙藏学校旧址活化利用、搭建中轴线遗产监测保护平台、落实"城市会客厅"计划等[②]。本年度北京市人民代表大会公布《北京历史文化名城保护条例》，其中也提及将对以"传统中轴线和长安街"为重点的历史传统风貌和空间格局加以保护[③]。

---

① 韦衍行：《世遗大会"城市历史景观保护与可持续发展"边会聚焦"北京中轴线"申遗》，人民网，2021 年 7 月 18 日，http://ent.people.com.cn/n1/2021/0718/c1012-32161152.html，最后检索时间：2022 年 12 月 29 日。

② 北京市文物局：《北京市文物局关于印发〈北京市"十四五"时期文物博物馆事业发展规划〉的通知》，北京市文物局网站，2021 年 11 月 29 日，http://wwj.beijing.gov.cn/bjww/362690/362731/gfxwj/11157686/index.html，最后检索时间：2022 年 12 月 29 日。

③ 北京市人民政府：《北京历史文化名城保护条例》，北京市文物局网站，2021 年 8 月 4 日，http://wwj.beijing.gov.cn/bjww/362690/362731/flfg33/11036759/index.html，最后检索时间：2022 年 12 月 29 日。

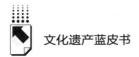

2021年，旧鼓楼大街环境品质提升项目基本完成，完成了沿街立面保护提升、重塑了公共空间秩序、整治了交通秩序，效果显著①。世界遗产中心也已对北京中轴线申遗文本进行格式审查，文本编制团队根据反馈意见对文本进行了局部修改。

2. 海上丝绸之路·中国史迹

海上丝绸之路是公元前2世纪至公元19世纪中后期，古代人们借助季风与洋流等自然条件，利用传统航海技术沟通世界中低纬度主要海域及沿海地带的海路网络，见证了人类依托海洋走向整体的文明历程，孕育了向海而生、多元共处的海洋文化传统，留下了丰富的文化遗产。

（1）"海上丝绸之路遗产的保护与研究"主题边会顺利召开

2021年7月18日，国家文物局在第44届世界遗产委员会会议期间主办"海上丝绸之路遗产的保护与研究"主题边场会议。

国家文物局副局长宋新潮指出，海上丝绸之路是人类不同文化互动和共存的见证与延续，中国将与国际组织和海丝沿线国家密切合作，共同做好海丝的保护，开展主题研究，探讨跨国联合申遗策略。世界遗产中心亚太部主任景峰回顾了联合国框架下丝绸之路项目的历史渊源以及数十年来各国协同保护的成果。国际古迹遗址理事会主席特蕾莎·帕特里西奥（Teresa Patricio）则进一步指出，海上丝绸之路申遗需要在对话、尊重、理解的基础上，制定总体战略，明确时空框架，厘清各遗产点的价值和彼此的联系。

来自国家文物局、中国文化遗产研究院、中国古迹遗址保护协会，以及海上丝绸之路保护和联合申报世界文化遗产城市联盟（以下简称"海丝联盟"）的代表共50余人在福州海峡国际会展中心线下参会。国际古迹遗址理事会各国家委员会代表、海丝沿线国家代表，以及国内外海丝相关研究专家在线上参加了会议。为宣传海上丝绸之路，会场还举办了海丝遗产图片展，介绍了海丝联盟城市的遗产简况②。

---

① 张景华：《北京旧鼓楼大街完成环境品质提升》，《光明日报》2021年12月18日，第4版。
② 赵昀、徐秀丽：《第44届世界遗产大会"海上丝绸之路遗产的保护与研究"边会在福州举办》，《中国文物报》2021年7月20日，第2版。

（2）海上丝绸之路"联合申遗三年总体行动计划"落实情况

2018 年，由广州市、南京市、宁波市共同发起，各海丝申遗城市携手成立海丝联盟。为进一步规范海丝史迹的保护研究、展示利用、监测管理、宣传推广和合作交流等工作，根据国家文物局总体部署，海丝联盟在 2019 年的联席会议上审议通过了《海上丝绸之路保护和联合申报世界文化遗产三年行动计划（2019—2021 年）》。该行动计划从建立健全申遗管理协调机制、不断提升海丝史迹保护水平、持续拓展海丝文化合作交流三方面制定了 17 项任务。截至 2021 年，海丝联盟各成员单位分别从各自层面落实了该行动计划的要求。

体制机制建设方面，广州作为海丝联盟牵头城市，在过去 3 年间定期筹备召开机制性联席会议；保护管理方面，广州、宁波、南京颁布了海上丝绸之路史迹专项保护管理法规，广州和福州分别编制了管理规划和申遗总体方案，广州和宁波开展了遗产本体保护和环境整治工作；研究方面，包括广州、南京、福州在内的多个海丝联盟城市成立了研究中心，宁波、连云港和澳门组织开展了海上丝绸之路遗产价值专题研究，长沙和北海开展了一系列考古调查和发掘；监测方面，广州、北海、宁波、福州建立了监测系统或制定了巡查制度；展示宣传方面，广州、汕头、江门、宁波、北海通过举办展览、开展国际交流合作、推进文旅融合和遗产活化利用、举办论坛和节庆活动等方式宣传海丝文化。

3. 万里茶道

万里茶道是 17 世纪末至 20 世纪初中俄之间以茶叶为大宗贸易商品的贸易路线。该路线起点位于中国南方的茶叶产区，经由水路和陆路北上，穿越中国数省市，至古代中俄边境口岸恰克图，而后辗转销往欧洲及沿途各地，展现了茶叶成为全球性商品的重要世界贸易阶段。

2021 年 12 月 15~16 日，由湖北省文化和旅游厅、安徽省文化和旅游厅、武汉市文化和旅游局、万里茶道联合申报世界文化遗产办公室联合主办的"万里茶道世界文化遗产价值和申遗策略研讨会暨申遗工作推进会"在北京和安徽祁门采用线上＋线下的方式召开。会上，黄山市正式加入万里茶道申遗城市联盟。

与会代表围绕 17~20 世纪中俄贸易的社会背景、经济系统、城乡体系、商人群体、文化交流，以及万里茶道遗产申报策略等研究方向和要点进行了讨论。[①]

（五）中国与亚洲国家的文化遗产国际合作成果丰硕

1. 亚洲文化遗产保护对话会召开

2021 年 10 月 27~28 日，亚洲文化遗产保护对话会在京召开。会议以"增进文明对话、共塑亚洲未来"为主题，包括联合国教科文组织在内的多个国际组织高级别代表、亚洲各国文化部部长和驻华使节、多国专家学者出席会议。与会代表围绕文化遗产促进亚洲可持续发展、文化遗产助力亚洲文明交流互鉴、文化遗产应对亚洲未来挑战等议题进行了深入交流。

亚洲文化遗产保护联盟的成立是本次会议重要成果之一，这是亚洲文化遗产领域的首个国际合作机制。为配合亚洲文化遗产保护联盟的落地，大会还成立了亚洲文化遗产保护基金，用于资助亚洲文化遗产的保护、研究、联合考古和展示利用等工作；启动"亚洲文化遗产保护青年大使"计划，培养文化遗产保护的青年力量。会议发布了《关于共同开展亚洲文化遗产保护行动的倡议》，提出构建亚洲命运共同体，守护文明成果、推动交流互鉴、凝聚发展共识、激发创新活力，以文化遗产共塑亚洲未来[②]。

亚洲文化遗产受到城市发展、自然灾害、武装冲突等诸多挑战，有些文化遗产甚至惨遭劫难，在全球列入《濒危世界遗产名录》的世界文化遗产中，约 50% 位于亚洲[③]。亚洲文化遗产保护联盟的成立为亚洲各国在世界遗产领域开展务实合作、应对共同挑战、实现协同发展提供了新的平台。

[①] 万里茶道联合申报世界文化遗产办公室：《"万里茶道世界文化遗产价值和申遗策略研讨会暨申遗工作推进会"在北京和安徽祁门顺利召开》，万里茶道联合申报世界文化遗产办公室门户网站，2021 年 12 月 20 日，http://www.greattearoute.com/index.php/index/index/newsdetail?id=123&pcateid=3&cateid=13，最后检索时间：2022 年 12 月 29 日。

[②] 中国文化遗产研究院：《亚洲文化遗产保护对话会在京召开》，中国文化遗产研究院网站，2021 年 11 月 19 日，http://www.cach.org.cn/tabid/67/InfoID/2689/frtid/41/Default.aspx，最后检索时间：2022 年 12 月 29 日。

[③] 赵晓霞：《亚洲各国携手探索保护文化遗产》，《人民日报》（海外版）2021 年 11 月 1 日，第 11 版。

2. 援外文物保护国际合作持续开展

援外文物保护国际合作是中国援外事业的重要组成部分。1949~1989 年，我国援外文物保护工作坚持"引进来"和"走出去"相结合，但派出的人员和项目的规模相对有限。而从 20 世纪末至今，我国的文物保护水平不断提高，已经从受援国成长为走出国门的施援国，积极开展国际技术交流，平等互利、共同发展。特别是从 21 世纪初至今，援外文物保护工程持续推进，涉及国别增多，尤其以在亚洲国家取得的成绩最为突出，经费投入加大，国际影响力扩大，项目实施地包括受到国际社会广泛关注的吴哥古迹、加德满都谷地、柏威夏寺、蒲甘等世界遗产[1]。

二 世界文化遗产国际形势

（一）《操作指南》更新

2021 年，世界遗产委员会对《操作指南》进行了修订，其中变动最大的内容在于特殊类型遗产定义的变化和申报程序的细化。

1. 新增预评估制度

近年来，各缔约国对于世界遗产申报的热情不断增长，但部分国家对世界遗产关键概念和申报要求的理解不准确，导致申报项目质量不高，世界遗产委员会、缔约国与咨询机构之间频频出现意见分歧，极大地影响了世界遗产委员会的工作效率。为增强缔约国与咨询机构之间的沟通，确保《世界遗产名录》的代表性和公信力，避免缔约国在明显不具备突出普遍价值的申报项目上浪费资源和时间，新版《操作指南》将现有的世界遗产评估扩展为"两阶段"程序，在正式评估前增加预评估环节。

预评估程序具体的操作模式为，缔约国在正式提交申遗文本前，先提交"预评估申报书"，经咨询机构完成为期 1 年的审核后，再根据预评估意见启动正式申报流程。

---

[1] 刘志娟、王元林:《中国援外文物保护国际合作纪实》,《中国文化遗产》2020 年第 5 期,第 4~11 页。

预评估环节包括以下关键时间节点：

（1）每个缔约国每年9月15日前向世界遗产中心提交预评估项目，数量不超过1项；

（2）每年提交审核的预评估项目总共不超过35项，其优先级别与现有优先级别一致；

（3）咨询机构将在第2年的10月1日前反馈预评估结果，即该项目是否具备潜在突出普遍价值的评估意见。

无论评估结果如何，都不影响该项目被正式提名，但如果该项目进入正式申报程序，预评估结果将作为附件，供世界遗产委员会参考。预评估结果的有效期为5年，如果超过5年没有正式进入申报程序，则需重新开展预评估。

预评估结果至少形成满1年后，该项目才能正式提交申请，因此引入预评估机制后，一个项目的申遗时间表将变更为：

（1）第一年9月15日前，提交预评估申请；

（2）第二年10月1日前，收到咨询机构反馈；

（3）第三年9月30日前，提交申报文本并接受形式审查；

（4）第四年2月1日前，提交正式的申报文本；

（5）第四年3月1日至第五年5月，咨询机构专家现场考察和评估；

（6）第五年6月或7月，世界遗产委员会会议审议。

目前尚处在预评估机制正式实施前的过渡期，各缔约国可自主选择是否接受预评估，而自2027年2月1日起，所有新申报项目都需要接受预评估①。

2. 遗产类型的表述发生变化

《世界遗产公约》诞生之初对于文化遗产的分类仅有文物、建筑群、遗址三类。随着各国在遗产申报管理实践中形成新认知，以及学界对于遗产概念的不断探究求索，在后续的《操作指南》修订中，文化景观、文化线路、遗产运河等特殊类型遗产陆续出现。这些特殊类型遗产的出现丰富

---

① WHC, "Revision of the Operational Guidelines", 2021, accessed on 29 December 2022, https://whc.unesco.org/en/decisions/7634/.

了世界遗产的内涵，拓展了其外延，对于落实世界遗产全球战略做出了积极贡献。

而在全球战略的长期推动下，《世界遗产名录》中特殊类型文化遗产的数量已经达到全部文化遗产数量的一半[①]，曾经的特殊类型遗产如今已不再特殊。因此，在本次《操作指南》的修订中，除文化景观外，其他特殊类型遗产的相关表述均被删去。关于文化景观的表述得以保留，一方面是因为它已经成为近几年新申报遗产项目的热门类型，在 2012~2021 年列入《世界遗产名录》的项目中，文化景观有 42 项，占近期成功列入的文化和混合遗产的 22.3%[②]；另一方面，也得益于文化景观对于实现文化—自然融合的贡献作用。

（二）国际趋势性议题持续深化

1. 疫情下的世界遗产

2021 年，新冠疫情持续影响全球，尽管部分国家宣布取消防疫措施，但实际感染人数仍居高不下。2021 年 5 月，联合国教科文组织发布《新冠疫情下的世界遗产》，报告指出新冠疫情带给世界遗产的影响或将持续数年。

截至 2022 年 3 月，全球 167 个拥有世界遗产的缔约国中，114 个缔约国的世界遗产地已恢复开放，占比约 68%；但仍有 31 个缔约国的世界遗产地部分关闭，占比 19%；有 22 个缔约国的世界遗产地完全关闭，占比约 13%，它们大多是亚太地区的缔约国[③]。值得关注的是，这些完全关闭的世界遗产地至少自 2021 年 8 月以来就再未开放，有些甚至自 2020 年疫情开始以来就再未开放，可见疫情已经严重影响这些世界遗产地的正常运转（见图 1、图 2）。

[①] 截至 2021 年，《世界遗产名录》中文化景观占 12%、历史城镇和城镇中心占 36%、文化线路占 1%、遗产运河占 1%。

[②] 孙燕、解立：《浅议 2021 年版〈实施《世界遗产公约》操作指南〉修订》，《自然与文化遗产研究》2022 年第 2 期，第 6~18 页。

[③] WHC，"Monitoring World Heritage Site Closures"，2022-03-03，accessed on 29 December 2022，https://whc.unesco.org/en/news/2103.

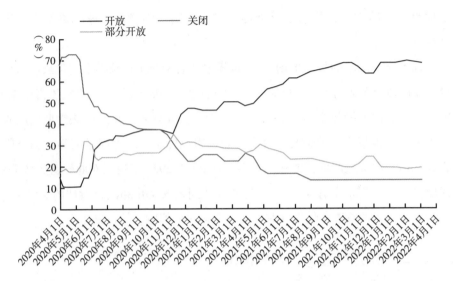

图1　2020年4月1日~2022年4月1日全球世界遗产地开放情况走势

资料来源：联合国教科文组织世界遗产中心。

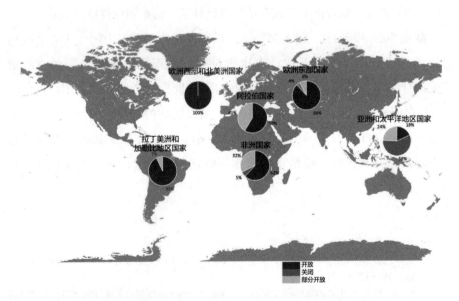

图2　全球世界遗产地开放情况（2022年5月2日统计数据）

资料来源：联合国教科文组织世界遗产中心。

另据世界旅游组织（UNWTO）的统计数据，以 2019 年疫情暴发前的旅客数据作为基数，2020 年全球国际旅客量呈现断崖式下跌。相比之下，2021年美洲和欧洲的国际旅客量呈小幅回升态势，但非洲、亚太地区、中东地区的国际旅客量仍在进一步缩水，其中尤以亚太地区和非洲降幅最大，这与世界遗产地关闭情况的趋势性数据相吻合（见图 3）。说明疫情对于亚太地区和非洲的冲击尤为明显。

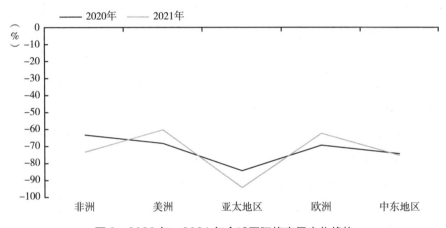

图 3　2020 年、2021 年全球国际旅客量变化趋势

资料来源：根据世界旅游组织数据绘制。

根据联合国教科文组织的问卷调查结果，受访的世界遗产地中有 78% 认为受到疫情负面影响，疫情给监测、管理、保护和维护造成了困难，甚至使遗产用途发生改变。调查结果显示，受疫情影响，全球世界遗产地门票收入平均下降 52%；全球约 30% 依靠公共财政资金的世界遗产地出现预算下降的情况，降幅达到 50%~90%；全球约 13% 的世界遗产地裁减了长期雇员，全球约 27% 的世界遗产地裁减了短期雇员 [1]。

面对疫情的持续影响，国际古迹遗址理事会建议加强研究，寻找提升遗

---

① UNESCO, "World Heritage in the Face of COVID-19", 2021, accessed on 29 December 2022, https://whc.unesco.org/document/187932.

产复原力的举措，在"新常态"下重新审视遗产更高效的利用方式并尽量降低疫情对遗产参与者的不利影响。国际古迹遗址理事会还提出，为了让公众更容易获取遗产资源和使用遗产，需要建立有关遗产开放情况的准确信息源、充分利用数字工具和平台、多元化使用室外空间、对绿化用地加以利用、为社区创造更多经济效益、鼓励各利益相关方参与 [1]。

2021年，亚太地区刚刚结束第三轮定期报告的问卷填报工作。此后，各缔约国代表基于问卷结果讨论了亚太地区世界遗产未来几年的行动计划，与会代表认为应将"疫情后的恢复计划"作为一个子目标纳入《行动计划》。

2. 遗产与可持续发展目标

距离联合国"2030年可持续发展议程 [2]"提出和《将可持续发展愿景融入〈世界遗产公约〉进程的政策文件》发布已过去5年多的时间，但国际古迹遗址理事会认为，为了发挥文化和自然遗产、物质和非物质遗产对于可持续发展目标的贡献作用，仍需进一步密切二者之间的联系。为此，国际古迹遗址理事会于2021年出台了《遗产与可持续发展目标：遗产与发展者政策指南》 [3]。

该政策指南将可持续发展目标分解为五个维度（5P原则）：人类（People）、地球（Planet）、繁荣（Prosperity）、和平（Peace）与合作（Partnerships），以期利用遗产推动可持续发展目标的达成。具体表现为：

（1）借助遗产传递知识和资源，从而造福人类，对应可持续发展目标1、2、3、4、5、6、11；

（2）借助文化—自然融合与基于文化景观的路径，从而使地球保持良好

---

[1] ICOMOS, "The Impact of COVID-19 on Heritage: An Overview of Responses by ICOMOS National Committees (2020) and Paths Forward", 2020, accessed on 29 December 2022, http://openarchive.icomos.org/2415/1/ICOMOS_COVID-19_Taskforce_Report.pdf.

[2] 《2030年可持续发展议程》包括17项可持续发展目标（SDGs），分别为：1. 无贫穷，2. 零饥饿，3. 良好的健康与福祉，4. 优质教育，5. 性别平等，6. 清洁饮水和卫生设施，7. 经济适用的清洁能源，8. 体面工作和经济增长，9. 产业、创新和基础设施，10. 减少不平等，11. 可持续城市和社区，12. 负责任的生产和消费，13. 气候行动，14. 水下生命，15. 陆地生命，16. 和平、正义和强大机构，17. 促进目标实现的伙伴关系。

[3] ICOMOS, "Heritage and the Sustainable Development Goals: Policy Guidance for Heritage and Development Actors", 2021-05-06, accessed on 29 December 2022, https://openarchive.icomos.org/id/eprint/2453/.

状态，对应可持续发展目标 6、7、11、13、14、15；

（3）借助内化于遗产中的可共享的资源，从而实现社区繁荣，对应可持续发展目标 5、8、9、11、12、14；

（4）借助遗产凝聚社会、促进对话的力量，从而实现不同社会间的和平相处，对应可持续发展目标 10、11、16；

（5）借助遗产的媒介作用和遗产联系社会生活方方面面的特质，从而创造合作机会，对应可持续发展目标 11、17。

在此基础上，国际文化财产保护与修复研究中心发布了 OCM 工具包[1]，整合出版物资源，帮助遗产工作者更好地理解 5P 原则，并以此为基础，服务可持续发展目标。

3. "文化—自然融合实践"的成果及展望

为弥合文化与自然之间的区隔，国际古迹遗址理事会和世界自然保护联盟自 2013 年起联合发起"文化—自然融合实践"项目。2019 年，三期融合实践项目全部结束。2021 年，国际古迹遗址理事会和世界自然保护联盟发布了第三期"文化—自然融合实践"的报告。

我国的红河哈尼梯田文化景观是入选第三期"文化—自然融合实践"的四处遗产地之一。红河哈尼梯田文化景观森林、村寨、梯田、水系的"四素同构"要素明晰，非物质的习俗和传统得到良好传承并融入日常生产生活，林业、农业、水利、文化等部门协同开展保护管理工作，当地民众充分参与遗产治理。参与调研的国际专家认为，红河哈尼梯田文化景观已经实现了文化—自然的充分融合。

"文化—自然融合实践"的意义在于加强已列入《世界遗产名录》的遗产地与世界遗产体系和咨询机构之间的联系，引入国际专家的力量，识别遗产价值特征、关键要素和运行机制，寻找文化与自然协同发展的保护利用模式。报告认为，除了世界遗产体系本身，遗产地还可充分利用其他身份体系促进文化—自然融合，譬如联合国粮农组织的"全球重要农业文化遗产系统"

---

[1] ICCROM, "Our Collections Matter Toolkit", accessed on 29 December 2022, https://ocm.iccrom.org/.

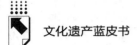

（GIAHS）。尽管三期融合实践已经结束，但报告指出，未来仍需着重开展以下工作，以实现融合实践成果的细化和延续：

（1）开发关于文化—自然融合的教学活动和能力建设活动；

（2）强化遗产地间的联系；

（3）制定工具和指南性文件[①]。

虽然文化—自然融合提出的时间不长，但其本质并不是一个全新的概念，它的提出主要是为了解决世界遗产语境下文化和自然长期分离、国际古迹遗址理事会和世界自然保护联盟评价标准和话语体系不同的问题。融合实践的成果可以为我国世界遗产工作提供一定参考。

2021年12月，国家文物局和国家林业和草原局共同签署《关于加强世界遗产保护传承利用合作协议》，此举将从国家层面有效推动文化与自然遗产在申报、管理和国际合作等方面的融合协作[②]。

（三）世界遗产申报项目的热点趋势

1. 欧洲跨国联合申报成绩斐然

在2019年第43届世界遗产委员会会议结束后，中国以55项世界遗产的总数（与意大利并列）成为全球拥有世界遗产数量最多的国家。然而这一地位仅保持两年，而后便在2021年第44届世界遗产委员会会议期间被意大利再度反超。导致这一结果的原因有二。第一，推迟举办的第44届世界遗产委员会会议集中审议了两年的申报项目。由于国际旅行限制，中国的"巴丹吉林沙漠—沙山湖泊群"未能接受国际专家考察，因而上会审议的只有"泉州：宋元中国的世界海洋商贸中心"一项。而意大利充分利用两年的名额申报了"博洛尼亚的拱廊"和"帕多瓦14世纪壁画群"两个项目。第二，2016

---

① ICOMOS, "Connecting Practice - Phase III: Final Report", 2021-05-21, accessed on 29 December 2022, https://www.icomos.org/en/home-wh/92729-connecting-practice-phase-iii-final-report-available.

② 国家文物局：《国家文物局与国家林业和草原局签署战略合作协议》，国家文物局网站，2021年12月17日，http://www.ncha.gov.cn/art/2021/12/17/art_722_172375.html，最后检索时间：2022年12月29日。

年第 40 届世界遗产委员会会议通过的第 40COM11 号决议为落实"全球战略"
而实施了新规,即自 2018 年 2 月 2 日起,每个缔约国每年只能申报一项遗产。
但对于跨国联合申报,世界遗产委员会不但没有限制,反而采取鼓励的态度。
如此一来仅占用一国名额,却能让多国新增世界遗产。意大利除了单独申报
的两个项目外,还与奥地利、比利时、捷克、法国、德国和英国共同申报了
"欧洲温泉疗养胜地"。

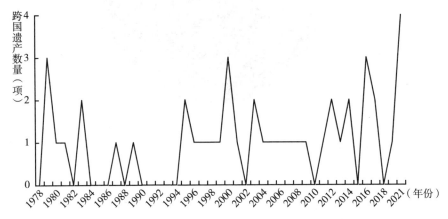

图 4　新列入《世界遗产名录》的跨国遗产年际变化

资料来源:根据联合国教科文组织世界遗产中心《世界遗产名录》数据自绘。

　　跨国联合申遗并非新鲜事物,只是在申遗政策收紧后获得更加广泛的关
注和重视。截至 2022 年,在全球范围内,欧洲和北美地区拥有的跨国遗产数
量最多,占到全部跨国遗产的约 68%(见图 5)。这与该地理文化区,尤其是
欧洲所奉行的文化政策有关,地理文化区内的缔约国互相借力,共同构建区
域的历史文化叙事。2021 年,国际古迹遗址理事会的 18 个欧洲国家委员会甚
至联合编写了《国际古迹遗址理事会欧洲倡议:关于分享欧洲跨国系列提名
经验的报告》[①],总结跨国遗产申报管理的经验心得,展望前路。

① ICOMOS, "ICOMOS EUROPE INITIATIVE – Sharing experience on Transnational Serial
Nominations in Europe", 2021-06-08, accessed on 29 December 2022, https://www.icomos.
org/images/DOCUMENTS/World_Heritage/ICOMOS_Europe_initiative_Sharing_experience_on_
ransnational_Serial_Nominations_in_Europe.pdf.

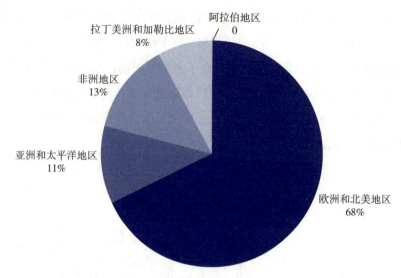

图5 跨国遗产分布情况（截至 2022 年 12 月）

资料来源：根据联合国教科文组织世界遗产中心《世界遗产名录》数据自绘。

2. 国际古迹遗址理事会发布"20 世纪遗产"主题框架

2021 年，共有 5 项"20 世纪遗产"新列入《世界遗产名录》，分别为："伊朗纵贯铁路""卢布尔雅那的约热·普列赤涅克作品——以人为本的城市设计""工程师埃拉蒂奥·迪埃斯特的作品：阿特兰蒂达教堂""罗伯托·布雷·马克思庄园""达姆施塔特的玛蒂尔德高地"，类型多样，囊括了建筑单体、园林、城市中心、工业遗产等。

"20 世纪遗产"顾名思义，主要指 20 世纪形成的文化遗产，部分遗产的上限可拓展至 19 世纪末，与广义上的"近代遗产"存在一定重合。近年来，国际学界对于"20 世纪遗产"的兴趣与日俱增，越来越多的缔约国也表现出将"20 世纪遗产"申报世界遗产的兴趣。但与此同时，许多"20 世纪遗产"的价值仍未得到识别和接受，遗产遭受破坏的情况时有发生。

为了更好地理解"20 世纪遗产"的价值，国际古迹遗址理事会"20 世纪遗产"科学委员会与盖蒂保护研究所联合开展主题研究，并于 2021 年发布了

《20世纪的历史主题框架：遗产地评估工具》[①]，在其中将"20世纪遗产"划分出10大主题：快速城市化和大型城市发展；科学和技术的加速发展；机械化和工业化的农业活动、全球贸易与合作；交通系统和大众传媒；国际化、新兴单一民族国家形成和人权运动；保护自然环境、建筑和景观；大众文化和旅游；宗教、教育和文化机构；战争及其后果。

（四）"利物浦海事商城"因保护管理不力被除名

2021年第44届世界遗产委员会会议期间，经过无记名投票，英国的"利物浦海事商城"以13票赞成、5票反对的结果，从《世界遗产名录》中除名，成为继阿曼阿拉伯羚羊保护区和德国德累斯顿的易北河谷之后，第三个被除名的世界遗产。

"利物浦海事商城"因其独特的历史地位和船坞技术，于2004年列入《世界遗产名录》。然而自2012年起，利物浦着手大规模开发老船坞区，世界遗产委员会和咨询机构认为，此举将破坏遗产的真实性和完整性。但利物浦并未采取任何补救措施，甚至在被列入《濒危世界遗产名录》后仍变本加厉，计划在遗产区内建设埃弗顿新球场，最终导致利物浦海事商城的景观和天际线遭到不可逆转的破坏。

尽管英国政府对于除名决定表示"极度失望"，但已经做出的决定无法挽回。该事件再度给其他缔约国敲响了警钟，遗产列入《世界遗产名录》并非一劳永逸，申遗成功后的保护管理仍需久久为功。

（五）世界遗产管理能力建设

1.《中国世界遗产能力建设手册》发布

2021年10月，联合国教科文组织驻华代表处发布了全套共六册的《中国世界遗产能力建设手册》。该套手册是联合国教科文组织"中国世界遗

[①] Getty Conservation Institute, "THE TWENTIETH-CENTURY HISTORIC THEMATIC FRAMEWORK-A Tool for Assessing Heritage Places", 2021, accessed on 29 December 2022, http://openarchive. icomos.org/id/eprint/2432/1/twentieth_century_historic_thematic_framework.pdf.

产地保护和管理项目第三期（2017—2021）"框架下的成果，旨在帮助中国的遗产保护管理者理解适合中国实际情况的世界遗产前沿理念并提供参考案例。

第一册《世界遗产概述》介绍了世界遗产的诞生、运行机制、相关概念，理解世界遗产的视角，以及中国加入《世界遗产公约》的历程及成就。第二册《世界遗产的价值研究与申报》阐述了世界遗产的价值研究、申报世界遗产所需开展的工作和具体流程。第三册《世界文化遗产的保护管理与监测》阐述了中国的世界文化遗产保护管理体系、监测与风险管理工作要求等内容。第四册《世界自然遗产的保护管理与监测》阐述了自然遗产的价值识别、保护、管理、规划和监测等内容。第五册《世界遗产地可持续旅游管理》探究了如何高效、可持续地管理作为重要旅游目的地的世界遗产地。第六册《遗产保护助力可持续发展》介绍了国际与国内遗产保护和可持续发展的相关政策，以案例的形式总结了文化在消除贫困、促进性别平等、促进经济增长和就业、提升世界遗产地复原力、推动乡村振兴中的巨大潜力 [1]。

2. 文化遗产管理技能框架

随着文化遗产定义日益宽泛、文化遗产所面临的影响因素日趋复杂多样、文化遗产对于实现可持续发展目标的助益作用得到强调，对于遗产工作者所需具备的技能要求也越来越高。为此，联合国教科文组织自 2018 年启动了遗产保护管理机构工作人员能力框架的相关研究，并于 2021 年发布了《文化遗产管理技能框架》。

《文化遗产管理技能框架》旨在系统梳理文化遗产保护管理工作者所需的各项能力和知识，从而设计有针对性的能力建设培训方案，建立健全职业资格体系。该文件从技术工作者、中层管理者、高层管理者、决策者四个层次出发，分析了这四种群体应具备的能力和技能。这些技能具体表现在以下 4 个方面。

---

① 联合国教科文组织:《联合国教科文组织〈中国世界遗产地能力建设手册〉发布》，中国世界文化遗产中心门户网站，2021 年 10 月 18 日，https://www.wochmoc.org.cn/contents/32/951.html，最后检索时间：2022 年 12 月 29 日。

（1）核心能力：执行法律法规，遗产政策、原则、程序和伦理，社区、权利和知识，遗产教育和阐释，可持续发展。

（2）管理能力：机构治理、遗产规划和战略管理，人力资本管理，资金和运行管理，信息管理与行政，沟通与协作。

（3）个人能力：基本能力，高级能力。

（4）专业技术能力：人类学，考古学，建筑学，建造技术，发展策划，工程设计，景观建筑，非物质文化遗产，材料保护，博物馆学，城市规划等[①]。

三 总结与建议

2021 年，持续的新冠疫情和日益频发的极端自然灾害令本已持续退化的全球治理呈现更加碎片化的趋势。随着保护主义抬头，国家间互信关系动摇，国际格局正发生微妙变化，出现了各缔约国面对全球性议题时因彼此利益不同而难以达成广泛共识的情况。

针对这一问题，世界遗产委员会积极采取措施加以应对，具体表现为通过修订《操作指南》，提升世界遗产体制机制建设，以及利用世界遗产委员会会议、缔约国会议、咨询机构年会、主题边会等契机不断推动研究的深入和共识的达成。运行机制建设层面，在申遗项目"一年一项"数量限制的基础上增加了预评估机制，以期提高新申报项目的科学性，减少政治因素对世界遗产申报工作的干扰。国际共识达成层面，气候变化、文化—自然融合、疫情下的文化复原力、非洲优先等成为世界遗产委员会频频讨论的热点话题。

2021 年，中国刚刚完成世界遗产委员会的第四个委员国任期，较之此前

---

① 清源文化遗产：《世界遗产地管理工具 | 文化遗产管理能力框架：遗产实践者核心技能与知识指南》，转引自 UNESCO, "Competence Framework for Cultural Heritage Management – A Guide to the Essential Skills and Knowledge for Heritage Practitioners", UNESDOC, 2021, https://unesdoc.unesco.org/ark:/48223/pf0000379275/PDF/379275eng.pdf.multi，最后检索时间：2022 年 12 月 29 日。

三个任期的表现，中国在过去 5 年中对于世界遗产规则的理解和应用更加娴熟，遗产保护状况总体良好，参与世界遗产事务更加积极，深度参与"亚洲茶景观主题研究"、成功举办第 44 届世界遗产大会和发起地区性的文化遗产保护联盟都是很好的证明。但与此同时，我们也应关注到中国在参与世界遗产议事和申报管理实践中仍存在一些亟待解决的问题。

第一，我国对世界遗产体系的创新性贡献不足，多是基于既有议题的附议，欠缺主动表达自身观点和提出建设性提案的意愿和能力。

第二，面对新冠疫情和气候变化等，遗产保护管理工作所需的技能和知识已超出传统文物保护技术范畴，需要引入更加多元化的知识体系。

第三，我国的世界遗产培育和申报工作机制仍有待理顺，跨国联合申报仍有待加强。

针对这些问题，需要我国更加积极和全面地介入世界遗产工作的各个环节，向国际组织派驻专业技术人员，积极举办和参与国际学术会议，关注并介入酝酿中的新议题，在上游阶段提出中国方案；持续追踪国际热点议题，加强遗产工作者的能力建设，设置有针对性的培训课程，构建多元、专业、务实的知识体系，积极与国际同行共享世界性问题的中国方案；系统清查《中国世界文化遗产预备名单》中的项目，完善准入机制和工作流程，及时更新中国在教科文组织备案的预备名单；借助亚洲文化遗产保护联盟的新平台，开展世界遗产保护、管理、利用等方面的国际合作，培育重点项目，增强人员互访，加强对"20 世纪遗产"的关注，向世界介绍真实全面的古代中国和现代中国。

不论是国际层面的"2030 年可持续发展议程"还是国内层面的"'十四五'规划和 2035 年远景目标纲要"，都展示出对于文化遗产的重视，文化遗产正愈发深入地与其他各领域相融合，发挥着纽带和催化剂的作用。在这样的背景下，如何更好地处理世界遗产与宏观社会经济发展的关系、如何更好地实现国际与国内两套话语体系的衔接，将是未来值得持续关注和深入探讨的重要议题。

参考文献

陈昱阳、孙铁、宋峰:《〈福州宣言〉关切议题的认知衔接与思路转向》,《自然与文化遗产研究》2022 年第 3 期。

李俊融、李静宜:《跨国世界遗产的现况分析与展望》,《中国文化遗产》2022 年第 5 期。

吕舟、燕海鸣、冯辽、梁智尧、李雨馨、李雪、张依萌、王喆、侯文潇、赵云、刘家沂、齐欣:《笔谈:世界遗产中国实践 面向国际语境的可持续发展与互鉴共享愿景》,《中国文化遗产》2022 年第 5 期。

齐欣:《从〈福州宣言〉到〈昆明宣言〉——〈中国世界遗产事业的成功实践〉》,《人民日报》(海外版) 2022 年 8 月 15 日,第 11 版。

齐欣:《为世界遗产下一个 50 年贡献中国智慧》,《人民日报》(海外版) 2022 年 6 月 27 日,第 11 版。

周绮文、庄优波:《第 44 届世界遗产大会自然遗产与气候变化相关议题综述》,《自然与文化遗产研究》2022 年第 3 期。

Colin Long, Anita Smith, "Cultural Heritage and the Global Environmental Crisis", in Sophia Labadi and Colin Long, eds., *Heritage and Globalisation* (Routledge, 2010).

Peter Bugge, "A European Cultural Heritage Reflections on a Concept and a Proggramme", in Robert Shannan Peckham, ed., *Rethinking Heritage: Cultures and Politics in Europe* (Bloomsbury Academic, 2020).

William Logan, Peter Bille, "Policy-making at the World Heritage-sustainable Development Interface: Introductory Remarks", in Peter Bille Larsen and William Logan, eds., *World Heritage and Sustainable Development: New Directions in World Heritage Management* (Routledge, 2018).

B.8
2021 年中国世界文化遗产舆情监测分析报告

张 欣 *

摘 要： 2021 年我国世界文化遗产核心舆情数量为 3 年来最低。受大运河文化保护传承利用工作和大运河国家文化公园建设的推进等影响，大运河舆情数量首次最高；古建筑类及古遗址类遗产关注度依旧不足；公众和媒体最关心的领域依然是宣传展示利用；游客不文明行为仍然是遗产地发生负面舆情的最主要因素。

关键词： 世界文化遗产 舆情监测 舆情处置 负面舆情

一 2021 年度舆情监测总体情况

世界文化遗产舆情是指公众对世界文化遗产相关现象、问题表达的态度、意见和情绪等的总和。随着我国综合国力显著提升，人民群众精神文化需求日趋旺盛，文化遗产尤其是世界文化遗产受到媒体与社会越来越多的关注。人们渴望获得世界文化遗产相关知识和信息，表达自己的看法，希望参与、影响世界文化遗产的保护管理工作。在这一背景下，社会舆论对世界文化遗产保护管理工作的反映与影响也日益增加。因此，舆情监测与跟踪已成为世界文化遗产研究与管理工作的重要组成部分。

舆情监测能够在一定程度上反映世界文化遗产保护管理工作中存在的问

---

* 张欣，中国文化遗产研究院中国世界文化遗产中心（中国世界文化遗产监测中心）工程师，主要研究领域：世界文化遗产保护管理、监测研究等。

题。通过对这些问题进行自我对照、修正，能够促进遗产管理机构提高保护管理水平，更好地塑造世界文化遗产的公共形象和声誉，扩大世界文化遗产的社会影响力。监测世界文化遗产舆情，是管理者了解遗产保护管理工作问题、保障世界文化遗产安全、提升监管和危机处理能力的重要手段。

在此背景下，中国文化遗产研究院中国世界文化遗产中心作为我国世界文化遗产监测和保护管理的国家研究中心，自 2017 年以来通过中国世界文化遗产监测预警总平台（以下简称总平台）对我国世界文化遗产舆情开展了系统的监测工作。监测对象包括：我国全部的世界文化遗产[①]以及文化和自然混合遗产中的文化部分；中国世界文化遗产预备名单上的文化遗产；世界遗产领域重要活动、事件，包括世界遗产大会、世界遗产青年论坛、旅游前沿国际学术研讨会、中国文化遗产保护国际会议、中国世界文化遗产年会等。

监测范围包括平面媒体监测、社交媒体监测、网络媒体监测、广播电视监测。其中，平面媒体监测主要包括覆盖中央及全国 31 个省（区、市）全部的时政、都市类报纸、杂志和境外知名时政都市类报刊等；社交媒体监测，主要包括微博、微信、论坛、博客等新媒体；网络媒体监测，重点监测重要的中央时政类网站、中央新闻单位网站、商业门户网站、主要搜索引擎、各地新闻类网站、各级政府官方网站，以及境外主要的中英文媒体；广播电视监测，主要包括重点广播电视栏目等。监测关键词包括但不限于世界文化遗产相关的关键词，涵盖遗产及要素名称关键词、保护状况关键词、展示利用关键词、影响因素关键词、遗产安全关键词、旅游管理关键词、遗产地当前热点关键词等数十万个。

在确定监测对象和监测范围后，根据采集的舆情信息内容，对其进行分类、情感倾向、热点事件分析、专题分析等标签标引，并将采集的所有舆情数据传输到总平台。生成舆情监测日报、月报、专报及年度分析报告，还包括世界文化遗产领域重要活动预报，并在总平台舆情监测模块、门户网站及监测云 App 上进行数据统计分析和展示。

---

① 截至 2022 年 12 月，我国共有 38 项世界文化遗产、4 项世界文化和自然混合遗产。

通过分析 2021 年舆情监测数据，可知我国世界文化遗产舆情信息主要呈现以下特点。

（一）近4年核心舆情数量持续降低

2021 年，涉及我国世界文化遗产的核心舆情信息 [①]6520 篇，包括全部 42 项遗产。相较上年，2021 年核心舆情信息量减少 1375 篇，下降 17.42%，为近 4 年来舆情核心数量最低的一年。通过 2018~2021 年数据可知，近两年我国世界文化遗产核心舆情数量呈逐渐降低的态势（见图 1）。受国内外形势的影响，新冠疫情防控、国际局势及社会民生等方面的舆情备受媒体和社会关注，世界文化遗产这一"小众"领域的相关讨论量有所下降。

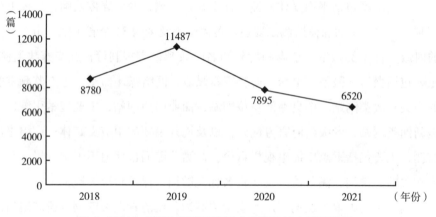

图 1　2018~2021 年我国世界文化遗产核心舆情数量

资料来源：中国世界文化遗产监测预警总平台舆情监测数据。

（二）大运河核心舆情报道量首次最高

核心舆情信息数量排名前 5 位的遗产分别是大运河、明清故宫（北京故宫、沈阳故宫）、长城、莫高窟、丝绸之路，占总报道量的 51.24%，涉及的

---

① 为确保分析准确性，避免冗余信息的干扰，本报告以涉及我国世界文化遗产地核心舆情信息为分析对象。核心舆情信息即非转载的独立报道。

遗产近 4 年保持一致，仅有排名顺序的不同。根据近 3 年报道量排名前 5 的舆情数量占比来看，2021 年占比有所下降，是近 3 年占比最低的一年。数据表明我国世界文化遗产舆情信息呈现长期集中于少数遗产地的特点，部分遗产地长期关注度较低，整体分布仍然处于极不平衡的状态（见图 2）。造成这一现象的主要原因有：大运河、长城和丝绸之路等大型系列遗产跨越多个省级行政区分布，内涵丰富、规模宏大，易受到公众和媒体的关注；明清故宫、莫高窟等遗产知名度较高、观赏性较强、开放度较为成熟、旅游设施完善，更容易被大众关注；排名靠后的遗产大都位于我国边疆省份，交通可达性较差，且遗产价值不容易被大众认知。2021 年，随着大运河文化保护传承利用工作和大运河国家文化公园建设的推进，相对其他遗产地，大运河受到公众和媒体更为广泛的关注，近 4 年来舆情信息数量首次排位第 1。除历年都受到广泛关注的这些遗产外，2021 年"泉州：宋元中国的世界海洋商贸中心"的报道量也非常高。2021 年 7 月 25 日，我国世界遗产提名项目"泉州：宋元中国的世界海洋商贸中心"顺利通过联合国教科文组织第 44 届世界遗产委员会会议审议，成功列入《世界遗产名录》。随着申遗成功，"泉州：宋元中国的世界海洋商贸中心"受到媒体广泛关注，排名位居第 6（见图 3）。

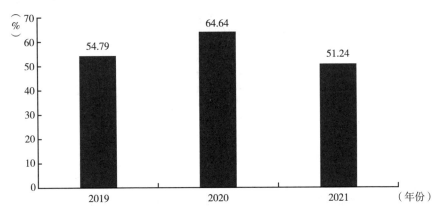

图 2　2019~2021 年核心舆情数量前 5 位的报道量之和占总报道量的比例

资料来源：中国世界文化遗产监测预警总平台舆情监测数据。

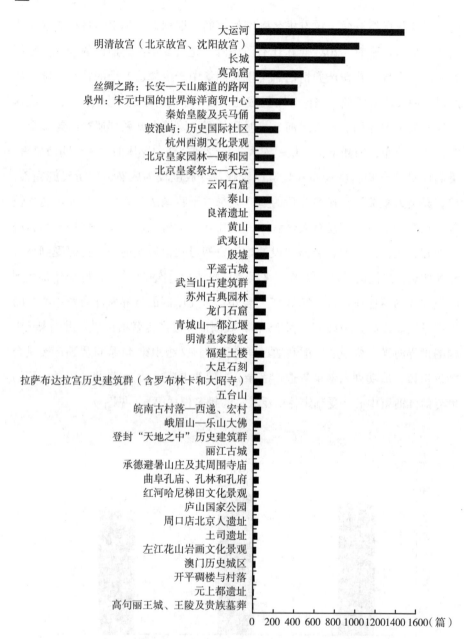

图3 2021年中国各项世界文化遗产核心舆情报道量

资料来源：中国世界文化遗产监测预警总平台舆情监测数据。

　　从单项遗产的核心舆情数量看，34 项遗产报道量均有不同程度的下降，仅红河哈尼梯田文化景观、殷墟、周口店北京人遗址、武当山古建筑群、左江花山岩画文化景观、土司遗址 6 项遗产报道量有所增长（见表 1）。2021 年浙江卫视《万里走单骑》栏目聚焦我国世界文化遗产，给周口店北京人遗址、武夷山、殷墟等遗产地带来一定曝光度。同时一些遗产地本年度举办了一些活动或颁布了保护条例等，受到媒体的关注。例如红河哈尼梯田所在的云南省红河州为切实讲好红河故事、展示好红河形象，不断壮大主流舆论阵地建设，在全省率先推进地市级媒体深度融合发展改革，"云南红河发布"系列平台传播力、影响力迅速提升，云南省媒体融合重点实验室首个分中心落地红河。殷墟遗址修订了《河南省安阳殷墟保护条例》，为殷墟遗址的保护管理夯实了法律基础，另外 2021 年 7 月河南地区的暴雨灾害也导致了殷墟报道量的增长。

表 1　2020~2021 年各项遗产核心舆情数量的变化情况

单位：%

序号	遗产名称	2021 年报道量增减幅度
1	红河哈尼梯田文化景观	112.50
2	殷墟	90.41
3	周口店北京人遗址	67.86
4	武当山古建筑群	26.09
5	左江花山岩画文化景观	25.00
6	土司遗址	17.14
7	武夷山	0.00
8	大运河	-3.31
9	长城	-6.80
10	秦始皇陵及兵马俑	-7.89
11	莫高窟	-12.01
12	龙门石窟	-13.95
13	平遥古城	-14.18
14	大足石刻	-15.65

序号	遗产名称	2021 年报道量增减幅度
15	高句丽王城、王陵及贵族墓葬	−16.67
16	丝绸之路：长安—天山廊道的路网	−18.65
17	北京皇家祭坛—天坛	−19.82
18	青城山—都江堰	−20.30
19	鼓浪屿：历史国际社区	−20.77
20	福建土楼	−20.80
21	泰山	−20.87
22	良渚遗址	−20.98
23	庐山国家公园	−22.22
24	云冈石窟	−24.22
25	皖南古村落—西递、宏村	−25.77
26	杭州西湖文化景观	−27.94
27	五台山	−30.91
28	登封"天地之中"历史建筑群	−34.74
29	明清故宫（北京故宫、沈阳故宫）	−37.15
30	承德避暑山庄及其周围寺庙	−37.21
31	元上都遗址	−46.67
32	澳门历史城区	−48.94
33	明清皇家陵寝	−50.98
34	北京皇家园林—颐和园	−51.66
35	曲阜孔庙、孔林和孔府	−51.89
36	黄山	−52.10
37	苏州古典园林	−52.36
38	丽江古城	−58.96
39	拉萨布达拉宫历史建筑群（含罗布林卡和大昭寺）	−61.11
40	开平碉楼与村落	−63.41
41	峨眉山—乐山大佛	−69.40

资料来源：中国世界文化遗产监测预警总平台舆情监测数据。

（三）2021年3~5月舆情信息数量最多

从舆情月度分布来看，2021 年上半年（1~6 月）舆情信息数量略高于下半年，报道量占全年报道量的比例为 53.94%（见图 4），是继 2020 年来第二次高于下半年，原因是以往 7~8 月暑假期间以及 9 月末 10 月初国庆黄金周期间是全国旅游的集中时间段，旅游相关信息以及游客不文明行为导致的舆情信息也会相应增加。2020 年开始新冠疫情对旅游业造成了一定影响，暑期和国庆黄金周出游热度下降，相应的舆情信息也随之下降。

从各月舆情信息分布情况图来看，2021 年年初、年末信息数量相对较少，3~5 月信息数量总体较多。3 月，习近平总书记赴福建武夷山考察调研，并指出"保护好传统街区，保护好古建筑，保护好文物，就是保存了城市的历史和文脉。对待古建筑、老宅子、老街区要有珍爱之心、尊崇之心"，受到媒体高度关注。5 月，"五一"假期来临，国家倡导在做好疫情防控相关措施的前提下外出旅游，各地旅游相关舆情信息增加，与此同时也出现了一些旅游不文明现象。少林寺竹林被刻字、野长城非法游乱象等负面舆情事件，引发网友热烈评论。

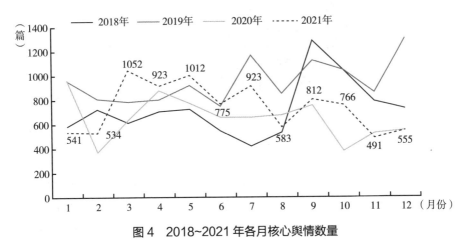

图 4 2018~2021 年各月核心舆情数量

资料来源：中国世界文化遗产监测预警总平台舆情监测数据。

（四）古遗址及古墓葬类遗产关注度依旧不足

2021年，古建筑类遗产报道量仍然最高，占全部核心舆情信息的48.06%，其次是石窟寺及石刻类占比12.65%，古遗址及古墓葬类占比12.51%，古村落、历史城镇和中心类占比11.94%，混合遗产占比10.81%，文化景观类占比4.02%（见图5）。与各遗产类型数量的占比情况对比，古遗址及古墓葬类遗产作为我国数量占比最多的遗产类型（38%），其报道量占比一直较低，与遗产数量占比不成正比，这表明社会对古遗址及古墓葬类遗产地的关注度明显不足。

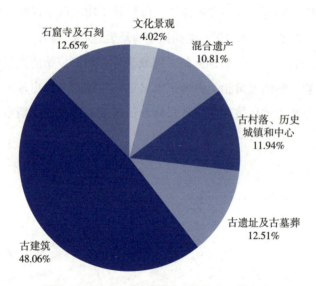

图5　2021年不同类型遗产的核心舆情占比

资料来源：中国世界文化遗产监测预警总平台舆情监测数据。

2018~2021年舆情数据显示，各类遗产的报道占比总体较为稳定。其中，受到公众广泛关注的北京故宫等古建筑类遗产一直最高；近几年国家高度重视石窟寺及石刻类遗产的保护管理工作，相关报道量总体呈现上升趋势，2021年国家文物局继续组织相关省（区、市）开展全国石窟寺专项调查，这是继长城资源调查后再次开展的全国性专项文物资源调查,受到相关媒体的高度关注。古遗址及古墓葬类遗产近 4 年报道量占比均为 12% 左右,作为我国世界文化遗产数量占比最多的遗产类型(38%),近年来关注度依旧不足。文化景观类遗产近年来舆情数量占比一直较低,约为 4%,并且呈现逐年降低的趋势(见图 6)。

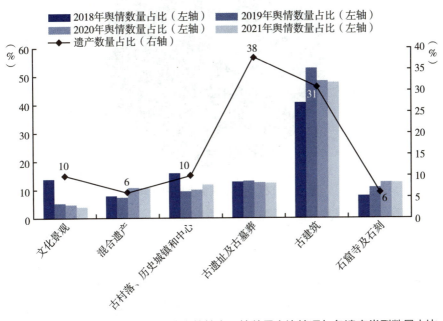

图 6　2018~2021 年不同类型遗产的核心舆情数量占比情况与各遗产类型数量占比

资料来源:中国世界文化遗产监测预警总平台舆情监测数据。

(五)宣传展示利用一直是公众和媒体最关心的领域

从舆情报道的话题[①] 来看,宣传展示利用类话题报道量最高,占核心舆情总量的 64.85%;其次是保护管理和旅游与游客管理;遗产保存情况与影响因素、机构与能力、行政批复类舆情信息数量较少(见图 7)。

---

①　参考《中国世界文化遗产监测数据规范(试行版)》,舆情信息按照不同内容主题分为宣传展示利用、保护管理、旅游与游客管理、机构与能力、遗产保存情况与影响因素、行政批复六大类。

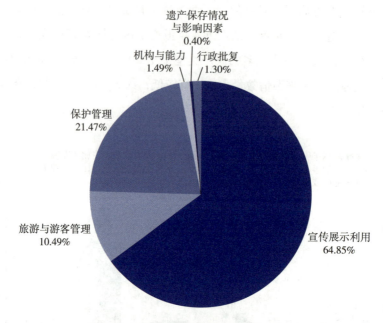

图7　2021年核心舆情信息内容分布

资料来源：中国世界文化遗产监测预警总平台舆情监测数据。

　　2018~2021年舆情数据显示，宣传展示利用类的报道量一直较高，且2021年较2020年又有较大幅度的增长。从文化节目《万里走单骑》助力世界遗产"活起来"，到河南博物院的考古盲盒受网友热捧，再到逛博物馆成为中国社会"新风尚"等，随着宣传展示方式的丰富，公众开始更有意愿去了解文化遗产的价值和内涵。保护管理类报道量呈逐年上升的趋势，反映出国家对世界文化遗产保护管理工作的重视以及公众和媒体对保护管理工作的关注程度有所提高。旅游与游客管理类报道量较上年度有所回落，主要是由于上年度明清故宫-北京故宫"闭馆日开车进故宫"事件等负面舆情引发较大范围的讨论，导致2020年旅游及游客管理类报道量较高。机构与能力、遗产保存情况与影响因素近年来报道量一直较少（见图8）。

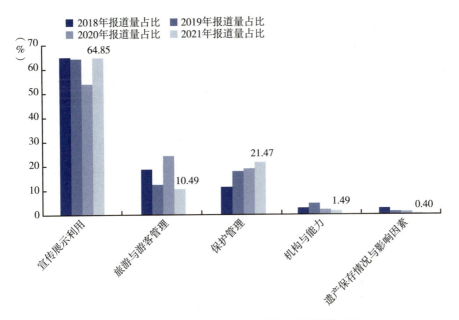

图 8　2018~2021 年不同主题的核心舆情数量占比

资料来源：中国世界文化遗产监测预警总平台舆情监测数据。

二　2021 年度负面舆情情况

（一）负面舆情数量占比近4年最低

2021 年中国世界文化遗产负面舆情信息数仅 31 篇，占总数的 0.48%，较上年度大幅下降。本年度负面舆情涉及 9 项遗产，较上年度少 3 项。通过 2018~2021 年数据可知，近 4 年负面舆情数量占比整体呈下降趋势，2021 年占比最低（见图 9）。

2021 年长城负面舆情最多，占全部负面舆情数量的 41.94%，涉及的内容主要有攀爬刻字等游客不文明行为。从负面舆情发生率[①]来看，2021 年澳门历史

[①] 单项遗产的负面舆情发生率 = 单项遗产负面舆情数量 / 单项遗产舆情总数。负面舆情发生率高并不能直接说明该遗产地较容易发生负面舆情，也可能是因为分母较小，也就是单项遗产舆情总数较低。

城区负面舆情率最高，其次是登封"天地之中"历史建筑群和平遥古城（见图10）。2021年7月澳门历史城区郑家大屋近妈阁街一侧围墙出现人为刮痕，此事件受到媒体广泛关注和转发。5月登封"天地之中"历史建筑群少林寺景区内一片竹林遭到摧残。数十个大人带着小孩，反复攀爬竹子，吊在上边荡秋千，导致一些竹子扭断。竹林里，上百人刻下了"某某某到此一游""某某与某某1314"等字迹，还有小朋友爬完竹子当场开始刻字。此事引起网络热议。10月受强降雨影响，平遥古城城墙发生局部坍塌，坍塌长度约25米，未造成人员伤亡。

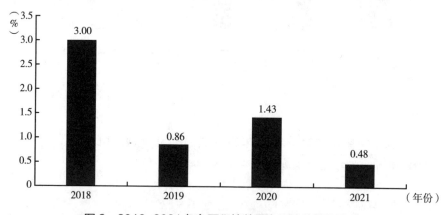

图9 2018~2021年负面舆情数量占舆情总量的比重

资料来源：中国世界文化遗产监测预警总平台舆情监测数据。

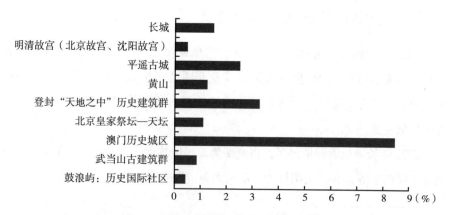

图10 2021年各遗产地负面舆情发生率

资料来源：中国世界文化遗产监测预警总平台舆情监测数据。

（二）游客不文明行为是负面舆情的主要因素

2021 年，负面舆情信息中旅游与游客管理类占比高达 87.10%，较上年度增加 2.14%。相关事件主要有"3 名游客被曝光在八达岭长城墙体刻画""游客在故宫西华门外城墙上刻画""少林寺竹林被刻字""郑宅围墙遭刻画""游人摘走天坛公园清代杏树果实"等（见表 2）。游客到旅游景点参观名胜古迹，信手涂鸦成为顽疾。我国的世界文化遗产、名胜古迹被个别低素质游客以刻字、涂鸦、踩踏等方式损坏，并屡禁不止，究其原因，一方面是部分游客缺乏社会公德和文明素质，法律意识淡薄，缺乏对文化遗产的敬畏之心；另一方面是相关惩罚力度过轻，导致一些文物古迹频遭"黑手"刻画涂鸦。相关部门要加大文物保护的宣传力度，增强人们对文物和名胜古迹的敬畏心，提高人们保护文物和名胜古迹的自觉性。广大游客也要加强自身修养，提高文明旅游素养，增强法律意识和文物保护意识，让宝贵的历史文化遗产绽放出更加璀璨的时代光芒。

表 2　2021 年负面舆情数量排名前 5 的遗产地及相关舆情

单位：篇

序号	遗产名称	主要事件	转载量
1	长城	两名外籍游客翻越长城，长城景区将其列入"黑名单"	1216
2	长城	3 名游客被曝光在八达岭长城墙体上刻画官方回应	73
3	明清故宫（北京故宫、沈阳故宫）	游客在故宫西华门外城墙上刻画，警方通报	26
4	明清故宫（北京故宫、沈阳故宫）	一游客在故宫西华门外城墙上刻画已被拘留罚款	21
5	长城	八达岭长城通报 3 名游客在长城城墙刻字：已会同公安部门调查取证	20

资料来源：中国世界文化遗产监测预警总平台舆情监测数据。

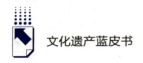

（三）石窟寺及石刻类遗产连续两年未发生负面舆情

从遗产类型来看，2021年古村落、历史城镇和中心类遗产负面舆情发生率最高，主要与"平遥古城城墙发生局部坍塌""澳门历史城区郑家大屋围墙遭刻画""网友称鼓浪屿部分店面违规招标"等事件有关。古建筑类遗产负面舆情发生率较上年度大幅下降，这主要与古建筑类遗产的媒体关注度较高、总体报道量较多有关。混合遗产负面舆情发生率较低，仅为0.24%。2021年度文化景观、古遗址及古墓葬类遗产未发生负面舆情，石窟寺及石刻类遗产连续两年未发生负面舆情（见图11）。

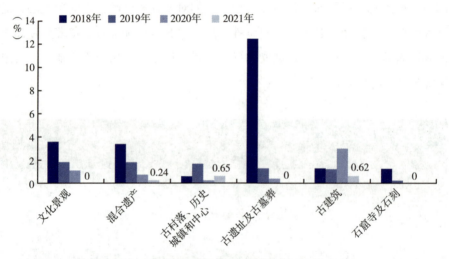

图11　2018~2021年不同类型遗产负面舆情发生率

资料来源：中国世界文化遗产监测预警总平台舆情监测数据。

三　对策与建议

（一）构建舆情风险分析模型

中国世界文化遗产监测预警总平台舆情专项监测工作取得了一定的成绩，

但尚不能做到舆情发生前的预测。针对舆情监测滞后性的问题，需要通过进一步开展遗产大数据搜集和分析构建风险分析模型，及时发现社会对世界文化遗产保护管理工作的反馈信息，提取其中所反映的遗产保护管理工作不足的问题，并加以完善，以预防舆情发酵对遗产保护工作造成的负面影响。

（二）加强遗产阐释利用，主动传播正面信息

遗产保护工作专业性强，社会认知度较低，公众对于科学的保护工作理念与部分实践不知情、不理解，也可能通过舆情反映，并直接影响保护工作本身。如 2016 年发生的"最美野长城被水泥抹平"事件，就是社会公众对科学的长城保护修缮工作缺乏理解而形成的舆情。由于有关部门缺乏舆情应对的意愿、能力和经验，致使该舆情发酵，并对当年全国的长城保护工作造成了重大负面影响。遗产地保护管理机构首先要提高应对舆情的主动性，不能放任不理，应积极回应舆论，同时应加强遗产阐释利用，重视与公众的互动与交流，"主动出击"开展一系列科普和宣传教育活动，积极传播遗产正面信息，搭建公众交流平台。

（三）加强舆情处置队伍建设

我国世界文化遗产地舆情报道量分布不平衡，导致了舆情处置能力发展的不均衡，大部分遗产地没有建立相关工作流程。建议遗产地应加强舆情处置队伍建设，出台舆情处置流程等相关内部管理文件，并组织工作人员到明清故宫－北京故宫、莫高窟等一批具有舆情处置相关先进经验的遗产地进行交流学习，建立符合自身特点的舆情监测与处置工作机制。建议中国世界文化遗产中心以中国世界文化遗产年会为契机，面向各遗产地开展舆情监测及处置相关专项培训课程。

（四）开展整治游客不文明行为专项行动

针对游客不文明行为导致的大量负面舆情，建议各遗产地及遗产地所在地方政府，联合旅游部门共同开展整治游客不文明行为专项行动。一方面加

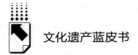
大文物保护的宣传力度，增强游客对文物和名胜古迹的敬畏之心；另一方面要出台相关惩罚措施，加大惩罚力度，考虑采取将刻意破坏文物等不文明行为纳入个人征信制度等一系列处置措施，在游客量较多的暑期、"十一"黄金周等时间段开展专项巡查行动等。

参考文献

中国文化遗产研究院：《中国世界文化遗产 2020 年度保护状况总报告》，文物出版社，2021。

张欣、王芳、刘懿夫：《我国世界文化遗产舆情专项数据分析报告》，《中国文化遗产》2018 年第 6 期。

王芳、段若男：《专题报告一：2018 年度中国世界文化遗产舆情分析报告》，《中国文化遗产》2019 年第 6 期。

汪行东、胡志方：《大数据舆情技术缺陷与对策分析》，《今传媒》2019 年第 11 期。

黄可欣：《公安机关网络舆情治理研究》，《网络安全技术与应用》2022 年第 5 期。

周伟：《引导与管控：政府应对重大突发公共卫生事件网络舆情的双重策略》，《陕西行政学院学报》2022 年第 2 期。

吴光恒：《法治视野下政府应对网络舆情的路径选择》，《湖北民族学院学报》（哲学社会科学版）2018 年第 4 期。

特色遗产篇

Reports on Categorized Heritage

B.9

北京故宫 2021 年度监测概况

程枭翀　张鑫铖　王中金　李萌慧 *

摘　要： 故宫博物院每年按照国家要求上报北京故宫年度监测报告。2021年，按照《故宫保护总体规划（2013—2025）》的要求开展遗产保护、管理、研究与利用工作，新成立了故宫世界遗产监测部，专职负责故宫世界遗产的监测工作。2021年，依托国家重点研发计划"不可移动文物本体劣化风险监测分析技术和装备研发"项目开展了一系列有关遗产本体和影响因素的监测工作，各项计划顺利完成，相关风险控制正常。

---

* 程枭翀，故宫博物院副研究馆员，工学博士，主要研究领域：遗产监测；张鑫铖、王中金、李萌慧，故宫博物院馆员，主要研究领域：遗产监测。

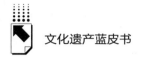
关键词： 北京故宫　世界遗产　监测报告

一　北京故宫世界遗产概况

1987 年 12 月 11 日，故宫（Imperial Palace of the Ming and Qing Dynasties）被列入《世界遗产名录》，成为我国第一批世界遗产[①]。2004 年 7 月 1 日，沈阳故宫作为扩展项目列入。此后，Imperial Palace of the Ming and Qing Dynasties 的正式中译名定为"明清故宫"，两处遗产地分别称为"明清故宫（北京故宫）"[②] 和"明清故宫（沈阳故宫）"。北京故宫遗产区东、西、北至筒子河内沿墙，南至筒子河北沿墙及端门南墙，包括午门东、西朝房，占地 86 公顷[③]，海拔约 45 米，中心地理坐标为北纬 39°54′57.02″、东经 116°23′26.85″。

北京故宫遗产要素主要包括文物建筑、室外陈设、古树名木和原状文物四类，其中"文物建筑 23 万平方米、室外陈设 815 件、古树名木 448 棵"，分布在 38 个一级分区和若干二级分区中。文物建筑又分为房屋、墙、门、花树池、影壁、河道驳岸、台、假山、桥、井和遗址 11 类。经过 3 年的现场普查，排除了临时建筑、现代建筑和复建建筑，共点清编号 1087 座房屋类文物建筑，还将 693 段墙、549 座门、64 处台、10 座桥、74 口井、64 处遗址、26 座影壁、52 处花树池、21 处假山、15 段河道驳岸和排水系统、院落地面和道路纳入遗产要素中的文物建筑范畴，厘清了遗产的全部底账[④]。

为履行对《保护世界文化与自然遗产公约》的责任和义务，我国颁布了《世界文化遗产保护管理办法》《中国世界文化遗产监测巡视管理办法》《中

---

① 第一批世界遗产包括 5 项文化遗产，即长城、故宫、莫高窟、秦始皇陵（包括兵马俑坑）、周口店北京人遗址，以及 1 项文化与自然混合遗产，即泰山。

② 在英文正式文件中，明清故宫（北京故宫）通常用 Imperial Palaces of the Ming and Qing Dynasties in Beijing 指代，偶尔用 Imperial Palace of Ming and Qing Dynasty (the Forbidden City) 指代。

③ 护城河（筒子河）面积约 18.45 公顷，不包括在遗产区（86 公顷）内。

④ 狄雅静：《故宫的遗产监测——从故宫世界文化遗产监测总平台的架构谈起》，《中国文化遗产》2020 年第 3 期，第 46~47 页。

国文物古迹保护准则》等文件。《世界文化遗产保护管理办法》要求："保护机构应当对世界文化遗产进行日常维护和监测，并建立日志。"[①]《中国世界文化遗产监测巡视管理办法》要求："世界文化遗产保护管理机构负责世界文化遗产的日常监测。日常监测的内容包括文物本体保存状况、核心区和缓冲区内的自然、人为变化、周边地区开发对文物本体的影响、游客承载量等……鼓励使用先进科学技术手段，对世界文化遗产开展多学科、多部门合作的监测……监测资料、监测数据的真实性、全面性必须予以保证。"[②]《中国文物古迹保护准则》要求："监测是随着世界遗产保护发展而受到广泛关注的一种保护方式，它可以及时发现和处理文化遗产保存出现的问题，实现对文化遗产最早和最低限度的干预，最大程度地保护其真实性和完整性……监测是认识文物古迹褪变过程及时发现文物古迹安全隐患的基本方法。对于无法通过保养维护消除的隐患，应实行连续监测，记录、整理、分析监测数据，作为采取进一步保护措施的依据。"[③]在上述文件的指导下，故宫博物院每年向上级主管部门报送《北京故宫监测年度报告》。

二　2021 年度保护管理情况

2021 年，故宫博物院作为北京故宫世界遗产管理机构，按照《故宫保护总体规划（2013—2025）》的要求开展遗产保护、管理、研究与利用工作。遗产范围内的本体保护工程、保护性设施建设、基础设施等遗产干预性工作皆按照国家相关规定开展，受新冠疫情影响，进度略有延后，完成的修缮任务质量达到国家相关规范及验收标准。环境质量、观众动态、基础设施等遗产重要影响因素的监测在持续运行。开放区的遗产要素病害通过日常巡查、保护维修等工作得到有效控制或消除，整体保存状况良好；非开放区域（慈宁宫三宫三所殿区、南三所区）的部分办公建筑出现瓦面漏雨、柱根糟朽等病

---

① 中华人民共和国文化部：《世界文化遗产保护管理办法》，2006。
② 国家文物局：《中国世界文化遗产监测巡视管理办法》，2006。
③ 国际古迹遗址理事会中国国家委员会：《中国文物古迹保护准则》，2015。

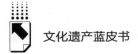

害；城墙西南—西北段植物病害严重，需要整区修缮。以上3处已完成勘察方案进入修缮报批程序，病害整体可控。遗产地总体格局未发生根本变化。

在遗产风险管理方面，实施了更为严格的管理制度。北京故宫遗产面临的主要风险依次为火灾、震灾、病虫害、人为损伤、自然劣化，以及文化环境丧失。故宫博物院通过定期巡检、安全教育和防灾演习等方式进行严密防控，对各类本体病害开展针对性监测工作。安防消防系统功能提升，多种报警系统与应急指挥平台正在搭建，进一步完善安全管理制度，全面加强了北京故宫遗产安全保障。为加强火灾防控，按照《北京市消防救援总队、北京市文物局关于印发北京市文物保护单位消防安全组团体检式检查工作方案通知》要求，自2021年5月8日起禁止私人电动自行车（含两轮、三轮、电动平衡车等）进入故宫城墙内（含御史衙门、大高玄殿），临时骑行的电动自行车统一停放到西华门以北城墙外、神武门小型消防站以西城墙外以及东华门外街道两侧。2021年，疫情防控常态化，故宫博物院严格执行游客最大承载量每日3万人的要求，切实保障了遗产地疫情防控安全。

在公众宣传方面，进一步为青少年的文化教育提供便利。此前，故宫博物院对6岁以下或身高1.2米以下儿童、每周二统一预约参观的中小学生均免费开放。为更加深入贯彻落实《中华人民共和国未成年人保护法》，2021年12月3日起，在原有基础上，试行在所有开放日对所有未成年人免费开放。

（一）主要工作成绩

2021年，故宫博物院坚持以习近平新时代中国特色社会主义思想为指导，按照"管理提升年"的要求，持续推进整改落实，制定《故宫博物院"十四五"发展规划》，以"四个故宫"建设为主体，将全院工作归纳提炼为有故宫特色、引领博物馆发展方向的九大体系，圆满完成各项工作。

一是安全保障工作稳步推进。强化"隐患即事故"的安全理念和"一失万无"的危机意识，加大科技投入与支撑力度，提升消防应急处置能力，视频监控系统智能化提升工程项目稳步推进，打造全方位安防体系；"平安故宫"工程各项工作稳步推进，结合遗产地实际问题，不断提升基础设施水平；

保障遗产地开放和参观平稳运转；实时监测舆情风险，树立故宫形象整体安全理念，"东华门挖宝""城墙刻字"等舆情事件发生时，及时应对，有效处置。

二是文物古建保护工作有序开展。加强对不可移动文物的研究保护工作，初步建立不可移动文物的预防性保护体系。新成立故宫世界遗产监测部，对故宫遗产各类风险进行巡查与监测。持续开展城墙城台监测和保护，推进古建筑室内温湿度监测系统维护与升级，启动地表水水位及水质监测。继续做好各项古建筑研究性保护工作与古建筑日常维护、应急零星修缮和古树名木保护工作，持续传承官式古建筑营造技艺，提升文物古建保护水平。成立"北京故宫文化遗产保护有限公司"，逐步加强古建保护力量。

三是开放服务质量与展览水平不断提升。坚持预约、限流、实名制措施，不断提升观众服务质量，增加下年度年票 5 万张；自 2021 年 12 月起全面实行所有开放日对未成年人免费开放；开发自主核验小程序，优化预检入院流程，减少排队聚集情况。院内展览丰富多彩，4 月改陈后的新陶瓷馆在武英殿开幕，"敦行故远：故宫敦煌特展"以及"庙堂仪范""林下风雅"两期故宫博物院藏历代人物画展好评如潮，吸引大量观众前来参观。

四是做好疫情防控工作，确保遗产参观与合作交流有序进行。为落实疫情防控常态化要求，组织职工接种新冠疫苗并定期开展核酸检测，做好防疫物资储备和发放工作，严格执行每日消杀工作。根据疫情防控要求，继续单日观众限流制度，合理调控展厅内客流量。在疫情防控常态化背景下仍坚持多方文化交流，实现文明交流互鉴，向世界公众展示中华文明的灿烂成就。

（二）主要问题与思考

在取得成绩的同时，故宫遗产的保护管理也存在短板和不足，最为突出的问题有以下三点。

第一，文物古建保护工作有待推进。当前文物保护水平与世界文化遗产保护典范目标还有一定距离。今后将继续开展古建筑研究性保护项目和故宫

遗产风险巡查与监测，系统开展典型病害跟踪评估、风险溯源与相关技术研究，推进城墙城台保护工程。

第二，平台建设和学术科研管理仍需进一步加强。推进应急指挥平台建设，合并改造全院技防系统区域机房，提升安防标准和水平。积极推动访客系统建设运行，加强科研平台管理，推进国家文化和科技融合示范基地和中国公众科学素质促进联盟相关工作，积极与各高校、科研院所等开展合作。

第三，数字化建设离全面智能化的遗产管理要求还有一定空间，文物"活起来"工作还需进一步提升，中华优秀传统文化传承转化方面有待进一步加强。

（三）下阶段工作计划

2022年，故宫博物院将继续坚持以习近平新时代中国特色社会主义思想为指导，以"四个故宫"建设为支撑，将新发展理念贯穿九大体系，努力构建"十四五"时期各项事业高质量发展新格局。

一是进一步完善安防管理体系顶层设计，推进应急指挥平台建设，合并改造全院技防系统区域机房，提升安防标准和水平。加快推动"平安故宫"工程进展，积极推动访客系统建设运行。

二是稳步推进文物古建保护工作。以藏品保管利用为核心，加大文物修复工作力度，强化库房管理，定期勘察文物保存状况，保质高效开展文物基础性保养。继续开展古建筑研究性保护项目和故宫遗产风险巡查与监测，系统开展典型病害跟踪评估、风险溯源与相关技术研究，推进城墙城台保护工程。

三是进一步加强学术科研体系建设。不断改善管理，创造良好条件，推进各类国家级、省部级、院级科研课题研究。加强科研平台管理，推进国家文化和科技融合示范基地和中国公众科学素质促进联盟相关工作，推动中国科技文化场馆联合体相关工作。积极与各高校、科研院所等开展合作。

四是建设高效智能的数字故宫体系。加强不可移动文物保护管理平台体系的持续升级与数据更新，建立数据利用与管理制度；推进文物基础影像采集工作，完成7万件院藏文物的影像采集；持续开展超高精度文物三维数据采集和超高清音视频数据采集工作；建设数字资源库二期；完成"文物信息智能化检索服务建设"项目一期建设；加速实现 5G 网络全覆盖。

五是提升开放服务能力，丰富博物馆教育服务内容。公布《故宫博物院参观须知》，优化开放服务管理模式，提高处置突发情况能力；进一步完善无障碍坡道，改造观众卫生间；继续推行"故宫零废弃"垃圾分类项目；进一步加强展陈设计，提升展览展示水平，加强展览引进和输出；及时更新自动讲解器内容，按参观主题划分人工讲解类别；推动文物资源合理适度利用，积极提升学术成果转化和文创产品研发水平；持续推动"数字故宫 2.0"小程序内容更新；推进《百年故宫博物院》编纂出版工作。

三 2021 年度遗产监测情况

2021 年 5 月 31 日，故宫世界遗产监测部正式设立，北京故宫有了新的遗产监测机构，为故宫博物院内设的专职部门，现有人员 14 名。故宫世界遗产监测部主要负责制定故宫世界遗产监测管理工作制度、监测技术规范及预警标准，是统筹安排、协调和指导故宫文化遗产监测管理等各项工作的科研机构，职能包括：①负责与国内外遗产管理和保护机构、组织的交流和联络工作；②负责遗产地监测管理人员的培训和交流，制定监测制度及技术标准；③组织开展遗产要素的巡查、普查工作；④开展遗产本体劣化、环境质量、观众动态监测与保护管理风险评估，进行监测技术研发与风险溯源研究；⑤制定遗产信息管理与监测平台建设总需求，监督并协助监测平台与信息传输网络的建设。

故宫世界遗产监测部已经初步形成涵盖文物本体监测、环境监测与分析、日常巡查、风险管理等不同工作的团队。文物本体监测已经形成良好的巡查制度和流程，实现了常态化、制度化。相关业务部门已逐步形成良好的信息共享和工作合作机制。2021 年，3 人参加第 28 届国际文化遗产记录科学委员会全球双年会（CIPA 2021）；1 人参加 2021 年度文博行业专业技术人员和管理人员线上学习培训班；1 人参加了中国世界文化遗产理念与实践线上培训班。完成了两项国家重点研发项目课题与子课题的相关研究，完成了故宫遗

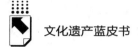

产监测总平台与文物建筑网格化系统建设、城台与城墙风险监测、文物建筑室内环境监测、雷击与白蚁风险检测、日常巡查与定期普查等重点工作。

2021 年度，"鼓励缔约国保护明清故宫、天坛、颐和园等世界遗产周边的城市历史风貌"等 21 条涉及明清故宫的承诺事项正常履行；遗产本体病害控制正常，3 处严重病害均开展了监测工作，相应保护方案已编制完成并上报文物主管部门；自然环境监测工作持续开展，负面影响控制正常，主要涉及对室外陈设、建筑彩画等本体的影响；9 月 21 日发生一起观众在西华门处城墙刻字的事件，已配合相关部门处置，并加强了相关监控工作；遗产区内建设控制情况良好，3 项建设项目均已征得文物主管部门同意。

（一）主要成果

2021 年，按任务书计划推进国家重点研发计划"不可移动文物本体劣化风险监测分析技术和装备研发"项目（2019YFC1520900），完成了年度和中期研究任务。完成了故宫博物院承担的课题二"古建筑本体劣化风险因素监测技术研究及装置研发"（2019YFC1520902）的《古建筑监测预警体系系统解决方案》和《古建筑本体劣化风险因素监测应用示范研究报告》初稿，在午门、雨花阁、文渊阁、东华门内石桥等处进行了应用示范研究。完成了国家重点研发计划"明清官式建筑营造技艺科学认知与本体保护关键技术研究与示范"项目（2020YFC1522400）课题三的子课题"本体隐蔽部位检测技术与评估方法应用示范"的年度研发任务，提交了《明清官式建筑石质构件材料劣化分类方式分级界定说明》和《石质构件材料劣化分类分级评价草案》。

日常巡查并发送零修任务单是遗产管理的首要工作。2021 年度重点巡查开放区域外檐油饰、勾滴椽望以及城台城墙。结合天气状况，雨季前重点巡查排水系统和建筑天沟，雨中开展了 3 次积水和房屋漏雨检查，进行了次年日常保养项目梳理。全年共拍摄巡查照片 8000 张，汇总专项巡查报告 5 项，派发零修单 406 张。防雷装置年度安全检测工作如期完成，共检测建筑物防雷装置 1039 点和电子系统防雷装置 6246 点。白蚁危害年度监测任务按时完成。本年度共计开展了两次检测工作，6 月份检查维护白蚁监测装置 1522 套、

9 月份检查维护 1559 套，此两次检测共计更换白蚁监测装置 30 套，更换装置内饵料 342 套，新增安装装置 66 套。两次监测均发现白蚁活体，已实施喷粉灭杀处理。

紫禁城城墙监测项目全部完成。本年度完成了现场安全巡视 10 次，工作基点复测 4 次，城墙及 4 座城台三维变形监测 4 次、沉降监测 4 次，东华门、西华门、端门城台摄影测量 2 次，神武门摄影测量 4 次。午门城台监测项目继续推进。重点开展城台内部温湿度分析、数值模拟及数据综合分析，完成了专项监测系统的建设工作。

古建筑环境监测工作持续推进。首先，故宫古建筑室内温湿度监测系统维护与升级项目持续推进。在原有部署的 58 座宫殿基础上，新增文渊阁、雨花阁、梵宗楼等 6 座建筑的温湿度监测工作。其次，故宫地表水水位及水质监测项目正式启动。已完成设备结构设计、整体系统与软件设计工作，正在进行样机安装，预计 2022 年可完成设备安装并实现数据采集与上传。最后，完成展厅室内污染物检测分析与评估。重点针对室内空气质量的标志性污染物甲醛进行分阶段动态监测，提出了改善展厅空气的可行性方案建议。

遗产保护与管理平台建设进展顺利。故宫文物建筑网格化管理信息系统部分功能上线运行，已完成报修和遗产要素查询功能的操作培训。故宫世界遗产监测总平台建设完成。完成了全部数据开发和模块优化调整，攻克了遗产要素选取、分级、检索等技术难题，已上线试运行。故宫环境质量和室外陈设监测系统通过了初步验收，进入试运行阶段，预计 2022 年正式上线。

（二）主要问题与思考

自 2011 年故宫世界文化遗产监测中心成立以来，北京故宫的监测工作已开展 10 年，初步建立了监测框架，积累了大量监测数据。2021 年故宫世界遗产监测部成立，取代了原监测中心的职能。总结过去的监测经验和教训，放眼未来的提升与发展，北京故宫目前有以下问题亟待解决。

一是人员结构尚需优化。故宫世界遗产监测部现有工作人员 14 人，其中 60 后 2 人、70 后 4 人、80 后 1 人、90 后 7 人；建筑学 5 人、建筑结构 2 人、

环境科学1人、文物与博物馆1人、建筑设备1人、其他专业4人。完整的监测链条应涵盖建筑学、遗产保护、环境工程、结构工程、测绘学、自动化检测、材料学、统计学等多学科,在全过程中的各阶段运用各学科的知识并形成系统性的理论方法以实现预防性保护的目的。

二是科研水平有待提升。世界遗产监测是一项科研要求很高的工作,需要以科研思维攻关若干实践难题,也需要不断探索新技术在遗产地的运用。

三是监测分析亟待加强。经过10余年的努力,故宫已经积累了大量监测数据,接下来将加强已有数据的综合分析,提高数据使用率,使监测工作由全面监测向重点监测转变。

四是学术合作值得深化。遗产监测是一项跨学科的综合工作,不是某个专业或某个单位能够独立完成的,需要借助全社会的力量,产学研结合,推动监测向高水平、高质量发展。

(三)下一阶段工作计划

下一步,故宫世界遗产监测部将按照《故宫博物院"十四五"发展规划》,推进北京故宫的监测工作,主要包括以下内容。

一是研究和探索不可移动文物科技保护体系,形成遗产监测的常态化机制。坚持问题导向,破解文物保护现实问题,切实加强实践性攻关,初步建立不可移动文物的预防性保护体系,确保故宫文物古建的绝对安全。持续推进故宫建筑测量记录工作,定期公布古建数据。

二是加强不可移动文物预防性保护。开展故宫文物建筑的保存现状普查和风险评估工作,并进行风险研究分析,完善故宫不可移动文物监测的信息化和体系化建设。

三是加强世界文化遗产监测。完善监测信息化建设,制定《故宫世界文化遗产监测管理制度》和文物建筑专项监测操作手册。系统开展典型病害跟踪评估、风险溯源与相关技术研究。

四是深入开展文物建筑本体劣化监测技术研究、风险溯源方法研究,进行城台城墙、中和殿、咸若馆等处结构劣化,以及午门城楼、体和殿、养心殿、寿康宫等处典型病害进程的监测与风险评估。完善土壤水质、水位、周边环境、室内微环境和典型区域小环境的监测，持续探索合适的观众监测技术。

五是积极推进故宫建筑研究。加快推进故宫建筑遗产保护基础研究和预防性保护研究，探索故宫建筑遗产典型病害机理和建筑室内环境治理的关键技术，拓展风险防范技术研究。结合多学科手段，开展监测记录与调查评估，建立全面系统科学的故宫建筑遗产价值认知体系。

2022 年的具体工作如下：

第一，完成"十三五"国家重点研发计划项目的研究任务。故宫博物院牵头承担的国家重点研发计划"不可移动文物本体劣化风险监测分析技术和装备研发"项目（2019YFC1520900）已按计划完成中期任务，下一步将优化古建筑监测预警系统解决方案，针对振动、倾斜、裂隙三类传感器进行应用示范研究，解决试运行期间遇到的各类问题。

第二，完善遗产日常巡查、病害接报与保养任务下达工作，重点开展雨前天沟普查与修整、巡查手册编写与使用培训等工作。总结成果并制定完成城墙和城台监测未来 5~10 年规划。开始不可移动文物保护与管理信息平台建设规划编制工作。

第三，完成"故宫文物建筑使用管理规定"与世界遗产监测相关制度建设，包括气象环境监测预警报警机制、室内环境报警机制等。

第四，完成建筑物和电子系统防雷装置安全检测、白蚁危害监测项目、文物建筑室内环境监测项目、水质水位监测的年度工作任务。

参考文献

中华人民共和国联合国教科文组织全国委员会：《关于我国文化和自然遗产列入"世界遗产清单"事》，1988。

联合国教科文组织：《保护世界文化和自然遗产公约》，1972。

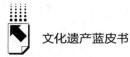

联合国教科文组织:《实施〈世界遗产公约〉的操作指南》,中国古迹遗址保护协会译,2017。

中华人民共和国文化部:《世界文化遗产保护管理办法》,2006。

国家文物局:《中国世界文化遗产监测巡视管理办法》,2006。

国际古迹遗址理事会中国国家委员会:《中国文物古迹保护准则》,2015。

中国建筑设计院有限公司建筑历史研究所、故宫博物院:《故宫保护总体规划(2013-2025)》,2016。

故宫博物院:《北京故宫2021年度监测年度报告》,2022。

故宫博物院:《故宫博物院2021年工作总结和2022年工作要点》,2022。

故宫博物院:《故宫博物院"十四五"发展规划》,2021。

狄雅静:《故宫的遗产监测——从故宫世界文化遗产监测总平台的架构谈起》,《中国文化遗产》2020年第3期。

B.10
2021年世界文化遗产莫高窟监测报告

张正模　柴鹏飞 *

摘　要： 2021年莫高窟遗址保护、研究、管理和利用状况良好。敦煌研究院紧紧围绕"努力把研究院建设成为世界文化遗产保护的典范和敦煌学研究的高地"奋斗目标，以全面质量管理体系建设为抓手，持续加强顶层规划和管理制度建设。深入开展文物保护和研究工作，持续构建抢救性与预防性保护并重的敦煌石窟综合保护体系，在文物本体保护、预防性保护、文物数字化等基础和应用研究、关键技术研发等方面取得了一系列重要成果。严格实施莫高窟石窟安防、消防工程，物防、技防、人防水平进一步提升，全年无安全事故发生。全方位、多维度挖掘和阐释敦煌文化中蕴含的哲学思想、人文精神、价值理念、道德规范，进一步拓展人文社科研究的广度和深度。不断创新文化展陈和传播方式，初步形成了文化遗产价值传播弘扬体系。积极探索构建疫情防控常态化背景下的石窟旅游开放模式，按照"预约、错峰、限量"的总方针，科学制定应急预案和参观流程，全力提升游客服务质量和参观体验，旅游开放平稳有序。

关键词： 莫高窟　保护管理　本体保护　预防性保护

---

* 张正模，敦煌研究院副研究馆员，主要研究领域：遗址监测、预防性保护；柴鹏飞，敦煌研究院馆员，主要研究领域：遗址监测。

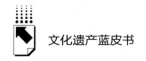

一 基本信息

莫高窟位于甘肃省敦煌绿洲东南部，开凿在大泉河边的崖壁之上，是世界上规模最大、内容最丰富、历史最悠久的佛教艺术宝库。开凿于公元 366 年，代表了公元 4 ~ 14 世纪中国佛教艺术的杰出成就。现存有 734 个洞窟，38000 多平方米壁画，2290 多件彩塑。1961 年由国务院公布为第一批全国重点文物保护单位，1987 年被列入《世界遗产名录》。

（一）遗产构成[①]

现存遗址由洞窟、文物建筑等本体及其相关环境组成，同时还包括了窟前建筑群的遗存可能分布区、与遗址直接关联的可移动文物。

莫高窟遗产本体包括 1944 年以前分布于大泉河两岸的莫高窟洞窟、壁画、彩塑、佛塔、佛寺等人工遗迹。现存洞窟 734 个（其中含壁画的洞窟有 486 个），分布于南、北 2 个窟区。其中：南区计有 486 窟，含壁画洞窟 480 个，分布崖面长度 908 米，已发掘窟前殿堂遗址 22 处；北区计有 248 窟，含壁画洞窟 6 个，分布崖面长度 725 米。现存壁画总面积 38003 平方米（含洞窟外露天壁画 439 平方米），彩塑 2290 余身，木构窟檐 13 处，木构天棚 4 处；窟体空间规模为 0.06 ~ 7800 立方米。现存文物建筑 33 处，包括佛寺 3 处、佛塔 26 座、牌坊 3 座、城堡遗址 1 处。

莫高窟遗产环境包括 1944 年之前存在的具有历史意义的人工设施遗迹，窟区周围自公元 4 世纪以来的山形水系、地貌景观与植被品种，以及 1944 年之后具有纪念意义的人工遗迹。包括反映敦煌盆地地质与地形地貌景观的鸣沙山、三危山、大泉河和千佛洞戈壁滩 4 处。属于大泉河原生植被和王道士、常书鸿等历史人物栽种的树木品种，有胡杨、银白杨、榆树、小叶杨、旱柳、红柳、芦苇、蒲草等绿洲植被及少量果树等。属于敦煌古镇至莫高窟的古道

[①] 《敦煌莫高窟保护总体规划（2006–2025）》，2011。

及交通设施的遗迹，有茶房子、茶房子古道、天王堂古道 3 处。与莫高窟保护事业相关的具有纪念意义的构筑物有常书鸿等公墓区 1 处、敦煌美术研究所旧址 1 处。

莫高窟窟崖至大泉河西岸线之间的阶地为遗存可能分布密集区。

敦煌莫高窟的可移动文物有 6 万余件。其中敦煌研究院收藏可移动文物 3508 件，仅占总量的 6%。

（二）突出普遍价值

作为中国西北地区佛教艺术变迁的见证，莫高窟具有无与伦比的历史价值。这些作品丰富而生动地描绘了中世纪中国西部地区政治、经济、文化、艺术、宗教、民族关系和日常服饰的方方面面。洞窟中大量的壁画和塑像展现了敦煌独特的艺术风格，一方面继承了中国古代汉族艺术传统，另一方面吸收了古印度和犍陀罗佛教艺术的精华，并融入了土耳其、古藏族和其他少数民族艺术。其中的许多杰作具有很高的艺术和审美价值。1900 年，藏经洞和其中大量的经书、遗物的发现，被称之为世界上最大的古代东方文化发现，为研究中国古代和中亚的复杂历史提供了宝贵的参考。1987 年经联合国教科文组织认定，敦煌莫高窟在世界范围内具有突出的普遍文化遗产价值，符合世界文化遗产的全部 6 条标准[①]。

（1）莫高窟的石窟群代表了绝无仅有的艺术成就，既体现在 492 个窟龛分凿于 5 层崖壁的精妙空间组织，又体现在石窟中 2000 多件彩塑和约 45000 平方米壁画，这其中许多作品是中华艺术之瑰宝。

（2）从北魏（公元 386~534 年）到蒙元时期（公元 1276~1368 年）的近 1000 年间，莫高窟在中国与中亚和印度的艺术交流中扮演着至关重要的角色。

（3）莫高窟的绘画艺术是古代中国隋、唐、宋三代文明独一无二的见证。

（4）千佛洞是杰出的佛教石窟艺术圣殿。

---

① 联合国教科文组织关于世界文化遗产莫高窟的突出普遍价值的描述：https://whc.unesco.org/en/list/440，最后检索时间：2022 年 12 月 9 日。

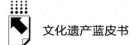

（5）19世纪末到1930年，莫高窟石窟群曾有佛教僧侣居住。由敦煌文物研究所管理的莫高窟石窟艺术整体，保存了传统僧侣居所的范例。

（6）这些洞窟与欧亚大陆交流史以及佛教在亚洲的传播史紧密相关。敦煌及附近地区是丝绸之路南北两道的交汇处，也是各种商品和思想的交流之地。这一点已被洞窟中所发现的汉、藏、粟特、于阗、回鹘，甚至希伯来的文献所证实。

真实性：莫高窟的地理位置及其环境真实地反映了其产生的历史背景。洞窟、壁画、彩塑及可移动文物的设计、材料、传统、技术、精神与感受，至今仍然展现了遗产所处的时代特点。

完整性：莫高窟由洞窟、壁画、彩塑、文物建筑、可移动文物及其环境组成。莫高窟的遗产区和缓冲区涵盖了体现遗产价值的所有元素，从而确保了遗产本体及其环境的完整性。

二　保护管理状况

2021年是"十四五"开局之年，保护管理机构敦煌研究院始终坚持以习近平新时代中国特色社会主义思想为指导，深入学习贯彻落实习近平总书记在敦煌研究院座谈时的重要讲话精神，秉承"莫高精神"，紧紧围绕"努力把研究院建设成为世界文化遗产保护的典范和敦煌学研究的高地"奋斗目标，不断推进文化遗产保护、研究、弘扬事业平衡协调高质量发展，在世界遗产莫高窟的保护管理工作中取得了优异的成绩。

（一）保护管理机构及人员

敦煌研究院负责世界文化遗产敦煌莫高窟的保护管理。2021年，敦煌研究院下设管理机构36个，其中业务部门12个[①]、行政服务部门12个、直属事

---

① 敦煌石窟监测中心负责莫高窟的风险监测及预防性保护。

业单位 5 个、文化科技与创意企业 7 个。在编职工 433 人，其中专业技术人员 328 人；高级专业技术职称 118 人、中级专业技术职称 167 人；博士学位 43 人、硕士学位 105 人、大学本科学历 257 人。聘用合同制职工 836 人，院属企业聘用职工 259 人，全院现有职工总数 1528 人。

（二）保护管理经费

2021 年，敦煌研究院投入保护管理经费 14560.53 万元 [①]。其中中央财政拨款 6277.9 万元，占总经费的 43.1%，地方财政拨款 7062.73 万元，占总经费的 48.5%，自筹经费 1219.9 万元，占总经费的 8.4%。中央财政经费主要用于本体保护、数字化保护、安消防工程和学术研究，地方财政经费主要用于展示利用、保护性设施建设和旅游管理，自筹经费用于本体保护、数字化保护、学术研究及宣传教育（见图 1）。

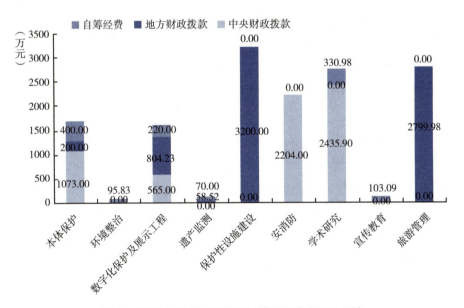

图 1　2021 年敦煌研究院保护管理经费来源及用途

---

① 　资料来源：敦煌研究院计划财务处。

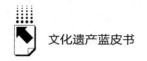

（三）文物保护及其相关研究

2021 年，敦煌研究院持续构建抢救性与预防性保护并重的敦煌石窟综合保护体系，加强文物本体保护、预防性保护、文物数字化、文物安全等工作。深入开展文物保护科技和人文社科研究，全方位、多维度挖掘和阐释敦煌文化中蕴含的哲学思想、人文精神、价值理念、道德规范，进一步拓展人文社科研究的广度和深度。

本体保护方面，完成 7 项文物保护勘察设计方案，修复各类病害壁画1894 平方米、彩塑 94 身，开展莫高窟佛塔保护修缮工程和局部崖体抢险加固工程。

预防性保护方面，开展环境和文物本体的监测，在洞窟微环境预警的基础上引入精准天气预报，实现风沙、暴雨等恶劣天气预警，这一举措为本体保护和旅游开放管理决策提供了精准、科学的信息支撑，取得了良好成效。完成各类巡检 30 多次，对 17 个洞窟进行保养维护，修复壁画 75.91 平方米，修补裂隙、加固边缘、修复划痕 166.1 平方米；修复塑像 15 身。持续推进预防性保护设施建设，完成 3 个洞窟的玻璃屏风及地面改造；开展风沙防治及环境治理，铺设麦草方格沙障 30 万平方米，更换防沙网3500 米。

文物数字化方面，完成 26 个洞窟数字化方案设计、14 个洞窟壁画数字化采集、10 个洞窟壁画数字化图像拼接、22 个洞窟虚拟漫游制作；持续深化可移动文物数字化管理，完成 50 幅敦煌壁画白描稿数字化。

文物安全方面，严格落实文物安全工作责任制，筑牢文物安全、消防安全和游客安全防线，全年无安全事故。持续推进"平安石窟"建设，实施莫高窟安防升级改造工程，提升安防水平。

文物保护科技研究方面，承担国家重点研发计划项目和省部级及以上课题 35 项，出版专著 4 部，发表学术论文 45 篇，受理授权技术专利 12 件，开展 2 项行业标准和 5 项地方标准的编制。"多元异构的敦煌石窟数字化保护关键技术研发与应用推广"获甘肃省科技进步一等奖，多项文物保护科技成果入选国家"十三五"科技创新成就展。

人文社科研究方面，承担国家社科基金重大项目和省部级及以上课题 50 余项，出版学术著作 14 部，发表论文 75 篇。《敦煌艺术大辞典》等 6 项成果荣获甘肃省第十六次哲学社会科学优秀成果奖。

（四）展示利用

坚持以游客为中心的服务理念，制定疫情防控常态化背景下的旅游开放措施，积极开展负责任的文化旅游，2021 年接待游客 160.8 万人次。创新旅游模式，推出莫高窟虚拟体验"飞天专题游"参观路线。莫高窟青年讲解服务团队被评选为"甘肃省青年五四奖章集体"。

不断创新文化展陈和传播方式，积极响应中华优秀传统文化"走出去"战略，在全国各地举办各类展览 30 多次；举办各类社教活动 20 余场次。"莫高学堂"研学项目被评为亚太地区世界遗产青少年教育优秀案例，敦煌研究院被授予"世界遗产青少年教育基地"荣誉称号。

加强与中央电视台、新华社、《人民日报》等主流媒体的深度合作，着力打造融媒体平台，浏览量达 2 亿人次，访客覆盖 96 个国家（地区）和全国 34 个省（区、市）。莫高窟微博被评为 2020 年度文博十大影响力官微，"敦煌岁时节令"数字媒体品牌入选"百佳数字出版精品项目献礼建党百年专栏"，《一事一生·一人一窟》系列短视频荣获中华文物全媒体传播精品（新媒体）推介项目。

三 遗产地监测评估

2021 年世界文化遗产地莫高窟保护总体向好，遗产保护工作积极、有序推进。尽管开展了大量保护工作，取得了丰硕的成绩，但仍然有许多保护关键技术需要攻克，本体病害亟须治理，未来遗址保护问题依然严峻。同时，温度升高、降雨周期异常、风沙天气增多等环境问题逐渐凸显，气候变化已成为莫高窟遗产保护面临的新挑战。

（一）承诺事项履行进展

2021年世界文化遗产地莫高窟履行承诺事项①良好。自1987年加入世界文化遗产至今，莫高窟承诺事项共计34项，其中申遗文本承诺31项、大会决议3项②。承诺内容涵盖安消防、预防性保护设施、人文社科研究、档案信息管理、环境保护、国际合作交流、文物本体保护、崖体抢险加固、科技保护研究、展示利用等多项内容。在过去的30多年里，世界文化遗产地莫高窟在敦煌研究院的管理下，严格按照《世界遗产公约》要求，以"保护、研究和弘扬"为责任，竭尽全力，最大限度利用国内资源，积极开展国际合作，采取诸多积极有效的保护、管理措施，取得明显的成效。截至2021年12月，已完成洞窟加固、北区崖体加固、安装窟门、安装安消防设施、完善保护管理制度、建立保护科学研究的现代化实验设施、改善窟区绿化环境等27项承诺，多项保护管理措施达到国际先进水平，在国内外遗产保护领域发挥典型的引领示范作用。正在履行承诺7项③，主要涵盖科技保护研究和人文社科研究领域。在这些研究领域，敦煌研究院着力打造包括"国家古代壁画与土遗址保护工程技术研究中心""古代壁画保护国家文物局重点科研基地""丝绸之路文化遗产保护国际科技合作基地"等国内外领先的科研平台，为文化遗产事业发展奠定了良好基础。仅2021年，敦煌研究院累计获得研究经费2400多万元，开展80多项国家

---

① 承诺事项是指经联合国教科文组织世界遗产委员会审核通过的涉及遗产保护管理的事项。

② 联合国教科文组织世界遗产委员会会议，1987年申遗文本提出31项，1988年、1993年、1994年三次会议，会议决议各提出1项。

③ 正在履行承诺7项，分别为：
①采取一切必要措施来保护莫高窟脆弱的洞窟遗址。承诺来源于1988年联合国世界遗产大会决议。
②必须对壁画疾病进行系统研究，并研究人为因素对遗址的影响。承诺来源于1993年联合国世界遗产大会决议。
③深入探讨敦煌艺术、厘清佛教美术史、佛教艺术理论、佛教艺术美学的规律性，科学地评价敦煌艺术。承诺来源于1987年申遗文本。
④莫高窟环境保护的研究。承诺来源于1987年申遗文本。
⑤壁画和彩塑病害的防治研究。承诺来源于1987年申遗文本。
⑥对丝绸之路上的佛教遗存、文物和史地的调查研究。承诺来源于1987年申遗文本。
⑦石窟内外环境的分析、评价和保护的研究。承诺来源于1987年申遗文本。

或省部级课题，进行科技保护研究和人文社科研究；投入 8400 多万元，用于本体保护、环境整治、预防性保护、数字化保护等项目。

（二）遗产保护

1. 总体格局

2021 年，莫高窟遗产要素和周边山水等环境之间独特的平面关系和空间关系未受到影响，总体格局保持完整。为提升遗产要素抵御风险能力，莫高窟山顶风沙防治体系铺设麦草方格沙障 30 万平方米，有序推进风沙防治体系建设，进一步减少风沙对文物本体的侵蚀，有效改善文物赋存环境，对遗产的突出普遍价值产生正面积极的影响（见图 2）。

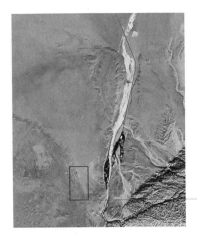

图 2　2021 年莫高窟风沙防治体系铺设麦草方格区域

资料来源：敦煌研究院敦煌石窟监测中心。

2. 遗产要素单体

2021 年，莫高窟遗产要素单体保护良好，无自然灾害和人为破坏造成遗产要素单体的改变。实施保养维护工程、抢险加固工程、修缮工程、保护性设施改造等工程，均对遗产的突出普遍价值产生正面影响。

2021 年修复完工莫高窟第 8、12、231、254、465 等窟壁画，开展第

1~23 号佛塔、成城湾花塔和慈氏塔保护工程，南区崖体局部加固工程，并对 17 个洞窟的壁画和彩塑进行保养维护。这些保护修复项目和保养维护工作有效减缓遗址要素单体劣化速度，进一步加强了遗产抵御风险的能力（见图3）。

修复前　　　　　　　　　　　　　　　　修复后

图3　莫高窟第231窟壁画修复前后对比

资料来源：敦煌研究院文物保护技术服务中心。

2021 年完成了莫高窟第 61、335 和 428 窟玻璃屏风和地面改造工程。该预防性保护设施改造项目去除了洞窟内 20 世纪多时期铺设的水泥地面，更换为材质更轻、具有良好透气性的烧制仿制莲花砖地面。铺设采用地埋连接、细砂垫底，不使用水泥等黏结材料，在有效减轻洞窟崖体荷载的同时，保证了工程的可逆性。屏风使用仿木铝合金框架、超白高透低反射双层夹胶玻璃，在保证文物和游客安全的前提下，增强了洞窟环境的协调性，有效改善了游客参观环境（见图4）。

改造前　　　　　　　　　　　　　　　　改造后

图4　莫高窟第428窟玻璃屏风地面改造前后对比

资料来源：敦煌研究院敦煌石窟监测中心。

3. 遗产使用功能

2021 年莫高窟无遗产使用功能变化。

4. 壁画和彩塑病害

2021 年，敦煌研究院坚持抢救性保护与预防性保护并重，加强洞窟开放管理和游客预约管理，在壁画和彩塑病害治理方面取得了显著成效，莫高窟壁画和彩塑病害状态控制较好。

壁画和彩塑的病害监测结果表明，底层洞窟比上层洞窟[①] 更容易发生病害，开放洞窟的病害发育速度要大于非开放洞窟[②]。在莫高窟 492 个有壁画和彩塑的洞窟中，有 30 多种病害，仅有第 16、23、25、29、35、55、100、103 窟等个别洞窟有轻微的酥碱、起甲病害发育，这些洞窟大多为底层开放洞窟，需要及时进行保养维护（见图 5）。

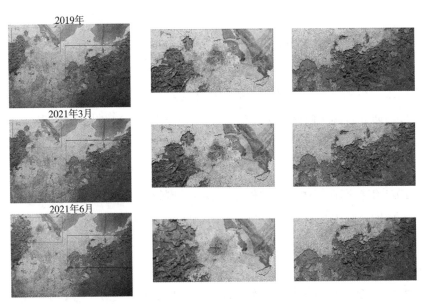

图 5　莫高窟第 25 窟壁画病害监测结果（2019~2021 年）

资料来源：敦煌研究院敦煌石窟监测中心。

---

① 依据洞窟空间位置的高低划分，距离地面最近的一层为底层洞窟，底层洞窟之上为上层洞窟。

② 开放和非开放洞窟指对游客开放或不开放洞窟。

敦煌研究院 2021 年洞窟检查评估结果显示，现阶段莫高窟需要对 11 个洞窟进行壁画修复，其中，6 个洞窟涉及酥碱病害、10 个洞窟涉及起甲病害、3 个洞窟涉及疱疹病害、5 个洞窟涉及空鼓和裂缝隙病害。需要对 184 处壁画进行保养维护，其中，32 处涉及酥碱病害、61 处涉及起甲病害、127 处涉及裂缝隙病害、96 处涉及空鼓病害[①]。需要对 65 身彩塑进行加固，主要治理的病害为局部开裂和由于裂缝隙导致的结构失稳。

从目前情况来看，受到旅游开放的影响，洞窟环境波动加剧壁画劣化速度的问题不容忽视，部分开放洞窟需要进行及时的保养维护，防止病害进一步发育。莫高窟壁画和塑像病害治理工作依然繁重，整窟修复的工作会逐年减少并趋于稳定，与之相对，保养维护工作会有所增加。当前病害治理主要集中于酥碱和起甲病害修复及裂缝隙和空鼓病害加固，通过及时的病害防治，提高遗址本体韧性，增加抵抗风险能力，减缓或防止病害发育。

5. 木构窟檐、窟前遗址和其他现存文物建筑病害

2021 年敦煌石窟监测中心加强遗址病害巡查，发现病害发育及时处置，莫高窟木构窟檐、窟前遗址和其他现存文物建筑保存状况较为稳定。对巡查中发现的两处较高风险区域进行保养维护，分别为第 96 窟窟前遗址局部风化剥落加固、大牌坊局部脱榫抢修。

6. 崖体病害

2021 年莫高窟崖体整体结构保持稳定，裂缝隙变形较小，变化趋势以年或日为周期，随温度变化而波动，波动幅度较小，且具有良好的回归性。受裂缝隙变化波动影响，部分裂缝隙有漏沙现象，正在开展持续性监测（见图 6）。

2021 年莫高窟崖体有风化落石现象，主要发生区域多在第 148、85、388 窟等外崖体，发生时间多在降雨过后及 3 月和 9 月季节变化期间，落石量较小，未发生落石导致文物损坏或击伤游客事件，整体风险程度较低，对遗产

---

① 资料来源：敦煌研究院敦煌石窟监测中心。该统计仅针对不同洞窟或区域的病害类型，同一洞窟或区域有不同类型病害分布，会进行多次统计。

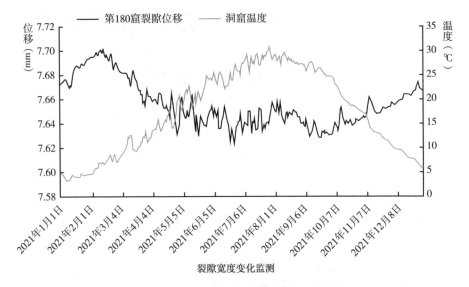

裂隙宽度变化监测

裂隙漏沙监测

图 6　莫高窟第 180 窟裂隙监测

资料来源：敦煌研究院敦煌石窟监测中心。

价值影响较小。已开展落石高发期间游客管控和莫高窟崖体防风化落石治理
研究（见图 7）。

图7　莫高窟崖体落石监测

资料来源：敦煌研究院敦煌石窟监测中心。

7. 生物病害

2018年以来，每年春夏季在莫高窟窟区及周边荒漠都会出现大规模的拟步甲科昆虫活动，对壁画保存和游客参观造成了影响。2021年，敦煌研究院根据成虫的生活史及习性，在莫高窟窟区及周边开展本年度综合防治工作。采用针对拟步甲昆虫的环境友好型杀虫剂，用于窟区周围环境的虫害防治；采取如人为机械清扫、改善窟门的密封性、使用药棉堵塞洞窟壁画上的孔洞等物理措施将拟步甲昆虫阻隔在窟外，取得了良好效果。同时加强洞窟的病害监测巡查，发现虫害迹象及时预警，并进一步开展防治效果的跟踪评估和虫害的长期监测研究（见图8）。

洞窟门口聚集的拟步甲虫　　　　　　拟步甲虫物理防护

图8　莫高窟拟步甲虫病害

资料来源：敦煌研究院保护研究所。

（三）遗产影响因素及监测分析

环境因素是文物病害形成的主要诱因。2021年为莫高窟相对高温、干旱少雨的年份，且出现较为明显的暖冬现象。与往年相比，降雨量明显减少，降雨周期由往年的 6~8 月前移至 4~5 月，由此导致 4~5 月洞窟湿度超过阈值的次数略有增加，6~8 月则明显减少；风沙天气显著增加，东北风沙尘暴频繁发生，窟前积沙量与 2020 年相比增加了 80%，与 2019 年相比显著减少，仅为 2019 年的 20%；空气污染物 PM10 浓度 24 小时平均值全年有 42 天超过 50μg/m³，污染性气体相对含量较低，NOx 和 SO$_2$ 均达到环境空气功能区质量要求一级浓度限值标准。气候变化已成为莫高窟遗产保护面临的新挑战。

影响莫高窟遗产价值的自然灾害风险要素为沙尘暴、暴雨、洪水和地震。尽管 2021 年共发生 16 次沙尘暴，严重威胁到莫高窟的保护与利用，但是随着风沙防治工作的逐步推进，积沙呈明显的下降趋势，风沙防治取得了显著成效。2021 年内未发生暴雨及洪水灾害，但依据近年来的监测结果，暴雨和洪水依然是影响莫高窟遗产保护的主要风险要素。2021 年，以莫高窟为中心，1000 公里以内共发生 2 级及以上地震 267 次，未对莫高窟遗产价值产生负面影响，但是莫高窟周边的阿尔金断裂系、祁连山断裂系等十分活跃，地震灾害的防治工作十分严峻。

1. 自然环境

2021 年莫高窟最低气温为 -23.6℃、最高气温为 43.4℃，平均气温 12.1℃，比多年平均值[①]高 0.85℃，1~3 月气温皆高于多年平均温度 1℃以上，其中 2 月温度较多年平均气温高出 4.7℃，出现了明显的暖冬现象。相对湿度年均值为 24.2%，比多年平均值减少 4.5 个百分点。降水量为 24.3 毫米，较多年平均值减少 39.6%。本年度降水主要分布在 4 月和 5 月，两月降水量累积占全年降水量的 80.7%；与常年降水量相对丰沛的 6~8 月相比，本年度同时期降水量相差甚远。

2021 年莫高窟盛行南风、北风和西北风。其中南风出现频率为 33.28%，北风出现频率为 18.48%，西北风出现频率为 12.37%，东北风出现频率为 11.87%。从风力强度来分析，南风出现频率较高，但是风力小、输沙能力较弱，东北风和西北风风力大、输沙能力强。尤其是近年来东北风沙尘暴频繁发生，风力强劲，气流在经过戈壁时带起大量的粉尘，经窟前防风林带的阻挡而沉降在莫高窟，对莫高窟环境和文物保护造成新的威胁。

---

① 多年平均值为 1991~2021 年的平均值。

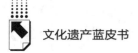

2021 年莫高窟窟区积沙量比 2020 年有所增加，比 2019 年显著减少，仅为 2019 年的 20%，与 1990 年莫高窟窟区积沙量相比，风沙危害综合防护体系防风固沙效应达到了 90% 以上。随着窟顶风沙防护体系的逐渐完善，综合防护体系发挥了较好的防护效果（见图 9）。

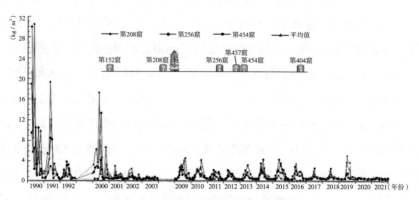

图 9　莫高窟窟前积沙量变化趋势

资料来源：敦煌研究院敦煌石窟监测中心。

空气中的污染不仅影响人们的健康，同时也会加速文物的劣化，对文物价值产生负面影响。2021 年莫高窟空气污染物以 PM10 为主，PM10 年均值为 23.3μg/m³，受到风沙天气影响，24 小时平均浓度有 42 天超过 50μg/m³，超出环境空气功能区质量要求一级浓度限值，其中有 2 天超过 300μg/m³，为重度污染。NO_x 和 SO_2 均达到环境空气功能区质量要求一级浓度限值。颗粒物沉降在壁画彩塑表面，不仅降低了其美学价值，亦对文物构成腐蚀等潜在威胁。因此，进一步加强空气中的 PM10 治理，减少污染物进入洞窟对莫高窟遗产保护具有重要意义。

2. 自然灾害

2021 年莫高窟地区发生扬沙 60 次、沙尘暴 16 次，其中强沙尘暴 2 次，最大风速为 20.63m/s，扬沙次数较 2020 年多 32%，沙尘暴次数与 2020 年基本相同。持续性改善敦煌周边生态环境、开展风沙防治是解决风沙灾害的主要途径。

2021 年，以莫高窟为中心，1000 公里以内共发生 2 级及以上地震 267 次（见图 10），其中青海海西州茫崖市 5.8 级地震（2021/6/16 16:48）和甘肃酒泉市阿克塞县 5.5 级地震 (2021/8/26 7:38) 莫高窟均有明显震感。震后敦煌石窟监测中心立即开展文物本体突发事件巡查，巡查结果显示，两次地震均未造成文物损坏。

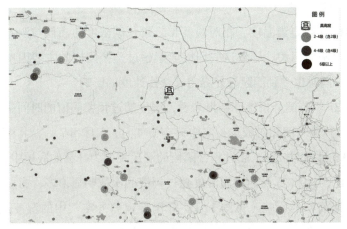

2021 年莫高窟周边地震（震中）位置分布

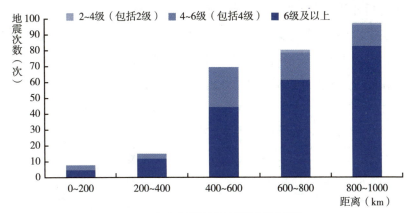

2021 年莫高窟周边地震等级和频次统计

图 10　2021 年莫高窟周边地震统计

资料来源：敦煌研究院敦煌石窟监测中心。

已有研究结果表明，莫高窟周缘存在四个潜在震源区，其可能发生的地震灾害将会对遗产的保存造成直接影响①。莫高窟遗址区的潜在地震变形主要

_____

① 石玉成:《敦煌莫高窟地震安全性评价》,《敦煌研究》2000 年第 1 期, 第 49~55 页。

产生于其东南侧的三危山断层发震,该断裂未来不能排除发生中强地震的可能。因此,未来莫高窟重要的一项保护工作是对裂隙空鼓和塑像稳定性进行加固,以提高莫高窟应对地震风险的能力。

3. 洞窟微环境

洞窟微环境要素温度、相对湿度和二氧化碳浓度的高低与洞窟壁画彩塑的病害发育密切相关。导致这些环境要素超过预警阈值的主要因素是降雨和旅游开放,同时也受到洞窟与外界空气交换速度的影响。

从 2021 年监测分析统计结果来看,湿度超过预警阈值的时间主要出现在 10~17 时,其余时间相对较少;集中分布于 4 月、5 月和 7 月,其中以 7 月最多,4 月和 5 月相对较少。超过预警阈值的洞窟主要为开放的底层中小型洞窟。与往年相比,4 月、5 月的洞窟湿度超过阈值的次数明显增多,主要是受本年度降雨周期前移的影响(见图 11)。降雨导致窟外空气中的湿度迅速增加,潮湿的空气随着窟内外空气交换进入洞窟,进而导致窟内湿度超过预警阈值,而降雨过后开放洞窟,将会加速潮湿空气进入洞窟速度,导致更严重的超阈值现象发生。7 月洞窟湿度超过阈值,主要是受游客的影响,当大量的游客进入洞窟,窟内外空气交换带出的水分小于人呼吸和体表蒸发的水分时,就会形成累积效应,进而导致洞窟湿度升高,超过预警阈值。

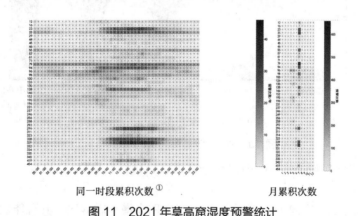

同一时段累积次数[①]　　　　　　月累积次数

图 11　2021 年莫高窟湿度预警统计

资料来源:敦煌研究院敦煌石窟监测中心。

[①]　2021 年同一时间出现超过阈值报警的累积次数。

二氧化碳浓度超过阈值主要出现在 11~16 时，集中分布于 5~7 月，多为空气交换能力较弱、参观频次较高的中小型开放洞窟（见图 12）。游客在洞窟内呼出的二氧化碳量大于窟内外空气交换带出的二氧化碳量时，就会导致二氧化碳浓度持续上升，超过预警阈值。

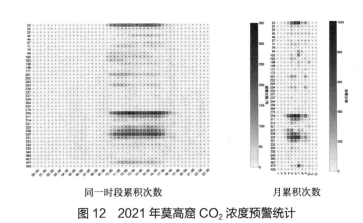

同一时段累积次数　　　　　　月累积次数

图 12　2021 年莫高窟 CO_2 浓度预警统计

资料来源：敦煌研究院敦煌石窟监测中心。

解决莫高窟微环境要素湿度和二氧化碳浓度超过预警阈值的问题，主要有两个途径，一方面是改善莫高窟窟门阻隔外界潮湿空气进入洞窟的能力，在窟内采用适宜的环境调控设施，降低湿度和二氧化碳浓度，通过这些预防性设施，有效降低环境风险。另一方面加强游客的有效管理，合理利用洞窟游客容量，将游客引入适宜开放的洞窟。

4. 游客监测

2021 年莫高窟积极探索构建疫情防控常态化背景下的石窟旅游开放模式，按照"预约、错峰、限量"的总方针，科学制定应急预案和参观流程，全力提升游客服务质量和参观体验，旅游开放平稳有序。全年接待游客 160.8 万人次，相比疫情开始的 2020 年，游客量增加了 27.6 万人次，相比疫情前的 2019 年则减少 52.1 万人次。受疫情反复的影响，游客集中分布于 7 月，与往年集中分布于 7~9 月的状况形成较大差异（见图 13）。游客峰值限定 18000 人 / 天 [①]，2021 年有 16 天达到峰值人数，7 月中下旬有 15 天，国庆假期有 1 天。

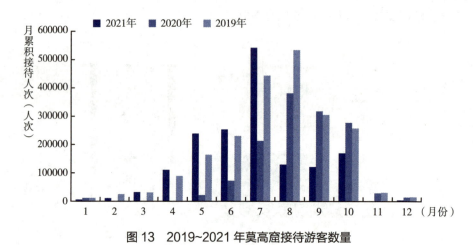

图 13　2019~2021 年莫高窟接待游客数量

资料来源：敦煌研究院文化弘扬部。

　　旅游开放给莫高窟洞窟微环境带来了巨大冲击，莫高窟微环境监测结果表明，这种冲击在空气交换能力弱、环境容量小的中小型洞窟表现尤为明显。莫高窟本体监测结果表明，旅游开放的洞窟，其病害发育的速度明显高于不开放洞窟。因此，持续优化旅游开放策略，精细化开展洞窟环境游客容量管理，是莫高窟旅游开放未来要解决的重要问题。

四　结论及展望

　　2021 年敦煌研究院紧紧围绕"努力把研究院建设成为世界文化遗产保护的典范和敦煌学研究的高地"奋斗目标，完整保存了遗产价值，取得了丰硕的成果，莫高窟遗址保护、研究、管理和利用状况良好。

　　遗产保护方面，紧紧围绕建设世界文化遗产保护典范这一目标，深入开

---

① 预约参观游客 6000 名，应急参观游客 12000 名。

展文物保护和研究工作，持续构建抢救性与预防性保护并重的敦煌石窟综合保护体系，在文物本体保护、预防性保护、文物数字化等基础和应用研究、关键技术研发等方面取得了一系列重要成果。

价值阐释挖掘方面，紧紧围绕建设敦煌学研究高地这一目标，全方位、多维度挖掘和阐释敦煌文化中蕴含的哲学思想、人文精神、价值理念、道德规范，进一步拓展人文社科研究的广度和深度，实现了学术研究成果数量和质量"双提升"。

综合管理方面，加强顶层规划和制度建设，持续推进全面质量管理体系建设，深化人事制度改革，加大人才引进力度，助力保护、研究、弘扬事业发展。

文化弘扬方面，积极开展负责任的文化旅游活动，严格落实疫情防控常态化背景下的旅游开放措施，积极推进莫高窟数字展示中心影院设备升级改造，不断创新文化展陈和传播方式，初步形成了文化遗产价值传播弘扬体系。

未来敦煌研究院将进一步强化全面质量管理体系建设，完善顶层规划和管理制度，加强人才引进与培养。加大文物保护与研究力度，强化保护基础理论研究，攻克保护关键技术，提高保护修复工艺水平，提高解决复杂条件下文物保护问题的综合能力。突出发挥服务国家文化战略作用，加强丝绸之路多元文化研究，持续完善敦煌学信息资源库和敦煌藏经洞出土文献目录数据库，加快推进"流失海外敦煌文物数字化复原"。进一步提高游客接待和服务水平，丰富文化弘扬和展陈展览方式，创新文化弘扬的管理模式，为最终实现敦煌研究院新时代文化遗产保护、研究、弘扬事业平衡协调高质量发展蓄力赋能。

参考文献

习近平:《在敦煌研究院座谈时的讲话》,《求是》2020 年第 3 期。

国家文物局:《世界遗产与可持续发展》,文物出版社,2012。

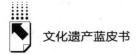

《敦煌莫高窟保护总体规划（2006-2025）》，2011。

UNESCO：“World Heritage Convention”，1972，http://whc.unesco.org/archive/convention-ch.pdf.

朱非清：《敦煌莫高窟及周边环境拟步甲虫害调查研究》，《环境昆虫学报》2022年第5期。

石玉成：《敦煌莫高窟地震安全性评价》，《敦煌研究》2000年第1期。

B.11
明十三陵世界文化遗产2021年度监测概况

摘 要： 2021年，北京市昌平区明十三陵管理中心作为明十三陵世界文化
遗产管理机构，遵照文物工作方针，开展遗产保护、管理、研究
与利用工作。遗产范围内的本体保护工程、保护性设施建设、基
础设施等遗产干预性工作皆按照国家相关规定开展，完成的修缮
任务质量达到国家相关规范及验收标准。文物本体、环境质量、
基础设施等遗产重要影响因素的监测在持续运行。遗产要素病害
通过日常巡查、保护修缮等工作得到有效控制或消除，整体保存
状况良好。德陵监、茂陵神马房、长陵古建筑的修缮和日常保养
等工程开工注册、技术交底、施工、验收、竣工备案、结算等均
已完成，病害整体可控，遗产地总体格局未发生根本变化。

关键词： 明十三陵 世界遗产 监测报告

一 明十三陵世界遗产概况

2003年7月3日，联合国教科文组织世界遗产委员会第27届会议通过
决议，明十三陵作为"明清皇家陵寝"的扩展项目，列入《世界遗产名录》。
从此，明十三陵成为世界文化遗产的一个组成部分。

---

* 聂蕊，明十三陵世界文化遗产管理中心副主任，主要研究领域：世界遗产保护和监测。

（一）遗产构成

明十三陵世界遗产保护范围为 823 公顷，坐标北纬 40°、东经 116°~117°。遗产要素主要包括文物建筑、古树名木、可移动文物及山川地貌等，其中文物建筑组成要素包括陵区整体建置要素、陵寝建筑群、服务性建筑群。陵区整体建置要素指明十三陵整体结构性建筑和遗址要素，包括主神道及相关要素，山口遗址及兆域边墙；陵寝建筑群是依据建筑群的历史功能分为的陵寝建筑群和服务性建筑群。陵寝建筑群分为帝后、妃子等其他陪葬墓两大类，帝后陵寝建筑群包括长陵、献陵、景陵、裕陵、茂陵、泰陵、康陵、永陵、昭陵、定陵、庆陵、德陵、思陵共十三组建筑群；陪葬陵寝建筑群及遗址包括东井、西井、万贵妃坟、悼陵、四妃二太子坟、贤妃坟、郑贵妃与二李刘周妃坟、王承恩墓共八组建筑群或遗址。陵寝附属建筑遗址指服务于整个陵区或特定陵区的功能性建筑群和建筑遗址。明十三陵世界文化遗产现存古树名木 4401 棵，可移动文物 5118 件套。

（二）突出普遍价值

明清皇家陵寝于 2000 年首次申报世界遗产，彼时的遗产构成只有明显陵、清东陵和清西陵。随着 2003 年和 2004 年的两次扩展，明孝陵、明十三陵、清永陵、清福陵、清昭陵也增补成为遗产构成，整个系列遗产的突出普遍价值也随之发生了变化。

2013 年，第 37 届世界遗产委员会会议审议通过了明清皇家陵寝的回顾性突出普遍价值声明：

明清皇家陵寝建于公元 1368 年至 1915 年间，现分布于中国北京市、河北省、湖北省、江苏省、辽宁省，包括 2000 年列入《世界遗产名录》的明显陵、清东陵、清西陵，2003 年扩展列入的明孝陵、明十三陵，以及 2004 年扩展列入的位于辽宁沈阳的三陵（清永陵、清福陵、清昭陵）。

明清皇家陵寝由众多采用传统建筑样式和装饰的建筑组成，其选址严格遵循风水理论。这些陵墓建筑和石质纪念物及雕塑，根据中国古代的礼治秩序，以神圣的方式进行排列布局，进而营造出适合皇家祭祀仪式进行和死者灵魂通过的场所空间。它们说明了统治中国五个多世纪的明清两代君主们对建造宏伟陵墓的高度重视，反映了他们对来世的向往和对权威的崇尚。

明朝开国皇帝的陵寝——孝陵，突破了过去的传统，开创了一套新的设计范式，为后世的北京明十三陵、钟祥明显陵以及清东陵、清西陵所效法。位于辽宁、建于 17 世纪的三座皇陵（永陵、福陵、昭陵），作为清朝开国君主及其父祖的陵寝，则融合了前代传统和满族文化的新特征。

明清皇家陵寝作为大型建筑群与自然环境有机融合的人类创造的天才的杰作，是 14~20 世纪中国历史上最后两个王朝（明、清）文化和建筑传统的独特见证。其中，清代的陵寝，完美地融合了汉族和满族的建筑艺术。明清皇家陵寝的选址及规划设计，无不反映出遵循风水理论"天人合一"的哲学思想和社会等级观念，阐释着中国古代社会后期普遍的世界观与权力观。

真实性：明清皇家陵寝内的建筑保持着明清两代建造或修葺后的原状。个别损毁的建筑也严格依据确凿的历史文献和考古材料进行了修复。明清皇家陵寝及其环境真实、明确地体现了中国传统文化中所包含的精神和观念、古代丧葬制度和艺术成就。

完整性：明清皇家陵寝完好地保存着承载其突出普遍价值的全部载体，包括物证、精神要素和历史文化信息。明清皇家陵寝各遗产区的边界完整、主体建筑和地下宫殿保存完好、整体格局依然完整、保护区内古建筑与遗址未受到过多的干预和改变，真实地展示了明清两代陵寝规制布局的完整性。按照风水理论为这些陵墓所选的地形地貌和自然环境仍延续至今。

为履行对《保护世界文化与自然遗产公约》的责任和义务，我国颁布了《世界文化遗产保护管理办法》《中国世界文化遗产监测巡视管理办法》《中国文物古迹保护准则》等文件。《世界文化遗产保护管理办法》要求："保护机构应当对世界文化遗产进行日常维护和监测，并建立日志。"[1]《中国世界文

---

[1] 中华人民共和国文化部：《世界文化遗产保护管理办法》，2006。

化遗产监测巡视管理办法》要求："世界文化遗产保护管理机构负责世界文化遗产的日常监测。日常监测的内容包括文物本体保存状况、核心区和缓冲区内的自然、人为变化、周边地区开发对文物本体的影响、游客承载量等……鼓励使用先进科学技术手段，对世界文化遗产开展多学科、多部门合作的监测……监测资料、监测数据的真实性、全面性必须予以保证。"[1]《中国文物古迹保护准则》要求："监测是随着世界遗产保护发展而受到广泛关注的一种保护方式，它可以及时发现和处理文化遗产保存出现的问题，实现对文化遗产最早和最低限度的干预，最大程度地保护其真实性和完整性……监测是认识文物古迹褪变过程及时发现文物古迹安全隐患的基本方法。对于无法通过保养维护消除的隐患，应实行连续监测，记录、整理、分析监测数据，作为采取进一步保护措施的依据。"[2]在上述文件的指导下，明十三陵世界文化遗产每年向上级主管部门报送《明清皇家陵寝－十三陵监测年度报告》。

二 2021 年度保护管理情况

（一）保护管理机构及人员

1981 年经北京市政府批准，北京市昌平区成立十三陵特区办事处，负责明十三陵景区的保护和管理。办事处定性为事业单位，但财务方面自收自支、自负盈亏，实则具有企业性质。近年来，随着保护和经营成本不断增加，财政压力也与日俱增，文物保护资金短缺，已成为明十三陵可持续发展的瓶颈。为从根本上解决体制机制问题，2021 年 5 月，根据《北京市昌平区深化事业单位改革试点实施方案》精神，北京市昌平区十三陵特区办事处在不断探索和努力下改制成为北京市昌平区明十三陵管理中心，属区政府直属公益一类事业单位，职责是承担明十三陵、居庸关长城、银山塔林的文物古迹保护、文化遗产研究、风景名胜区管理工作。该体制改革通过合理配置资源、科学设置机构，建立系统完备、科学规范、运行高效的运营体制，切实解决了现

---

[1] 国家文物局：《中国世界文化遗产监测巡视管理办法》，2006。
[2] 国际古迹遗址理事会中国国家委员会：《中国文物古迹保护准则》，2015。

行管理体制存在的事企不分、职责不清、机构臃肿、人员庞大、效率不高等实际问题。

（二）保护管理经费

2021 年，明十三陵投入 1213.42 万元用于本体保护项目，投入 482.63 万元用于生态环境工程项目。

（三）遗产保护举措

1. 文物本体保护

2021 年，明十三陵严格按照"最小干预""不改变文物原状"的原则，加强文物本体保护和修缮，共实施德陵监保护修缮等 12 项修缮工程、126 项零星维护工程，统筹推进泰陵方城加固保护等 18 项文物修缮工程前期工作。建立明十三陵文物保护修缮项目库，按照文物险情和病害的轻重缓急，科学储备文物保护修缮项目，提高文物保护修缮效率和文保资金使用效益。完成了"明十三陵万贵妃园寝墙墙基岩土勘察"的预算编制、财政评审和公司比选，"明十三陵永陵监大门抢险加固工程"的方案核准、预算编制和财政评审，"明十三陵长陵祾恩殿屋面修缮"的方案核准、预算编制和财政评审，"明十三陵长陵古建筑日常保养维护工程"的方案编制、备案、预算编制和财政评审，"明十三陵未开放陵寝古建筑日常保养维护工程"的方案编制和备案，"明十三陵茂陵监保护修缮""明十三陵庆陵监保护修缮""明十三陵裕陵监保护修缮""明十三陵泰陵监保护修缮"的预算编制，"明十三陵长陵祾恩殿室内鸟粪灰尘清理"任务。

2. 自然环境要素保护

2021 年，明十三陵配合北京市昌平区园林绿化局，委托专业公司对辖区内 4401 株古树进行体检，实施"一树一策"古树复壮工程，申报 2021 年古树抢救复壮项目，完成长陵监、悼陵监古树紧急抢救复壮，及时处置大风、冰雹等极端天气古树险情，对未开放陵寝油松粉刷大白，设置诱捕器，释放管氏肿腿蜂 5500 管，加强林木病虫害防控。

（四）遗产管理举措

1. 保护规划编制

2021 年，明十三陵世界遗产继续推进《明十三陵世界文化遗产保护管理规划》与《明十三陵文物保护总体规划》的编制和修改完善。按照《世界文化遗产保护管理办法》的规定，2018 年 3 月启动《明十三陵世界文化遗产保护管理规划》，同年 12 月，规划文本初稿编制完成。为充分发挥规划的引领作用，在镇域国土空间规划成果基础上，推进《明十三陵文物保护总体规划》和《明十三陵世界文化遗产保护管理规划》两规合一的修改完善和报批，目前两规合一的工作已经完成，正在征集昌平区各委办局意见和建议。

2. 档案建设和数字化

2021 年，明十三陵在"四有"档案、第三次全国不可移动文物普查登记档案的基础上，对明十三陵的文物遗址遗迹、石构件进行统计、测绘。截至 2021 年 10 月，统计明十三陵石构件 5896 件。对明十三陵兆域边墙及山口、陵监、古桥等附属建筑进行了调查统计，完成了《明十三陵陵监保护现状调查》《明十三陵陵寝外附属建筑遗址遗存勘察》《明十三陵兆域边墙及山口遗址现状调查》，并对明十三陵兆域内所有遗址遗迹的现状进行了梳理，统计文物本体及遗址遗迹 120 处，建立信息档案，为文物保护管理提供依据。建立馆藏文物电子档案。明十三陵博物馆现有馆藏文物 2722 套件、共 5118 件，其中珍贵文物 1058 件套，全部文物都编制了档案资料，拍照、编号、登记造册。将 1058 件珍贵文物在国家文物局可移动文物备案系统进行了备案。对石刻文物和部分核心建筑进行了三维扫描。对明十三陵总神道的 36 座石像生，对明十三陵特色石刻进行了高精度扫描，对明十三陵长陵祾恩殿进行了三维扫描。文物资源的数字化为文物的保护管理、研究利用提供了精准的数据支撑。

3. 风险管理与预防性保护

明十三陵世界遗产面临的主要风险依次为火灾、病虫害、人为损伤、自然劣化以及文化环境丧失。通过定期巡检、安全教育和防灾演习等方式进行严密防控，对各类本体病害开展针对性监测工作。安防消防系统功能提升，多种报警系统持续搭建，进一步完善安全管理制度，全面加强了明十三陵世界遗产的安全保障。为加强防控，重点开展消防安全整治，文物安全整治，特种设备、地下空间安全整治和电动自行车火灾防范工作。同时，加强护陵员教育培训，强化消防演练，开展安技防技能培训。积极发挥总监控中心管理作用，常年不间断进行视频巡查。开展平原造林、留白增绿、山区国家重点公益林建设，进一步提升辖区绿化水平，让绿化用地成为文物与辖区内村民活动范围之间的缓冲，使文物得到有效保护。

（五）宣传教育

在公众宣传方面，积极开展文化遗产日宣传，结合明十三陵第二届明文化节组织开展文化与自然遗产日、明文化论坛、文物保护成果展、历史影像展等活动，联合北京市昌平区十三陵镇开展"文化遗产走进校园"活动。

推动未开放陵寝的有序开放。针对明十三陵文化遗产陵寝建筑和遗址遗迹展示不系统、不充分的问题，积极探索扩大开放范围。2021 年，在明十三陵－康陵实施"明康陵日常保养维护工程"，安装必要的旅游配套设施设备，制作相关展览展示策划，积极推动康陵景区对外开放。2021 年 4 月 28 日，明康陵景区对外开放，2021 年接待文物爱好者 2862 人，收入 286200 元，成为文物助力乡村振兴的良好开端。从游客反馈情况看，普遍反映文物安全保护工作严格到位，文物展示、讲解内容丰富，可看性强，游览体验良好。此外，借助土地流转的契机，整治文物周边环境，建设小型遗址文化公园，提升遗址遗迹的展示水平。推动遗址遗迹展示区由点到线、由线到面，逐步改变旅游线路单一、景点分散、联系薄弱、文化内涵展示不充分的局面，为发展明十三陵兆域内全域文化旅游打好基础。

开展文化遗产日主题活动。2021 年 6 月 12 日，以"文物映耀百年征程"为主题，"焕发文物活力，赋彩美好生活"为宣传口号，在长陵、定陵、昭陵、神路四个景区分别开展"遗产日主题活动"。各景区在入口处设立咨询台，为参观的游客提供咨询服务，发放《文物保护法》《世界文化遗产保护管理办法》等相关宣传材料，结合明十三陵第二届明文化节组织开展文化与自然遗产日明文化论坛、世界遗产明十三陵文物保护成果展、擦亮"金名片"——明十三陵历史影像展、出警入跸仪仗展演、长陵卫换岗仪式、大射礼等活动。为进一步宣传明文化，联合北京市昌平区十三陵镇政府开展"文化遗产走进校园"活动，共同为周边小学、幼儿园发放明史知识读物，通过图文并茂的方式让这里的孩子们从小了解明史知识，进一步树立文化自信，本次活动赠书共计1040本。

参选"百年百大考古发现"。2021年5月，接到北京市文物局考古处《关于协助提供〈关于开展百年大考古发现遴选推介活动的通知〉申报材料的函》，该活动由国家文物局指导，中国考古学会、中国文物报社主办。按照活动要求，组织开展资料收集、整理工作，形成17000余字的《明定陵考古发掘申报材料》、一部《定陵发掘宣传片》、一段《定陵发掘视频资料》以及五部分重要照片资料并如期上报北京市文物研究所。经过北京市文物局审核、专家提名、相关机构评审，最终"北京明定陵考古发掘"被列入"百年百大考古发现"。

三 2021年度遗产监测情况

（一）承诺事项履行情况

明十三陵共有申遗承诺6条，截至2021年，已完成1条，[①]其余5条也在正常履行，包括：游客压力控制、优化管理体系并编制管理规划、实施能力建设、遵循最小干预原则实施古建筑日常维护和有计划的修复、提升遗产价值阐释。

（二）遗产保存状况

2021年，明十三陵的建筑本体和山水环境等遗产要素均得到良好保护，总体格局未发生变化。

---

① 已完成承诺事项为"将明孝陵和十三陵作为扩展项目申报"，出自24 COM XC.1号世界遗产委员会会议决议。

长陵实施了古建筑日常保养维护工程，德陵监围墙实施了修缮工程，泰陵、永陵、茂陵神马房也实施了保护工程，得益于保护工程的实施，上述遗产构成的要素单体呈现正面变化。但受到暴雨影响，灰岭口边墙由河卵石砌筑的墙体被大量雨水浸泡，发生坍塌，已进行应急处置。

2021 年，明十三陵持续开展神道、德陵、康陵、庆陵、泰陵、长陵、永陵、明世宗四妃二太子墓的病害监测工作。主要病害类型包括构建形变、渗漏、植物病害、构建材料腐蚀、构建材料风化等。其中，德陵、康陵、庆陵方城明楼多因渗水导致文物本体发生变形、严重风化酥碱现象，目前已进行重点拍照监测，后期将开展庆陵方城修缮设计工作。神道华表、望柱通过监测、检测结果数据分析暂未面临较大威胁。

（三）日常巡查与安消防

为确保文物安全，明十三陵划分出 16 个责任区域，实施领导班子成员、业务科室、专业队伍三级巡查机制，2021 年出动车辆 228 台次、人员 470 人次，巡查点位 100 余处。对大宫门和下马碑加装监控，推进陵区内多处遗址保护建设工程。进一步完善《陵寝巡查制度》等规章制度，下发"安全生产月"活动工作方案，明晰岗位职责，严格落实安全生产责任制，切实把责任压实到岗、到位、到人。扎实开展专项整治，建立安全生产台账 12 份，签订责任书 1000 余份。深入开展安全教育培训，各基层单位参加人员近 1000 人次，基本做到了全覆盖。同时，进行消防演练 120 余次，开展安技防技能培训 100 余次。充分发挥总监控中心管理作用，累计视频巡查 7180 余次、39300 多个点位。落实值班值守制度，确保假日期间值班人员在岗在位，加强景区周边和文物安全巡查，妥善处置突发事件并做好信息报送工作。系统抓好防汛，全面落实防汛预案和隐患排查治理。制定秋冬季节工作方案，大力整治各类火灾隐患。

（四）游客管理与常态化疫情防控

2021 年，疫情防控常态化，明十三陵世界遗产严格执行游客最大承载量每日 81225 人次的要求，切实保障了遗产地疫情防控安全。在开放景区入口醒目位置设立告示牌，对入园游客采取扫码、测温、"一米线"排队、检查提醒佩戴口罩等各项措施，定陵地宫、长陵祾恩殿等室内展室定时通风，游客中心、卫生间等重点场所每天消杀不少于 4 次，设立临时隔离观察室，做好员工防护，确保各项防控措施落实到位。完善预约机制，对售检票电子系统和网络预约软硬件设备进行升级改造，实行实名制分时段网络预约参观制度，全力做到"限量、预约、错峰"。重点做好疫苗接种工作，在编职工、临时工、第三方人员等合计 1399 人，其中累计接种 1181 人。建立健全全员定期核酸检测机制，组织一线职工核酸检测 7520 人次。

2021 年明十三陵依然受到新冠疫情影响，游人数量不多，但相较 2020 年略微有所好转（见图 1）。

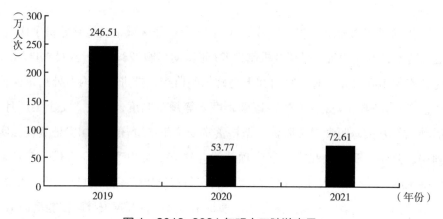

图 1   2019~2021 年明十三陵游客量

资料来源：2019~2021 年明十三陵监测年度报告。

（五）参与第三轮定期报告

2021 年，十三陵按要求完成世界遗产第三轮定期报告相关工作。根据国家文物局办公室《关于做好世界遗产第三轮定期报告工作的通知》（办保函〔2020〕1070 号）、北京市文物局《关于做好世界遗产第三轮定期报告工作的函》（京文物〔2020〕1752 号），亚太地区世界遗产定期报告在 2020 年 10 月正式启动，2020 年基本完成调查问卷的资料整理、填报工作，2021 年按照要求组织整理遗产区划线矢量数据和大比例尺地形数据信息，并如期上报，与此同时，配合国家文物局做好遗产区图纸数据内容审核和校对工作。

四　主要问题与下一步工作计划

（一）问题与思考

在取得成绩的同时，明十三陵世界文化遗产的保护管理也存在短板和不足，最为突出的问题主要有以下四点。

第一，从文物安全整体工作情况看，还存在安技防设备设施不完善，体制机制不健全，职工责任心不强，文物保护意识有待提高等方面的问题。

第二，从各项文物保护基础工作情况看，还存在文化挖掘不系统、不深入，展览展示水平不高，文创产品开发薄弱，文物保护难以带动周边村民增收等方面的问题。明十三陵研究工作还处于单打独斗的状态，学术力量薄弱，远未形成结构合理的学术研究梯队，与明十三陵世界文化遗产的地位不相称。

第三，从景区运营情况看，还存在事企不分、机构臃肿、效率不高，以及由于运营收入差导致的职工收入上不去、工作状态不强等方面的问题。

第四，遗产保护与区域经济社会发展存在矛盾。随着村镇建设的发展，周边的建筑环境和道路交通系统均发生了较大变化，明十三陵原有的保护范围和建设控制地带已明显滞后，对保护管理工作不利。

（二）下一阶段工作计划

一是平稳实施机构改革。全面调研摸底，加快研究制定改革相关的人员转隶、分流安置等工作方案，平稳实施好下一步改革相关工作。

二是有计划地引进和培养专业技术人员，提高专业资格技术人员待遇，鼓励职工开展明十三陵研究，逐渐形成一支研究能力强、业务水平高的职工队伍。

三是进一步加强文物保护。实施好明十三陵世界遗产文物保护修缮工程。

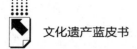
按照注重岁修、避免大修的原则，加强古建筑日常养护。

四是继续挖掘研究历史文化。与故宫、首博、天坛、颐和园等单位建立战略合作机制，切实推进明文化挖掘整理、展览展示策划和文创产品开发相关工作。

五是有序推进重点工程。启动总监控中心、长陵监控室消防系统建设工程项目建设等工作。

（三）2022年的具体工作

第一，加快推进《明十三陵文物保护总体规划》和《明十三陵世界文化遗产保护管理规划》的编制和申报审批。

第二，推进"明十三陵万贵妃园寝墙墙基岩土勘察""明十三陵永陵监大门抢险加固工程""明十三陵长陵祾恩殿屋面修缮""明十三陵长陵古建筑日常保养维护工程""明十三陵未开放陵寝古建筑日常保养维护工程""明十三陵茂陵监保护修缮""明十三陵庆陵监保护修缮""明十三陵裕陵监保护修缮""明十三陵泰陵监保护修缮"等9个项目的实施。

第三，推进已经启动的"泰陵方城加固保护""明十三陵献陵监、康陵监、悼陵监、永陵监保护修缮"等18项工程的前期勘察、方案编制、方案调整、方案申报等相关工作。

第四，继续做好对存在病害的遗产要素的定期人工监测和记录工作。

参考文献

联合国教科文组织:《保护世界文化和自然遗产公约》，1972。

中华人民共和国联合国教科文组织全国委员会:《关于我国文化和自然遗产列入"世界遗产清单"事》，1988。

中华人民共和国国家文物局:《〈明清皇家陵寝扩展项目——明十三陵〉申报世界文化遗产文本》，2001。

中华人民共和国文化部:《世界文化遗产保护管理办法》，2006。

国家文物局:《中国世界文化遗产监测巡视管理办法》，2006。

国际古迹遗址理事会中国国家委员会:《中国文物古迹保护准则》，2015。

《明清皇家陵寝－十三陵 2021 年度监测年度报告》，2022。

《明十三陵管理中心 2021 年工作总结和 2022 年工作要点》，2022。

B.12
规划引领、系统保护下的西湖文化景观

——杭州西湖文化景观 2021 年度监测年度分析报告

吴　涛*

摘　要： 2021 年，尽管面对新冠疫情的冲击，杭州西湖文化景观遗产本体和
　　　　 环境保存状况总体良好，真实性、完整性得到有效保持，突出普遍价
　　　　 值未受到损害。这得益于杭州严格遵循“保护第一”的原则，将西湖
　　　　 文化景观的保护和管理融于城市规划体系中，并严格执行了遗产法规
　　　　 框架内的相关法律规划；在 OUV、真实性和完整性的基础上对价值
　　　　 载体以及各要素开展监测、保护和管理，严控遗产区建设项目，开展
　　　　 西湖景观影响评估；持续做好遗产区生态环境治理，提升西湖水质，
　　　　 保护生物多样性；构建遗产监测中心及属地单位相互配合的巡查工作
　　　　 体系，确保了遗产本体安全；以可持续发展理念为指导，积极协调遗
　　　　 产利益相关方和有关管理部门的合作机制。

关键词： 文化景观　规划　保护　监测

一　西湖文化景观面临的形势和变化

（一）西湖文化景观的总体情况

根据监测数据分析，2021 年西湖文化景观遗产的真实性、完整性得到有

效保护。西湖遗产本体完整性监测和真实性监测完好率 100%：自然山水和两堤三岛的景观格局未改变；西湖十景、14 处文化史迹遗产本体完整性和真实性监测整体情况良好；特色植物春桃（苏白二堤的间株杨柳间株桃）、夏荷（曲院风荷的荷花）、秋桂（满觉陇、植物园等地的桂花）、冬梅（孤山与梅妻鹤子关联的梅花）以及龙井茶园的种植范围、品种未改变，未见重大的病虫害侵扰，植物整体景观格局良好，平面格局合理，立面层次比较清晰、分明，总体的植株长势良好；三面云山一面城的空间特征依旧保持良好，三面云山后背未见突兀的高层建筑影响。

（二）全方位体系化的遗产建设

《杭州西湖文化景观保护管理规划（2010-2020）》对西湖文化景观的价值、自然山水、城湖空间、文物古迹、特色植物、建设发展、文化旅游、监测等方面的保护管理提出了相应的要求、措施和要点，西湖文化景观以此为根据开展了系统性的保护管理。

1. 顶层设计日臻完善

2011 年杭州西湖文化景观登录《世界遗产名录》以来，杭州市政府严格按照世界遗产保护的要求，建立了系统全面的法律法规框架。先后公布实施了《杭州西湖文化景观保护管理条例》（2011）、《杭州西湖文化景观保护管理规划纲要（2008—2020）》、《杭州西湖文化景观保护管理规划（2010-2020）》，为应对文化景观所面临的压力与变化提供了重要的管理依据（见图 1）。

《杭州西湖文化景观保护管理规划纲要（2008—2020）》《杭州西湖文化景观保护管理规划（2010-2020）》均已到期，杭州市政府已于 2020 年启动修编，现已完成上版规划实施评估，预计于 2022 年 9 月完成评审。同时，西湖"十四五"规划和 2035 年远景目标纲要已完成编制，新一轮《西湖风景名胜区总体规划》修编也已通过市人大审议。

西湖风景名胜区管委会（以下简称管委会）还完成了《杭州市西湖水域保护管理条例》执行情况评估，修订工作有序推进并纳入全市立法计划。主动参与《杭州市西湖龙井茶保护管理条例》修订。《杭州西湖风景名胜区全域

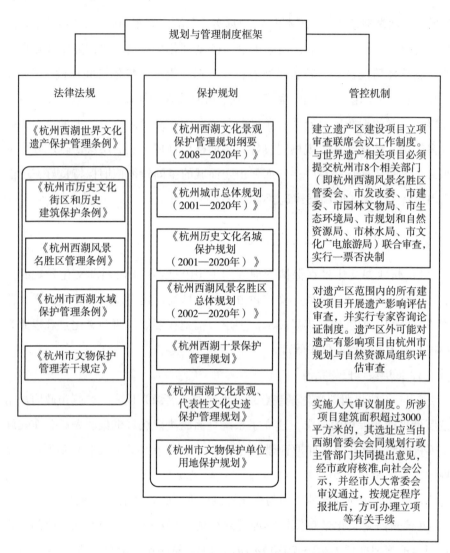

图 1 西湖文化景观规划与管理制度框架

提升"十四五"规划》通过市政府审核并发布,《西湖西溪业态引导规划》通过审议。此外,《西湖风景名胜区美丽乡村规划》《北山街历史文化街区保护规划》《西湖水上设施及岸线整治规划》等专项规划正在有序推进。

2. 遗产监测水平进一步提高

一是强化遗产本体监测。为更好地适应遗产监测需求、进一步升级监测设备、优化提升监测预警体系，开展杭州西湖文化景观遗产监测预警体系指标提升及预警设计项目。二是继续推进两堤三岛、西湖十景、14处文化史迹专业监测及评估。三是加强西湖文化景观遗产点本体病害监测，定期对文物周边环境因素、文物本体材料性质、文物病害状况及生物生长繁殖情况进行规范化勘测、评估和分子生物学检测。四是持续开展西湖特色植物监测，完成西湖十景植物景观、历史文化史迹植物景观、四季花木和古树名木的监测。五是加强遗产区环境因素监测，完成遗产区地表水、地下水、大气、土壤、噪声、生物等环境因素监测。

3. 本体保护不断加强

完成岳飞墓（庙）、三潭印月、蒋庄等保养维护及宝石山石刻保护及展示、浙江辛亥革命纪念馆及墓葬群保养提升、于谦祠修缮及展陈提升工程等。推进实施西泠印社孤山保护提升工程、南高峰塔遗址保护与展示工程，加速推进老虎洞和郊坛下遗址保护等项目前期工作及六和塔、白塔综保工程、梵天寺经幢保护与加固工程等项目可行性研究。

完成净慈寺遗址考古发掘，发掘清理出台基、磉墩、柱础、天井、水井以及排水沟等各种遗迹，出土陶瓷器、建筑构件等标本650余件。此次考古发掘对了解净慈寺不同时期主要建筑的特点、营造手法、规模和形制提供了翔实的考古资料，对研究古代寺庙建筑和五山十刹具有重要的历史意义和学术价值。

4. 旅游管理水平进一步提升

2021年开始，西湖景区收费景点和室内场馆均已实行预约制管理，预约平台限额基本按照《杭州西湖景区游客最大承载量研究》极限值以及现有国家政策规定疫情期间按75%的比例进行控制。按照"外控流量、内增容量、公交优先、智慧赋能"的思路加大景区交通治堵力度。持续探索景区机动车总量控制举措，推动城西休闲公园等外围停车接驳枢纽建设，实施全域单双号限行，采取热门景点和区域周边道路单行线通行、灵隐景区机动车预约通行制、公交调度控制等措施，合理控制游客容量，多措并举保证遗产价值的真实性和完整性，保障游客的体验感和旅游品质。

5. 生态环境持续优化

一是西湖水质持续提升。市控以上功能区断面均达到Ⅲ类水质，4个水质断面全部达标。完成西湖水域降氮二期，湖心亭、阮公墩及西湖沿湖区域雨污设施提升等工程。做好西湖流域常态化监测，强化湖面保洁和外来入侵物种管控。完成西湖沉水植物群落优化提升，扩繁沉水植物1.7万平方米。西湖全年引水1.37亿立方米，湖心平均透明度94.7厘米，较上年提升12.6厘米，水质达到地表Ⅲ类。

二是加强生物多样性保护。扎实推进"林长制"，实现林地资源数字化监管，严格查处毁林种茶等违法行为，完成省级以上公益林优化、第三次全国国土调查数据融合等专项工作。完成西湖动植物和鱼类专项调查，完成华东种质资源库设施提升，引进新优植物品种220余个，生物多样性数据库初步构建。

三是大力开展山林保护。持续开展对山体、山林的监测工作，加强日常巡查，按照"预防为主、综合治理"和"防重于治、坚持群防"并举的方针落实松材线虫病防控工作。在极端天气做好应急预警方案，2021年西湖周边山体未发生自然灾害和火灾。

四是积极开展空气污染治理。制定大气污染防治精细化管理工作方案，进一步细化落实扬尘控制、油烟排放、车辆管控等大气污染防治措施，不断改善与提升景区大气环境质量。推动实施西湖景区机动车环保2.0行动方案，建设货车清洁化示范区，实施高排放车辆限行，部分道路取消路边停车位，孤山路实施预约通行制度。

五是加强固体垃圾治理。全力推进"无废景区"建设，健全生活垃圾、建筑垃圾、农业废弃物、医疗废物等固体废物全过程闭环监管体系，实现产废无增长、资源无浪费、设施无缺口、监管无盲区、保障无缺位、固废无倾倒的"六无"工作目标。全域推行电子门票，电子门票使用率超过90%。

6. 社区居民民生保障进一步增强

一是龙井茶特色持续彰显。加强种质资源保护，建成西湖龙井群体种种质资源圃。深入推进茶地流转，完成茶地流转和意向流转面积869.72亩。持续净化市场，查处新中国成立以来最大的西湖龙井茶制假售假案件。大力促进龙井茶非遗技艺传承，举办西湖龙井茶保护与发展高级论坛，认定 11 家西湖龙井炒茶类工作室为区级大师工作室。2021 年西湖龙井茶产量为 184.4 吨，产值 2.6 亿元，茶青和干茶的售卖价格比去年同期增长 10% 以上。

二是惠民举措扎实落地。出台文化、生态等与遗产区规划匹配的产业扶持政策，推动业态转型升级。积极盘活区、街道、村（社）三级资产，优先保障民生需求。推动民生工程建设，完成九溪口 20 年一遇防洪工程、龙井岭上区块整治工程等。做好花事惠民共享。实施更加积极的就业帮扶政策，辖区"零就业"家庭动态清零，城镇登记失业率保持杭州市最低水平。

7. 积极推进西湖遗产宣教与研究

2021 年是西湖申遗成功 10 周年，管委会开展了申遗成功 10 周年系列活动，并与联合国教科文组织亚太地区世界遗产培训与研究中心（苏州）、良渚古城、运河扬州段、运河杭州段、安徽黄山等 8 处遗产地和机构共同发起成立签订长三角地区文化与自然遗产保护联盟。完成第九届西湖文化特使招募，开展"讲给孩子们听的西湖故事"系列课程的"西湖文化特使进校园"及"原地旅行·走读杭州"活动。西湖文化特使项目获亚太地区 2021 年世界遗产青少年优秀案例。

编辑出版《西湖学论丛》第 12 辑、《西湖古版画》、《我的西湖——值得记住的昨天那些事》、《日本人眼中的西湖》、《西方人眼中的西湖》等书籍，推进《阮元与西湖》、"名人与杭州西湖系列丛书"、"西湖故事系列丛书"出版工作。组织编撰"世界遗产在中国"系列丛书《世界遗产在中国·杭州西湖文化景观》。完成浙江省"文化基因解码工程暨西湖文化基因解码工程"。新开科研课题 20 余项，内容涵盖生物多样性保护、植物保护、文化景观提升、生态研究、文物保护、文化研究、遗产管理等方向，其中 1 项获杭州市社会科学界第七届学术和咨政年会优秀成果三等奖，3 项被列入 2022 年度浙江省文物保护科技项目。

（三）西湖文化景观面临的国内外新形势

为了更好地履行《保护世界文化与自然遗产公约》（1972），进一步提升

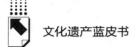

杭州西湖文化景观的保护与管理，保护遗产价值的完整性、真实性，新版的《西湖文化景观保护管理规划》分析了新的国际理念、新的城市发展形势下的机遇与挑战。

1. 世界遗产理念新动向

2010 年以来，国际遗产保护理念不断发展，国际遗产接连发布了《2030年可持续发展议程》（2015）、《将可持续发展观点纳入〈世界遗产公约〉进程的政策》（2015）、《城市历史景观建议书（HUL）》（2011），特别是《操作指南》（2021 版），《操作指南》将文化景观概念正式列入与自然遗产、文化遗产、双遗产并列的遗产类型，并强调文化景观特有的特征。

强调 1：可定义的清晰的地理—文化区域；

强调 2：文化景观所承载的可持续的土地利用独特技术；

强调 3：文化景观放映的独特的人与自然之间的精神关联；

强调 4：文化景观对于维护生态多样性的意义。

关于《2030 年可持续发展议程》（2015），根据可持续发展战略目标，西湖文化景观在以下 7 个方面将会有直接的贡献：4 有弹性的农业、6 保护修复与水有关的生态系统、8 体面的工作和经济增长、11 可持续城市和社区、12自然资源的可持续管理和高效利用、13 抵御气候灾害和自然灾害的复原力和适应力、16 促进和平包容的社会实现可持续发展。

《关于城市历史景观的建议书》（2011）、《HUL 指南：动态与持续变化环境中的遗产管理》（UNESCO，2011）对历史性城市及其遗产要素层级积淀关系的理解产生了重要影响。其中对城市历史景观（HUL）的定义是：历史性城市景观是文化和自然价值及属性经历史层层积淀而成的城市区域，其超越了以往"历史中心"或"建筑集合体"的概念，包括了更广泛的区域城市文脉及其地理环境因素。这些因素包括了地形、地貌、水文、自然属性，历史上的以及当代的建成环境，地上、地下的基础设施开放空间和园林，土地利用模式和空间组织，感觉与视觉关系，以及城市结构中的所有其他构成元素。另外，背景还包含了社会和文化的实践、价值观和经济进程，以及与多样性、识别性相关的非物质方面。

以上这些均有助于加强对西湖文化景观的认知，并开展对动态与持续变化的管理。

2. 考古发现和研究新成果

近年来的考古发现与历史研究新成果，极大丰富了遗址价值的内涵与要素。主要包括：自然山水和生态环境要素认知细化；文物普查和考古工作发现了南高峰塔遗址、净慈寺五代建筑遗址等遗址；西湖特色植物的研究品种记录更加清晰、建立了特色植物监测技术标准。这些研究成果推动了对遗产价值及其载体的进一步认知。

3. 机构变化

近年来，从国家层面的机构调整，到遗产地层面管委会管理机构调整，都对遗产保护工作与管理职能的分工有较大的影响。从遗产保护管理的角度来看，机构改革与调整后主要面临以下问题：管理责权问题，对应遗产保护管理责权变化、问题梳理；管理协调问题，与相关行政管理部门的衔接内容与方式；规划协调问题，上位规划、上版规划、专项规划之间的关系梳理。[①]

二　西湖文化景观的保护与管理

（一）承诺事项的履行

世界遗产委员会第 35 COM 8B.25 号决定（巴黎，2011 年）和西湖申遗文本提出了关于香格里拉酒店降层等承诺事项，杭州市政府高度重视承诺履行，履行情况总体良好。

1. 香格里拉酒店东楼降层

2021 年，杭州市主动对香格里拉酒店东楼建筑降层的后续整改工作进行专业论证，并定期监测其东楼外立面色彩协调问题。

---

① 中国建筑设计研究院有限公司建筑历史研究所、杭州市规划设计研究院：《杭州西湖文化景观保护管理规划（修编）（2021~2035）规划实施与专题评估报告》第一部分《二、机遇与挑战——保护管理规划修编的必要性则》。

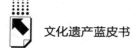

2. 游客管理

管委会编写《杭州西湖景区（遗产区）游客最大承载量研究》，对游客管理、游客容量管理、空间容量等方面进行研究，分析影响景区最大承载量核定的因素，研究探索可用于景区流量监控和疏导分流的技术手段和管理方法，并重新核定景区游客日最大承载量和瞬时最大承载量。景区内相关景点试行总量控制、预约游览制度，推行分时段游览预约，引导游客错峰游览。2021年随着疫情好转，春节、"五一"、国庆假期总客流量分别为165.34万人、152.79万人、243.64万人，但与2019年相比，仍分别下降53.37%、32.75%、11.24%。

3. 要素监测

西湖文化景观遗产预警监测系统平台数据已涵盖了"西湖十景"、"两堤三岛"、14处历史文化史迹、自然山水、城湖空间、特色植物等的基准勘测图纸或定点照片，这些都可以作为长期监测各遗产要素之间相互关系的基准。

2021年，西湖世界文化监测管理中心（以下简称遗产中心）进一步加强监测，完成对西湖十景、历史文化史迹、四季花木和古树名木的定期监测工作，遗产地景观要素真实性和完整性保持良好。完成西湖文化景观遗产区地表水、地下水、大气、土壤、噪声、生物等环境因素监测，结果显示西湖生态系统稳定、物种多样性稳定、西湖水体营养水平逐渐降低、水质良好、空气治理良好、土壤未受污染、噪声控制良好。

遗产中心和属地单位相互配合的巡查工作体系，对遗产区内的文物遗产进行常态化安全巡查和专项检查。2021年巡查230余次，发整改通知单（函）31件，对重点文物保护点进行灾害监测，现场工作24次，采集数据约3000个，文物保护状况均为良好。

2021年度遗产中心还开展了杭州西湖文化景观遗产监测预警体系指标提升及预警设计项目，主要建设内容包括游客量监测系统提升、六和塔专项监测系统提升、西湖遗产要素百科、专项监测数字化管理系统、西湖监测专题图、遗产监测数据库、基础管理系统，项目已进入招标程序。

4. 建设控制

杭州市政府通过规划要求保持东向城市沿湖景观与自然山水的和谐关系，按照《杭州西湖文化景观保护管理规划（2010-2020）》《西湖文化景观缓冲区（湖东城区）专项控制规划（2008-2020）》的要求，确定了17个西湖文化景观影响的平视敏感视点。通过运用视线景观分析，全方位建立城湖空间格局保护控制体系，并对其进行分级，用于景观分析和综合控制，确保与吴山、宝石山在天际轮廓线上的协调过渡关系。2021年，杭州市政府通过组织缓冲区及以外区域项目的遗产影响评估会，提出与西湖遗产保护有关的意见和建议，缓冲区建设行为得到有效控制，"三面云山一面城"的历史空间关系真实性、完整性未受影响。

管委会针对遗产区建设管理需求，坚持"遗产保护第一、建设服从保护"的原则，通过法定景区国土空间详细规划予以落实。为抵御发展压力，按照合法面积确定指标，超过指标不得新建改建，逐步拆减。控制各控规单元总量，拆1建0.8（可拆其他地块建筑），需通过省林业局批准。2021年遗产区共有16个建设项目通过遗产影响评估，2个未通过。通过评估的项目都未对遗产外观、天际线、主要视廊，以及其他构成遗产突出普遍价值的属性造成负面影响，景观的和谐性得以保持。

为合理控制游客量和车流，目前景区采取的交通管理措施包括：机动车单双号限行、机动车环保限行、南北单循环、3条单行线、旅游大巴管控、主要路口管控等。

同时，西湖文化景观的保护、管理和规划遵循《关于历史性城镇景观的建议书》的要求，将城市遗产价值和它们的脆弱性纳入更广泛的城市发展框架。

5. 遗产的可持续发展、宣传和研究

管委会对茶园面积进行重新核定并村村公示，组织好西湖龙井茶数字化管理系统注册、村级发放点的落实、茶农操作流程图和视频的转发、人员信息的补录等相关工作。据监测，2021年茶青和干茶的售卖价格比去年同期涨了10%~20%。实现林地资源数字化监管，严格查处毁林种茶等违法行为，完成省级以上公益林优化、第三次全国国土调查数据融合等专项工作。

2021 年，杭州市牵头成立长三角地区文化与自然遗产保护联盟，助力"长三角一体化发展"国家战略。举办"庆祝西湖申遗成功十周年"系列活动。编辑出版《西湖古版画》《西方人眼中的西湖》等书籍。新开课题 20 余项。

（二）遗产能力建设情况

1. 健全系统的管理体制

杭州西湖风景名胜区管委会是杭州西湖文化景观遗产的主管部门，为西湖文化景观的专门保护管理机构，其管理范畴包括遗产区内的风景资源、文物古迹、规划、土地、环保、农村、治安、工商、宗教等，全面负责遗产区的保护、管理、监测、研究和利用。协调、配合有关部门设在西湖的分支机构或派出机构的工作。受委托管理杭州西湖风景名胜区区域内的街道。管委会实行内设机构和基层单位两级管理体系，形成了一支由遗产保护管理、文博、园林、动植物保护、环境保护、规划建设、旅游服务等方面专业人员组成的管理和技术队伍。管委会共有在编工作人员 2528 人（见表 1）。

表 1　2021 年度杭州西湖文化景观保护管理机构人员情况

单位：人

机构人员总数	2842	学历情况	博士研究生	7
			硕士研究生	234
			本科学历	1676
			本科以下学历	925
在编人数			2528	
专业技术人员总数	681	职称情况	高级职称人数	147
			中级职称人数	253
专业技术人员构成情况	考古及博物馆学 22 人、土木工程 30 人、风景园林 15 人、城市规划 5 人、环境工程 16 人、旅游管理 9 人、计算机 13 人、建筑学 14 人、法律 6 人、动物学 27 人、园林植物与观赏园艺 19 人、艺术设计 26 人、生态学 4 人、生物学 7 人、森林保护学 5 人、植物学 12 人、园林技术 147 人、新闻学 8 人、历史学 8 人、电气工程 13 人、档案 4 人、土壤学 1 人、自然地理学 1 人、地球系统科学 1 人等，共计 413 人，占总人数的 61%			

资料来源：杭州西湖风景名胜区管理委员会。

2. 应急管理体系建设

健全"管委会、街道（公园管理处）、村社（公园景区）、网格（景点）"四级应急管理体系，有效应对突发事件和台风、强降雨等自然灾害，保持"安全生产零事故、自然灾害零伤亡"，景区连续34年森林安全无火灾。

3. 加强业务培训

为加强能力建设，管委会组织了多种形式的遗产培训活动，并派员赴福州参加了第44届世界遗产大会及遗产管理者论坛。培训内容涵盖遗产理论、文物保护、遗产教育、讲解、安全和相关法律法规，涵盖了国家、省、市、区四级层面，参培人数共计579人次，支出经费共计73.13万元。

4. 财政保障到位

杭州市政府通过各种渠道保证了遗产保护管理经费，主要为地方财政拨款（见表2）。

表2 2021年度杭州西湖文化景观保护管理经费情况

单位：万元

本年度获得经费的项目类型	本年度获得经费数额		情况说明（简述经费使用情况）
人员公用	中央财政拨款	0.00	主要用于维持单位日常运转所需
	地方财政拨款	81007.00	117253.00
	自筹	36246.00	
本体保护工程	中央财政拨款	0.00	主要用于西泠印社孤山保护提升、岳王庙保养维护、蒋庄保养维护、于谦祠维修等文保工程项目
	地方财政拨款	3309.00	3309.00
	自筹	0.00	
环境整治工程	中央财政拨款	0.00	主要用于西湖综合保护提升完善，孤山、白堤区域综合提升工程，迎亚运景区安全管理综合提升配套，龙井岭上区块综合提升，梅家坞庙坞里区块综合提升，五云山真际院整治及环境提升，少儿公园综合整治等环境提升改造等
	地方财政拨款	23130.00	23130.00
	自筹	0.00	
展示工程	中央财政拨款	0.00	主要用于杭州植物园资源馆陈设及整治，大熊猫展览改建，苏东坡文化公园、杭州植物园综合展厅危房整治等
	地方财政拨款	4449.00	4449.00
	自筹	0.00	

本年度获得经费的项目类型	本年度获得经费数额		情况说明（简述经费使用情况）
遗产监测	中央财政拨款	0.00	243.00	主要用于西湖世界文化遗产专项监测
	地方财政拨款	243.00		
	自筹	0.00		
保护性设施建设工程	中央财政拨款	0.00	2096.00	主要用于西湖规模化高效降氮示范工程（西湖钱塘江引水扩容水质提升）、西湖自然保护地勘界立（定）标等
	地方财政拨款	2096.00		
	自筹	0.00		
安消防	中央财政拨款	0.00	302.20	主要用于六和塔消防设施提升完善、各文保单位白蚁防治及"智慧消防系统建设"等
	地方财政拨款	302.20		
	自筹	0.00		
考古项目	中央财政拨款	0.00	457.00	主要用于杭州净慈寺改复建工程地块考古发掘
	地方财政拨款	0.00		
	自筹	457.00		
学术研究	中央财政拨款	0.00	387.40	围绕西湖学的重点工作开展研究、科研课题等
	地方财政拨款	387.40		
	自筹	0.00		
宣传教育	中央财政拨款	0.00	235.00	主要用于西湖南山佛教文化遗存图片展，西湖博物馆总馆童画名人活动，西湖明信片大赛，中小学生陶艺大赛，申遗10周年、建党100周年展等
	地方财政拨款	235.00		
	自筹	0.00		
旅游管理	中央财政拨款	0.00	4777.00	主要用于西湖数字景区、万松岭旅游集散中心景区配套停车场及基础设施完善，杭州花圃西门地下停车场改造，梅坞溪延伸段游步道修缮提升、景区交通设施建设提升等
	地方财政拨款	4777.00		
	自筹	0.00		
其他	中央财政拨款	0.00	620.00	主要用于中国茶文化申遗、杨家山11号北侧道路崩塌等地质灾害隐患治理、杭州动物园管理用房紧急抢修等
	地方财政拨款	620.00		
	自筹	0.00		

续表

本年度获得经费的项目类型	本年度获得经费数额		情况说明（简述经费使用情况）
总数	中央财政拨款	0.00	维持单位日常运转、景区综合保护提升及环境整治、展示陈列馆提升改造、文物保护、宣传研究等各项工作开展所需的经费
	地方财政拨款	120555.60	
	自筹	36703.00	

注：中间合计栏数值为 157258.60

资料来源：杭州西湖风景名胜区管理委员会。

（三）重视遗产本体保护

1. 呈正面影响的保护工程

完成岳飞墓（庙）、三潭印月、蒋庄等保养维护工程，加快推进实施西泠印社孤山保护提升、南高峰塔遗址保护与展示等工程。完成遗产区 48 处文物建筑和 44 处历史建筑智慧消防建设。完成遗产区 53 处历史建筑测绘建档工作。

岳飞墓（庙）建筑因长期受自然风雨侵蚀和生物侵害，陆续出现了屋面漏雨、油漆剥落、局部构件糟朽或蛀蚀等多种病害，于 2020 年 11 月 20 日~2021 年 6 月 8 日实施岳王庙保养维护工程，其内容包括忠烈祠大殿、辅文侯祠、烈文侯祠、岳墓旁边的南北碑廊等 11 处建筑的全面保养性维护。主要是翻修屋面，更换糟朽、破损、变形严重而不能使用的木构件，局部走闪、松动、拔榫等构件的归安，对外檐门窗、柱枋等油漆剥落严重的部位进行重新油饰，排除文物本体可能存在的危险和隐患。

西泠印社工程内容包括孤山社址建筑修缮、文物保护、景观提升、基础设施完善，中国印学博物馆建筑保护修缮、展厅提升、环境提升。工程旨在消除建筑沉降、白蚁侵蚀、早期不当修复等危害，并进行园林整治，以提升印社原有文人园林精致、底蕴深厚的特点。

三潭印月岛内气候湿润、绿树成荫，木结构建筑的瓦屋面易长草，导致屋面渗漏，进而造成木构件的局部糟朽、霉烂等，影响建筑的结构安全。较大的湿度及雨水侵蚀，造成建筑下部木构件的霉烂和油漆面起皮、剥落。管

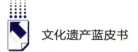

委会于 2021 年 1 月 7 日~5 月 6 日实施三潭印月建筑物、构筑物整修工程。工程主要对三潭印月岛内先贤祠、小瀛洲等 17 处建筑物、构筑物进行屋面整修、木构加固、重饰油漆等修缮工作，并对九曲桥栏杆进行更换。

以上工程未改变西湖文化景观总体格局和使用功能，其影响是正面的。

2. 病害治理和控制效果良好

西湖文化景观包含了建/构筑物、遗址/墓葬、造像/雕塑/碑刻/题刻/壁画/彩画等类型遗产要素，存在的病害类型有风化、微生物、裂缝、生物病害、表层风化、渗水、毛细水、糟朽、植物病害、病虫害等。通过三潭印月保养维护工程、岳飞墓（庙）保养维护工程、西泠印社保护提升项目，以及对清行宫遗址、钱塘门遗址、灵隐寺双经幢、平湖秋月、飞来峰造像、六和塔等相关病害的监测和治理，以上病害均得到较好治理和控制（见表 3）。

表 3　2021 年度杭州西湖文化景观病害详细记录

单位：个

涉及的遗产要素	遗产要素类型	病害类型	病害数量	严重病害数量	本年度新发病害数量	本年度已治理的病害数量
灵隐寺	建/构筑物	构件材料风化	1	0	0	0
		微生物	1	0	0	0
		裂缝	1	0	0	0
清行宫遗址	遗址/墓葬	微生物	1	0	0	0
		生物病害	1	0	0	1
		表层风化	1	0	0	0
		渗水	1	0	0	0
		毛细水	1	0	0	0
三潭印月	建/构筑物	裂缝	1	0	0	0
		糟朽	1	0	0	1
		植物病害	1	0	0	1
		病虫害	1	0	0	1

续表

涉及的遗产要素	遗产要素类型	病害类型	病害数量	严重病害数量	本年度新发病害数量	本年度已治理的病害数量
西泠印社	建 / 构筑物	病虫害	1	0	0	1
		植物病害	1	0	0	1
		构件材料风化	1	0	0	1
		渗漏	1	0	0	1
平湖秋月	建 / 构筑物	病虫害	1	0	0	1
		渗漏	1	0	0	1
		构件变形	1	0	0	0
		裂缝	1	0	0	0
飞来峰造像	造像 / 雕塑 / 碑刻 / 题刻 / 壁画 / 彩画	生物病害	1	0	0	1
		表层（面）风化	1	0	0	0
		裂隙与空鼓	1	0	0	1
		渗水	1	0	0	0
六和塔	建 / 构筑物	构件材料风化	1	0	0	0
		裂缝	1	0	0	0
		构件变形	1	0	0	0
文澜阁	建 / 构筑物	构件变形	1	0	0	0
		裂缝	2	0	0	1
		糟朽	1	0	0	0
		植物病害	1	0	0	0
岳飞墓（庙）	建 / 构筑物	渗漏	1	0	0	1
		构件材料风化	1	0	0	0
		裂缝	1	0	0	1
		植物病害	1	0	0	0
		糟朽	1	0	0	1
钱塘门遗址	遗址 / 墓葬	表层风化	1	0	0	0
		微生物	1	0	0	0
		渗水	1	0	0	0

资料来源：杭州西湖风景名胜区管理委员会。

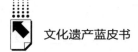

3. 自然影响因素

西湖文化景观受到以酸雨、生活垃圾、光污染为代表的污染因素，风、潮湿、光照以及微生物带来的自然因素，台风、暴雨、冰冻、雷电等恶劣天气的影响，以及外来物种入侵的威胁。管委会高度重视生态环境保护，尽可能减少自然因素的负面作用，通过使用绿色能源公交、引配水工程、山林植物保护、应急能力建设、固废治理等手段，西湖的生态系统保持良好。

三 下阶段工作计划

西湖文化景观面临着一系列复杂问题，比如：遗产价值的重新认识和梳理、城市高速发展与建设管控问题（包括申遗承诺的落实工作）；游客管理与游客监测问题；遗产地及其环境状况的变化带来的保护问题；各类规划的到期修编及衔接问题；智慧化建设提升等。这些都是未来西湖文化景观保护管理的工作内容。

（一）进一步完善价值阐释

2021版《操作指南》中对文化景观类遗产理念的更新反映了世界遗产组织对于文化景观类型遗产的高度关注和认可。同时，文化景观类遗产保护的复杂性对价值认定与遗产构成要素辨认、核心价值特征的维护与传承等方面都提出了更高的保护管理目标与要求。因此，重新认识和梳理西湖文化景观的遗产价值变得十分有必要，应加强对遗产突出普遍价值的持续研究、制定相应的研究计划、提高关于OUV的认知，并全面系统地以遗产突出普遍价值为核心进行展示与阐释，加强对突出普遍价值的宣传，以推进遗产的保护与管理工作。

（二）新版规划的衔接

完成《杭州西湖文化景观保护管理规划（2021-2035）》修编，将西湖文化景观保护管理规划中的建筑总量、景观控制、天际线管控等主要内容纳入

《杭州市国土空间总体规划》《杭州历史文化名城保护规划》《西湖风景名胜区总体规划》中，并与杭州市的生态保护、交通组织、旅游发展等各类专项规划衔接，实现多规合一，同时注重规划的传导和落实，加强对景区控制性详细规划的传导，确保《杭州西湖文化景观保护管理规划（2021-2035）》的强制性内容落入控规实施阶段。

利用此次《杭州西湖文化景观保护管理规划》修编的契机，将西湖景区旅游管理与游客体验专题和交通组织提升专篇纳入规划。对于局限空间的开放式管理景点，制定专项控制措施；对于可封闭式管理的遗产点，严格按照游客量控制指标要求，实施游客预约制度；尝试利用公共交通系统对游客总量实施一定程度的控制，提升疏导能力；实行更为严格的动态交通总量管控措施，整合并优化环湖旅游环线公交，实施更为精细化的停车位收费策略，建立智慧交通体系，精确管控景区交通，及时应对交通拥堵。

（三）以科技为助推，促进管理智慧化水平

充分利用西湖文化遗产10年数字监测成果，开展以预防为先的遗产预警体系和监测的标准化、规范化编制。强化景区遗产监测、文物保护技术集成和系统解决方案供给能力，依托城市大脑、数字园文、数字景区等平台，发挥数字资源管理和共享共用作用，完成西湖遗产平台优化升级。利用三维数字化测量技术，分批、分阶段开展景区造像（摩崖石刻）数字化扫描、数据收集和数字测绘工作。定期开展文物健康评估，加强遗产本体、土遗址病害监测研究和保护，以石窟寺保护为契机，开展对南山造像、飞来峰造像等的水文地质调查、病害监测，全面提升石窟寺保护能力。

（四）以项目为抓手，提高遗产保护水平

推进各项文物保护和展示工程。完成西泠印社保护提升、张苍水先生祠保养维护、岳飞墓（庙）石质文物保护及环境整治、智果寺周边环境整治等文物保护项目。实施南高峰塔遗址保护与展示工程，推进宝成寺麻曷葛剌造像、老虎洞和郊坛下遗址保护工程项目前期工作。按要求完成遗产区内市级

文物保护单位的测绘及建档工作。推进实施文物平安工程，构建政府主导、部门监管、使用人直接负责的文物安全监管网络体系。完善提升景区范围内文物历史建筑视频监控体系和"智慧消防"建设任务，力争实现景区内54处市级保护单位智慧消防全覆盖。

（五）以规划为引领，持续提升西湖生态环境

依托专业力量做优西湖景区《"十四五"生态环境保护规划》《"十四五"林地保护规划》等生态类专项规划。持续优化西湖水环境，加大生态项目推进力度，2022年6月底前完成西湖水域降氮二期工程。在生物多样性调查的基础上，恢复外湖局部区域沉水植物，优化鱼类生物调控手段。持续开展"清洁排放区"建设，减少遗产区大气污染物。完成景区垃圾治理规划编制，加强无废景区建设，加大垃圾分类力度。多措并举，让西湖的水更清、天更蓝、土更净、生物更多样、生态更优美。

参考文献

国务院办公厅：《国务院办公厅关于印发"十四五"文物保护和科技创新规划的通知》，中华人民共和国政府网站，2021年10月28日，http://www.gov.cn/zhengce/content/2021-11/08/content_5649764.htm，最后检索时间：2022年8月30日。

联合国教科文组织：《保护世界文化和自然遗产公约》，1972。

联合国教科文组织：《实施〈世界遗产公约〉的操作指南》，中国古迹遗址保护协会译，2017。

中华人民共和国文化部：《世界文化遗产保护管理办法》，2006。

国家文物局：《中国世界文化遗产监测巡视管理办法》，2006。

国际古迹遗址理事会中国国家委员会：《中国文物古迹保护准则》，2015。

2021年"鼓浪屿：历史国际社区"遗产保护管理报告

邬永祥　蔡松荣 *

摘　要： 2021年是"十四五"规划开局之年，也是鼓浪屿申遗成功第5个年头。鼓浪屿遗产保护管理机构进一步巩固拓展申遗成果，提升专业保护能力、持续完善遗产监测体系、优化重点空间、继续做好遗产档案建设和价值宣传、促进文旅融合、增强社区治理能力、全面推进文化遗产保护管理工作。2022年鼓浪屿将在学习习近平总书记关于鼓浪屿申遗成功的重要指示精神和致第44届世界遗产大会贺信精神的基础上，以"鼓浪屿：历史国际社区"品质提升为抓手，继续提升遗产保护专业水平、全面推进文旅融合和遗产地精细管理。

关键词： 鼓浪屿：历史国际社区　世界文化遗产　遗产保护　文旅融合

一　鼓浪屿遗产保护管理状况

2021年是"十四五"规划开局之年，尽管新冠疫情等不利因素依然存在并产生巨大影响，鼓浪屿文化遗产保护的主要任务仍然达到预期目标，遗产保护管理状况总体良好，科学规划、精细管理，全面监测、预防保护，立足价值、共建共享，各项工作取得良好成效。

---

*　邬永祥，鼓浪屿世界文化遗产监测中心文博馆员，主要研究领域：鼓浪屿文史、鼓浪屿文化遗产监测与保护；蔡松荣，鼓浪屿世界文化遗产监测中心主任，主要研究领域：鼓浪屿文史、鼓浪屿文化遗产监测与保护。

（一）遗产本体及遗产环境的保存和保护

1. 遗产地总体格局保护情况良好

2021 年鼓浪屿遗产区及缓冲区界内监测预防全面、联动管理有效、执法监管有力、巡视督查到位，土地利用未发生改变，建设项目符合审批流程。鼓浪屿世界遗产整体性与真实性保护状况良好，遗产地总体格局保护控制效果突出。

2. 遗产要素使用功能及病害情况良好

2021 年完成核心要素延平戏院旧址保护修缮项目（见图 1）、廖家别墅（漳州路 44 号）保护修缮项目（见图 2）；重点启动开展八卦楼加固及保护修缮工程（主楼修缮）；依规完成美国领事馆旧址保护修缮工程、博爱医院旧址保护修缮工程、四落大厝（中华路 23 号）主厝屋顶修缮工程等项目方案审批，有序推进预算编制工作；启动英国领事公馆旧址修缮方案设计工作。结合保护现状和展示利用需求，已启动鼓浪屿历史文化陈列馆展示提升，美国领事馆旧址、延平戏院旧址、自来水旧址等活化利用项目的前期工作。

图 1　鼓浪屿延平戏院修缮前后

资料来源：鼓浪屿管委会。

图2　鼓浪屿廖家别墅修缮前后

资料来源：鼓浪屿管委会。

（二）鼓浪屿遗产面临的主要影响因素

鼓浪屿世界遗产影响因素主要包括自然环境与社会环境两个方面。

1. 自然环境

2021年度对鼓浪屿影响较大的自然环境因素主要为台风、暴雨、白蚁、地震等。鼓浪屿全年无台风过境，未对遗产地造成影响，但季节性降水及台风带来的暴雨致使外墙或屋顶开裂的建筑出现渗漏水的情况。由于白蚁防治工作持续开展，鼓浪屿核心影响要素白蚁蛀蚀得到控制。台湾海峡及台湾东北部海域共计发生107次地震，81%为7级及以下地震，未对鼓浪屿造成损失。

2. 社会环境

2021年鼓浪屿居住人口较为稳定、法制建设基本完善、建设活动有序、宣传教育良好、经济发展平稳、社会环境基本稳定，遗产文化价值对大众的传播及影响积极。

（1）建设控制情况

全年监测建设活动 242 处，包括核心要素 7 处、历史风貌建筑 80 处、一般建筑 155 处。类型多为室内装修与小修保养。经巡查发现的未报备建设活动，及时通知业主至市民服务中心办理手续；发现的未审批事项则联合管委会相关处室和执法大队进行联动处置和整改。污水处理改扩建项目经国家文物局审批，建设控制良好。

（2）旅游与游客监测情况

2021 年总的上岛人数为 438.77 万人次（不包括年卡、月卡人群）（见表 1），与 2020 年（569.53 万人次）同比减少 130.76 万人次，同比降低 22.96%。2021 年上岛人数持续减少的原因主要有两点。一是从全国范围看，零星散发甚至局部地区的聚集性新冠疫情，让我国进入疫情防控"动态清零"新常态，国家采取较为严格的防控措施，旅游需求在很大程度受到抑制。二是从厦门看，8 月和 9 月暴发的两次本地疫情重创鼓浪屿旅游市场。鼓浪屿 8 月和 9 月大部分时间处于闭岛状态，自 10 月 6 日起才恢复开放。开放后，同一时间段接待人数控制在最大承载量的 75% 以内，并且考虑到全国疫情总体仍呈严峻复杂态势，自 11 月 3 日起出台市外游客需持 48 小时内核酸检测报告阴性证明方可进入鼓浪屿景区的防疫政策。8 月至 12 月底上岛人数都非常低迷，月平均游客量仅为 11.11 万人次。因此受全国疫情、本地疫情影响，2021 年鼓浪屿旅游业更加萧条，旅游人次创历史新低。鼓浪屿旅游业仍然处于艰难恢复阶段。

表 1　2021 年度"鼓浪屿：历史国际社区"游客量情况统计

单位：人次，天

月份	游客量	预约游客量	超过日游客容量限制值的天数	超过瞬时游客容量限制值的天数
1	208313	0	0	0
2	295462	0	0	0
3	548254	0	0	0
4	800587	0	0	0

续表

月份	游客量	预约游客量	超过日游客容量限制值的天数	超过瞬时游客容量限制值的天数
5	719616	0	0	0
6	426990	0	0	0
7	832878	0	0	0
8	110146	0	0	0
9	101132	0	0	0
10	139692	0	0	0
11	89125	0	0	0
12	115533	0	0	0
全年总量	4387728	0	0	0

资料来源：鼓浪屿世界文化遗产监测中心。

（三）鼓浪屿遗产管理情况

1. 国际承诺事项履行情况良好

鼓浪屿保护管理机构认真履行申遗承诺，严格按照《公约》要求，逐渐健全保护法规体系，建立文物修缮、遗产地综合治理和执法、社区共建共享机制，实现安全联动，推动社会参与，形成鼓浪屿文化遗产保护合力。针对大会决议的申遗承诺部分履行情况如下：

（1）根据遗产要素现状，开展八卦楼、廖家别墅、延平戏院等一批保护修缮工程；

（2）开展《置换砂浆法加固砌体结构技术规程》课题研究，成果被中国工程建设标准化协会列为行业技术标准；同时，积极推进科技成果应用示范，该技术已先后在鼓浪屿李氏宅、延平戏院和八卦楼等保护工程中得到应用；

（3）编制《鼓浪屿历史风貌建筑保护利用导则》，细化指导历史建筑室内外保护措施；

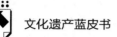
（4）持续监测游客量不超最大承载量，保护遗产价值不受影响；

（5）向世界遗产大会提交鼓浪屿《世界遗产保护状况报告》并接受审议；

（6）参与填报亚太地区第三轮《定期报告》，提交国家文物局。

2．机构与能力建设情况良好

鼓浪屿保护管理机构为构建高效管理体制，与厦门市思明区深度融合，重大事项或重点工作统一研究、统一部署、统一调度，体现精简高效、指挥有力、执行到位的制度优势。各部门充分发挥职能，合理分工，形成较为高效的管理协作模式，有力保障监测预警、文物修缮、疫情防控、文化宣传等各项重点工作顺利开展。积极推进配套法规和规范性文件以及专业领域规划的制定、编制或修订，不断在制度和政策层面增强"科学保护"与"有效利用"。人才队伍培养和培训纳入思明区管理，保障遗产地保护管理专业人才支持和能力培养。2021 年度区级财政安排专项经费 7479 万元，主要用于文化遗产的保护、文物和历史风貌建筑的修缮、重点文化扶持、文化遗产地的宣传及核心要素的展示利用等工作。

3．遗产地各类安全管理情况良好

探索鼓浪屿安全生产融合发展机制，组建鼓浪屿安全生产委员会。采取多样形式组织学习新《中华人民共和国安全生产法》，宣传安全意识、强化安全责任。推进鼓浪屿安全隐患大排查大整治暨安全生产专项整治三年行动，综合巡查、宣传、演练、整治与督查，消除文物、工地、房屋、防汛防台、疫情等各类安全隐患。加强网络安全监管，强化舆情监测，2021 年共收集近 4000 条相关信息，筛选敏感舆情及时抄送有关部门处理，保障遗产地信息安全。

二 2021 年度鼓浪屿遗产保护工作主要成效

2021 年，鼓浪屿保护管理机构秉持"把老祖宗留下的文化遗产精心守护好，让历史文脉更好地传承下去"的初心使命，深入学习贯彻党的十九大及十九届历次全会精神，以及习近平总书记在闽考察时的讲话、致第 44 届世界遗产大会贺信的精神，按照厦门市委、市政府部署要求，进一步巩固拓展申遗成果，全面推进文化遗产保护管理工作。

（一）持续发力，精细遗产保护管理

1. 专业水平持续提升

积极推进《鼓浪屿文化遗产地保护管理规划》修编、《鼓浪屿历史建筑保护与利用导则》《历史风貌建筑防火设计导则》等规划编制工作，出台《鼓浪屿商业业态导则》《鼓浪屿公共设施设置技术导则》，开展《厦门市经济特区鼓浪屿历史风貌建筑保护条例实施细则》修订，建立动态鼓浪屿文物建筑保护工程建筑行业企业名录库（试行），"科学保护"与"有效利用"的专业规范不断增加。

2. 监测体系持续完善

基本形成规范化、体系化工作流程，实现遗产核心要素全链条监管；定期巡查遗产区的界碑界牌，确保边界清晰，标识完好，守护好完整性。将建设活动、历史道路、自然景观、园林宅院等要素纳入监管范围，从核心要素点、道路网线到遗产区，从物质遗存隐患到社区动态变化，落实全面动态数据监测，留存动态影像资料，对八卦楼、廖家别墅、延平戏院修缮过程进行影像记录，为决策提供更全面的遗产地动态数据参考。鼓浪屿监测预警系统作为典型案例在《中国世界遗产能力建设手册》上做专项推介，在全省文物数字化培训班上做监测云台监控体系专题汇报。

3. 重点空间持续优化

出台《鼓浪屿历史国际社区品质提升重点项目引进工作机制》及《鼓浪屿重点空间使用内控制度》，严格按照与世界文化遗产地保护标准相匹配、有利于历史文脉传承的原则，出台重点项目引进工作机制和重点空间使用内控制度，详尽梳理全岛重点可利用空间，重点引进音乐、美术、影视等相关项目，着力引入规格高、影响力大的文化机构，完善鼓浪屿业态准入机制，打造文化展示创作新高地，助力鼓浪屿历史国际社区品质提升。累计有7批14个重点文化项目通过评审获得扶持，包括扶持大师工作室1家、重点文化企

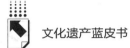

业 2 家、重点文化活动 11 项。给予非物质文化遗产项目珠绣大师工作室（龙头路 45 号）（见图 3）、重点文化企业华录集团中国唱片博物馆（福建路 32 号）及厦门外图集团鼓浪屿外图书店（中华路 21 号）租金优惠扶持。

图 3　鼓浪屿珠绣大师工作室

资料来源：鼓浪屿管委会。

4. 档案建设持续推进

接收整理各业主单位移交的 29 个鼓浪屿文物修缮、展示、环境整治项目工程档案。从归国人士周景龙处复制周淑安手稿等重要档案史料。从厦门市思明区档案馆及私人收藏家处征集鼓浪屿老照片 422 张。接收并整理吴崇其先生捐赠的林巧稚相关信件，共计扫描整理 255 份。重点推进鼓浪屿外交档案收集整理工作,完成英国国家档案馆所藏近代鼓浪屿史料整理与数据库建设项目,收集整理近5000份英国外交部鼓浪屿史料(见图4)。启动日本外务省鼓浪屿相关史料整理及翻译项目,为专题研究鼓浪屿公共地界时期政治及社会状况奠定基础。

图4 英国国家档案馆所藏鼓浪屿档案史料汇编

资料来源:鼓浪屿世界文化遗产监测中心。

（二）联动协调,高效保障世遗大会

1. 协调机制联动高效

把迎接第44届世界遗产大会作为持续推进鼓浪屿文化遗产保护传承、讲好鼓浪屿故事的重要机遇,依托鼓浪屿文化遗产保护委员会办公室具体推动"六个一批"项目。厦门市委、市政府领导多次召开专题会议,研究推进鼓浪屿"六个一批"项目工作,加强跟踪督办,实行"挂图作战",定期召开项目推进协调会,形成市区条块结合、部门横向联动、分工协作推动的良好局面。

2. "六个一批"成效明显

按照福建省委、省政府和厦门市委、市政府部署要求,对7个"启动一批"项目、5个"完成一批"项目进行细化分工,制定提升工作方案,明确

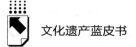

责任部门和时间节点，挂图作业、销号清零。自来水公司旧址、三落姑娘楼、黄氏小宗后落、中共福建省委机关旧址、会审公堂旧址、鹿礁李氏宅、廖家别墅、延平戏院旧址等8个修缮项目顺利完工；八卦楼主副楼加固修缮及整体提升工作有序推进，受到央视《新闻联播》高度关注并被《新闻直播间》专场直播。

3. 配套保障全面有序

组织一批展示项目，加快文化遗产活化利用，配合福州世遗大会筹备相关展示内容，充分展示鼓浪屿文化遗产保护成果。设计世界遗产大会鼓浪屿2条考察线路，整治提升市容环境，完善市政设施，推进重要干线、节点的绿化、美化、彩化，充分展示鼓浪屿街区肌理的美好环境。

（三）文旅融合，扩大遗产价值宣传

1. 充分挖掘红色资源

鼓浪屿充分挖掘现有红色文化资源，精心打造鼓浪屿红色主题教育展馆和7个打卡点，采用微信二维码及VR技术，实现线上展示、路线指引、情景式互动等功能，引导游客达到沉浸式体验的效果。推出鼓浪屿红色旅游线路，向游客展示鼓浪屿革命的辉煌历程，传承红色基因、弘扬斗争精神、激发担当作为，庆祝建党100周年。

2. 宣传面向继续扩大

成功举办"中法文明互鉴——鼓浪屿的保护、传承和利用"中法对话活动（见图5）。参加第四届世界遗产大会管理者论坛，由鼓浪屿管委会主任林跃峰向国内外嘉宾介绍的"鼓浪屿保护模式"，成为论坛中的主要研究案例。高标准做好参加第44届世界遗产大会领导和外国使团接待保障工作，向国内外嘉宾介绍鼓浪屿文化遗产保护成果。除了面向国际开展宣传，2021年还举办"4·18国际古迹遗址日"监测中心开放日活动，面向社区公众宣传保护理念；走出鼓浪屿，向厦门市民开展遗产价值宣传，举办"百年建筑 魅力世遗"鼓浪屿历史建筑图片展和多项文史讲座，被新华社、中新社、凤凰网等主流媒体报道转载，社会效益突出。

图5 中法文明互鉴——鼓浪屿的保护、传承与利用论坛

资料来源：鼓浪屿管委会。

3. 文化扶持不断加力

用好《鼓浪屿公益性文体项目"以奖代补"暂行规定》等文化扶持政策，大力扶持公益性音乐会、音乐快闪、庭院音乐会等群众性音乐文化活动，让音乐文化走进老建筑，使老建筑焕发生机活力。修订完善《鼓浪屿重点文化发展扶持暂行办法》等文化回归扶持政策，加大重点文化扶持力度，累计扶持重点文化项目14个，奖补公益性文体项目562个，助推鼓浪屿文化回归。

4. 音乐特色持续突出

举办"第十届鼓浪屿钢琴节暨鼓浪屿双钢琴比赛""第八届鼓浪屿诗歌节"等品牌活动。定时在钢琴博物馆、管风琴艺术中心集中面向游客讲解、演奏，加强与国内外音乐大师的对接，筹划举办演奏会、大师班等高品位的艺术交流。加快推进鼓浪屿音乐厅文化功能提升，引进高端音乐演出，大力提升琴岛文化氛围。开展"我在鼓浪屿弹钢琴"全网征集活动，着力将鼓浪屿打造成高端钢琴人才向往之地，中央电视台和厦门电视台等媒体进行现场直播。2021年初，阿曼等22国驻华使节到访鼓浪屿，为"雷厝组合"家庭音乐会点赞，高度评价了鼓浪屿深厚的音乐文化底蕴。

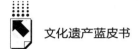
5. 文旅市场逐渐优化

对景区各级各类文保单位进行全覆盖巡查，出动执法力量 3900 余人次，检查旅游团队 1978 团次，从严查处扰乱市场秩序现象，净化了鼓浪屿旅游市场环境。常态化开展民营景点旅游安全、消防设施、疫情防控措施等安全检查，扎实做好回头看的整改落实工作。坚决落实文化和旅游部关于景区疫情防控的工作要求，制订节假日期间景区疫情防控和安全有序开放工作方案，确保旅游市场安全有序。

（四）务实为民，增强社区治理能力

1. 管理水平显著提升

建立"互动式管理体系""市容市貌管理体系""物防、技防指引体系""安全感服务体系""市容违规纠治体系"等全面、立体的城市治理新模式，提升鼓浪屿管理水平。兑现"申遗为民"承诺，推进长者餐厅、病媒生物防治等惠民措施，启动居民庭院绿化项目。坚持党建引领，突出特色亮点，立足发展定位，严格落实"近邻模式""双报到"制度，下沉一线、网络巡查、立查立改，全力以赴争创"全国文明典范城市"和"第七届全国文明景区"。

2. 人文生态得到呵护

完善《绿化提升策划规划（暨绿化设计导则）》和《重点片区绿化景观方案设计》，在原样修缮历史风貌建筑的同时，开展绿化、美化、亮化等"我为群众办实事"项目，有针对性地增补色彩丰富、层次感强的本地树种、花卉，2021 年以来，累计种植草花近 30 万株，免费为居民商家发放三角梅、马缨丹、炮仗花等植物 1018 株，提供肥料 210 袋，让浪漫"琴岛"芳菲常驻。加强对全岛古树名木的巡查及保护，完成倒伏古树名木铭牌更换。积极推进岛上管线缆化，确保沿街沿线干净、整洁。

3. 数字建设成果初显

借鉴敦煌莫高窟的经验做法，完成钢琴博物馆、风琴博物馆、故宫鼓浪屿外国文物馆、鼓浪屿历史文化陈列馆数字化建设，完善 360° 全景虚拟实

境、线上展览等。整合数字建设成果，按照文化遗产、旅游导览、公共服务三大类内容，提供涉及文化遗产介绍、鼓浪屿历史文化陈列馆、云游特色展馆、旅游服务信息和市民服务信息查询等12方面内容。展示形式包括小视频、VR虚拟全景、图文信息等，满足在线浏览鼓浪屿文化遗产和主要景区的基本需求。

4. "无疫小岛"人人守护

牢固树立"疫情一日不除，风险一日不减"的政治自觉，坚决把好"第一关口"，做到不落一户、不漏一人。从严落实"八个有""五个一律"，严格实行限量、预约、错峰、实名预约和"测温、验码、一米线、通风消毒"等防控措施。组织200多名党员志愿者参与"无疫小区"创建工作和核酸检测、环境整治、巡逻督导等志愿服务，营造人人参与的良好氛围。在毫不松懈巩固防控成果的同时，推出"游有优惠、住有补助、商有减免、乐在琴岛"扶持政策，通过国有核心景点联票优惠、对住岛消费者发放住宿券、减免公房承租人租金、常态化举办高水平文化活动等措施，引导旅游经济回暖复苏。

三　面临的问题及对策

（一）鼓浪屿遗产保护管理面临的问题

1. 文化遗产保护和管理

文物建筑及历史风貌建筑保护和修缮工作的现实难题仍未得到有效解决。一是鼓浪屿老建筑产权复杂，权属不清情况普遍，相关利益方较多，法律问题相应较多。二是修缮涉及的招标流程较烦琐，工作开展相对缓慢。三是私人修缮难规范，对施工巡查和执法的要求较高。

2. 课题研究和数字化建设

一是管理机构专业储备不足，社会面的专业合作尽管持续开展但仍远远不足。二是硬软件设施落后，遗产监测设备较同行新建成项目已稍显过时，监测系统应针对遗产地保护和管理需求进一步提升。三是资金支持力度不够，一方面课题等服务类项目费用尚无统一标准，立项难且费用相对较低，社会

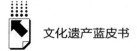

机构参与研究的热情难调动；另一方面用于课题、档案、数据分析等基础工作的预算比例偏低。

3. 旅游经济发展

一是文旅融合有待进一步深化，文化资源与旅游经济有效融合的路径有待进一步探索。二是旅游经济发展与遗产地保护和社区建设的关系有待进一步理顺，通过旅游经济支持遗产保护、带动民生发展的思路还要拓宽。三是受到新冠疫情的持续影响，旅游收入再创新低，对相关从业者造成灾难性冲击，岛上业态面临重新洗牌，风险与机会并存。

（二）鼓浪屿遗产保护对策

1. 倾情传承历史文脉

带着更深感情、更大责任、更强担当，真正把习近平总书记的殷切嘱托、亲切关怀转化为努力奋斗、拼搏争先的前进动力，转化成坚决捍卫"两个确立"、增强"四个意识"、坚定"四个自信"、做到"两个维护"的实际行动。深入贯彻落实习近平总书记"充分展现鼓浪屿的景观、海洋、音乐和人文特色"重要指示精神，围绕传承鼓浪屿的历史文脉，进一步挖掘鼓浪屿的文化价值，探寻百年鼓浪屿的生命力，通过打造文化元素，用实实在在的内容充分彰显鼓浪屿特色、讲好鼓浪屿故事。牢固树立对历史负责、对子孙后代负责的使命感，大力提振干事创业精气神，高标准、高水平保护好、传承好、利用好鼓浪屿世界文化遗产。

2. 精心保护文化遗产

一是提升专业水平。修订《厦门经济特区鼓浪屿历史风貌建筑保护条例实施细则》、编制《鼓浪屿遗产地各类遗产要素保护名录》，按年度计划编制一批历史风貌建筑保护方案，持续推动历史风貌建筑修缮保护工作。引进责任心强、管理水平高、人员配置合理的专业机构负责鼓浪屿文物保护修缮代建工作，梳理项目前期工作流程，规范办理手续，组建重要项目专家组，推行工作专班制和"一项一表"工作方式，实现文物修缮利用保工期、保质量、保安全、节约成本的目标。二是抓好文物修缮。坚持"不改变原状、最小干预"保护原则，按既定工期完成八卦楼主副楼加固修缮，启动主副楼展陈和环境提升，打造鼓浪屿文保单位修缮和展示利用典范。加快美国领事馆旧址、英国领事公馆旧址等全国重点文物保护单位修缮保护，每年常态化开展一批对影响公共安全和公共景观的历史建筑的保养维护，精心保护鼓浪屿"国家瑰宝"。三是注重活化利用。统筹排查鼓浪屿私有空置、低效利用的文物建筑和历史风貌建筑，建立数据库，优化招商引资政策，引进适合业态要求的项目落户鼓浪屿，重点推动在美国领事馆、延平戏院、英国领事公馆、自来水公司旧址打造金鸡奖主题展示中心、电影产业基地、美术馆、摄影博物馆等互动场所，让鼓浪屿的文物"活起来"，在保护中利用、在利用中保护。利用国际古迹遗址日、国际博物馆日、文化与自然遗产日、鼓浪屿申遗成功周年纪念日开展形式多样的文化遗产保护宣传和展示活动。

3. 全力推进精细管理

以《厦门经济特区鼓浪屿世界文化遗产保护条例》为指引，完善保护管理长效机制。进一步提升文化遗产保护管理的科学化、信息化、精细化水平。坚持以文化遗产保护为核心，以推进职能优化、协同高效为着力点，优化管理主体、管理责任等关系，明晰鼓浪屿权责清单、公开流程、审批事项，形成权责清晰、执法有力、监管有效的管理格局。推进数字化管理。整合鼓浪屿现有数字化成果，建设集景区、博物馆、监测中心于一体的数字化项目平台，加快推进历史陈列馆等场馆及核心要素、重要历史风貌建筑的数字化信息采集，持续推进基础信息数字化建设。改造升级监测预警系统，依托大数据、人工智能、地理信息等前沿技术，形成一套系统化、数字化、协同化、智能化的鼓浪屿世界遗产保护和管理中枢平台。推进科学化、常态化管理。按照"由绿变美"理念，分步推进鼓浪屿花化、绿化、彩化，提升龙头路绿地、孔雀园、燕尾山周边、日本领事馆等节点的绿化水平，全力打造宜居宜游的高颜值"社区＋景区"。坚持科学防控、精准防控，完善网格化防控管理机制，严把轮渡各码头上岛"第一道防线"，严格落实人员密集场所的疫情防控措施，巩固深化"无疫小岛"防控成果，努力为居民和游客营造一个安全的生活旅游环境。

4. 深化文旅融合发展

一是建设"音乐之岛"。举办"新春音乐会""鼓浪屿音乐节""鼓浪屿合唱节"等品牌活动，大力提升琴岛文化氛围。邀请国内外歌剧名家、优秀剧团上岛进行采风创作、戏剧排演，推进鼓浪屿音乐文化传承。全面启动鼓浪屿音乐厅，加强与中央音乐学院、上海音乐学院和鼓浪屿音乐学校的合作，充分用好优质音乐资源，组织艺术家驻岛采风创作，让鼓浪屿的歌声、琴声重新回归，推动鼓浪屿音乐文化传承。二是完善旅游设施。加强旅游基础设施建设，持续推进景区"厕所革命"，完善现有游客服务指示指引标识，健全旅游安全预警和评价机制，优化景区电子门票系统，推出电子门票系统 4.0 版本，拓宽购票渠道，提升旅游公共服务水平。三是做好旅游推介。加强现有场馆的运营指导，鼓励开发定制特色旅游线路，提供高端定制旅游服务项目。加大旅游营销推介力度，加强与厦门航空公司等单位的合作，全方位、全时空推介鼓浪屿，吸引高端游客来鼓浪屿旅游。

参考文献

《鼓浪屿申报世界文化遗产文本》。

全面保护 精细管理：良渚古城遗址
2021 年度监测概况

孙海波　吕亚歌 *

摘　要： 2021 年，良渚古城遗址总体格局、遗产要素单体保存完整，部分遗产使用功能正向变化，遗产病害得到有效控制，遗产主要影响因素均在持续有效监测之下，未发生自然灾害和人为破坏情况。出土的玉器等可移动文物均在符合要求的保藏环境中保存或展示。遗产区及缓冲区建设项目均经过了严格的审批流程和过程管控。遗产总体保护管理状况良好，遗产展示阐释、公众宣教和研究水平进一步提高，整体呈现正向发展，取得了较好的成绩。同时，在土遗址保护、展示阐释、专业力量完善等方面仍有很大提升空间。

关键词： 良渚　土遗址　遗产保护　遗产监测　精细管理

后申遗时代，加快推进良渚古城遗址保护、研究、传承、利用事业是践行习近平总书记关于良渚古城遗址系列重要指示批示精神的具体举措，是贯彻落实浙江省和杭州市党委、政府关于打造"重要窗口""文化桥头堡"、加快建设"独特韵味别样精彩"世界名城的重要抓手。2021 年，在上级部门的

---

* 孙海波，杭州良渚古城遗址世界遗产监测管理中心主任，主要研究领域：文化遗产保护、展示及监测；吕亚歌，杭州良渚古城遗址世界遗产监测管理中心工作人员，主要研究领域：文化遗产学及遗产监测。

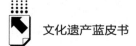

科学领导下，杭州良渚遗址管理区管理委员会紧紧围绕良渚古城遗址保护利用和良渚文化弘扬与推广，持续加强保护、研究和宣传，助推"后申遗时代"良渚古城遗址可持续发展。

一　2021 年总体保护管理状况

（一）遗产概况

良渚古城遗址是长江下游环太湖地区的一个区域性早期国家的权力与信仰中心，位于长江三角洲地区的天目山东端山前河网平原，隶属浙江省杭州市余杭区。[①]2019 年 7 月 6 日，在第 43 届世界遗产大会上，以符合遗产价值标准ⅲ和ⅳ，被列入《世界遗产名录》。

遗产价值标准ⅲ：良渚古城遗址揭示了我国新石器时代晚期在长江下游环太湖地区曾经存在过一个以稻作农业为经济支撑的、出现明显社会分化和具有统一信仰的区域性早期国家，展现出长江流域对中华文明起源阶段"多元一体"特征所做出的杰出贡献。

遗产价值标准ⅳ：良渚古城遗址揭示出长江流域早期国家的城市文明所创造的规划特征，展现了 5000 年前中华文明乃至东亚地区史前稻作文明发展的极高成就，在人类文明发展史上堪称早期城市文明的杰出范例。[②]

（二）承诺事项稳步推进中

良渚古城遗址承诺事项共 16 条，正在履行 14 条，无非正常履行事项。

2019 年，将浙江省文物保护单位"良渚古城外围水利工程遗址"升格为全国重点文物保护单位，公布名称为"鲤鱼山—老虎岭水坝遗址"。至此良渚古城遗址外围水利系统全部纳入全国重点文物保护单位，完成"按计划将

---

① 引自《良渚古城遗址申遗文本》。

② 引自 Decisions Adopted During the 43rd Session of the World Heritage Committee (Baku, 2019) WHC/19/43.COM/18.

谷口高坝片区及平原低坝片区申报成为全国重点文物保护单位"的申遗承诺事项。

2020 年，针对过境交通可能对遗产视觉完整性产生影响的问题，遗产地实施了"美丽公路"项目（见图 1）。该项目东起绕城良渚互通，西至彭公互通，包含 104 国道、长连线、祥彭线，总长约 22 公里。其中，涉及良渚古城遗址的 104 国道彭公至西安寺段，整体提升沿线绿化 13.5 万平方米、绿道 283 米，通过对路段的整体提升改造，完成"对过境交通，如穿越 GB01 和 DC-DB01 地块的 104 国道，采取绿化遮蔽等有效措施，提升提名遗产的视觉完整性"的申遗承诺事项。

图 1 "美丽公路"项目良渚古城遗址段一角

资料来源：杭州良渚古城遗址世界遗产监测管理中心。

2021 年，实行有效的游客管控措施，全流程管控涉建项目，根据实际情况不断调整管理和保护手段，持续落实《良渚古城遗址保护管理规划（2017-2035）》等相关规划，对遗产影响因素进行持续有效监测，严格履行《保护世界文化和自然遗产公约》及其《操作指南》规定的相关责任和义务，其余 14 项承诺事项均在有效履行中。遗产地也将持续对承诺事项展开有效监测。

（三）机构与能力建设进一步增强

2021 年，因遗产所在地余杭区区划调整，杭州良渚遗址管理区管理委员会（浙江省杭州良渚遗址管理局）相应进行了人事调整，人员力量得到进一步强化。同时通过事业单位人员招聘与人员培训，良渚古城遗址保护机构与能力建设得到进一步加强。

截至 2021 年 12 月 31 日，良渚古城遗址的保护、管理、宣教人员总数为 213 人，其中在编人数 198 人，本科及以上人员 174 人。专业技术人员 56 人，其中高级职称 14 人、中级职称 24 人（见图 2），文博、图书档案人员为 22 人，占 39.3%；工程人员为 10 人，占 17.9%；经济、会计人员 7 人，占 12.5%；其他为工艺美术等专业人员（见图 3）。

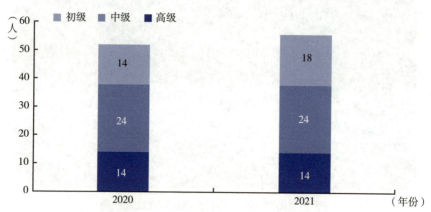

图 2　2020~2021 年良渚古城遗址专业人员职称占比

注：杭州良渚古城遗址世界遗产监测管理中心制图。

资料来源：杭州良渚遗址管理区管理委员会。

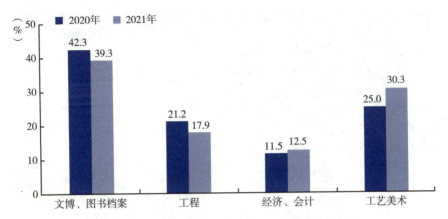

图 3 2020~2021 年良渚古城遗址各专业人员占比

注：杭州良渚古城遗址世界遗产监测管理中心制图。

资料来源：杭州良渚遗址管理区管理委员会。

由上述数据可以看出，在 2021 年，良渚古城遗址在人力资源上得到进一步加强，但专业人员特别是高水平专业人员占比依然偏低，专业结构配比不够协调，针对土遗址保护及展示阐释所需的综合性专业人员仍存在欠缺。

2021 年，遗产地主办"良渚与中华文明起源学术研讨会暨公众分享会"（见图 4）、"良渚讲堂"及其他培训或派员参加"浙江省博物馆青年策展人培训班""第二期联合国教科文组织'世界遗产与可持续旅游'全国培训班""2021 年世界文化遗产保护管理培训班"等各项培训 25 场，参与培训合计 1000 余人次。针对遗产地管理者的教育培训较为丰富立体，对于提升管理者的遗产知识和保护管理水平具有积极正向的作用。

同时，为更好地对良渚古城遗址进行科学有效精细管理，新制定出台了《良渚古城遗址遗产区建设项目风貌设计审查管理办法（试行）》《良渚古城遗址公园访客高峰应急预案》《良渚古城遗址公园小微水体养护治理标准》等规章制度 11 项，织密了良渚古城遗址保护管理网。

（四）遗产本体保护持续正向发展

2021 年，良渚古城遗址持续开展针对遗产本体、影响因素及管理体

图 4　良渚与中华文明起源学术研讨会暨公众分享会现场

资料来源：杭州良渚遗址管理区管理委员会。

系的监测工作。当年遗产总体格局未发生变化，部分遗产要素使用功能因遗产展示阐释等原因发生正面变化，遗产区和缓冲区内未发生明显负面变化，山体水系形态未发生改变，总体格局和 85 处遗产要素单体得到了严格保护，出土的玉器等可移动文物均在符合要求的保藏环境中保存或展示。经监测评估，遗产总体保护状况良好，遗产价值得到有效保护和传承，文化遗产得到有效展示，总体保护管理科学有序，保持了遗产的真实性和完整性。

良渚古城遗址本体病害监测持续开展，病害总体情况得到较好的控制，现存有 6 处（见表 1，不含正在进行文物保护工程的老虎岭遗址）。持续有效的监测数据显示，降雨量和大气温度波动是遗址渗水和风化剥落等病害的主要影响因素；水文监测较为稳定，对遗产的影响目前表现较为轻微；微生物环境因素对遗址本体裸露剖面展示方面存在一定影响。

表 1　良渚古城遗址遗产本体现存病害情况				
				单位：处
涉及的遗产要素	病害类型	病害点数量	严重病害数量	年度变化情况
鲤鱼山遗址	生物病害 表层风化	2	0	暂无劣化趋势
城墙	表层风化 渗漏	2	0	暂无劣化趋势
塘山遗址	生物病害 表层风化	10	0	暂无劣化趋势
梧桐弄遗址	生物病害	1	0	暂无劣化趋势
秋坞遗址	生物病害 表层风化	3	0	暂无劣化趋势
内城墓地	表层风化	1	0	暂无劣化趋势

资料来源：杭州良渚古城遗址世界遗产监测管理中心。

　　针对良渚古城遗址本体病害，除持续开展监测关注变化趋势外，还在科学论证基础上及相关程序报批后开始进行良渚遗址老虎岭、南部城墙考古剖面保护工程（见图 5）。该工程由杭州良渚遗址管理区管理委员会与敦煌研究院合作开展，旨在修复老虎岭、南城墙考古剖面在展示过程中因自然环境因素出现的苔藓、霉菌等生物病害以及裂隙、冲沟、孔洞、表面风化等病害，保护项目预计 2022 年完成。遗产地将持续监测和关注项目对遗产本体的影响，相关病害的监测也将持续进行。

　　同时，为进一步提升遗产展示阐释水平，2021 年良渚古城遗址莫角山宫殿东侧钟家港古河道中的"宫殿巨型木构"复原展示区正式对外开放（见图 6），向公众展示 3D 打印还原后的巨型木构件。瑶山遗址公园正式对外开园（见图 7），有利于向公众展示良渚古城遗址作为早期国家形态的阶层划分、统一信仰和社会分工等价值特征。这些功能变化对遗产使用功能产生了积极正面影响。

图 5　良渚古城遗址南城墙遗址考古发掘剖面保护工程现场

资料来源：杭州良渚遗址管理区管理委员会。

图 6　良渚古城遗址钟家港古河道"宫殿巨型木构"复原展示区

资料来源：杭州良渚古城遗址世界遗产监测管理中心。

图 7　良渚古城遗址瑶山遗址公园

资料来源：杭州良渚古城遗址世界遗产监测管理中心。

（五）遗产主要影响因素全面监测管理

2021 年，持续对良渚古城遗址实施精细化的日常监测，全年共采集监测数据 1903392 条，遗产主要影响因素全面覆盖。

2021 年良渚古城遗址全年旅游规模总体呈上升趋势，游客总量 170 余万人次，相较 2020 年度增长了 59%（见图 8），游客量的增长有利于传播良渚古城遗址遗产价值，弘扬中华文化。2021 年良渚古城遗址继续采取网上实名预约制，有效控制游客量，并对游客量进行实时监测（见图 9），履行了申遗承诺。景区讲解服务满足游客需求，全年未出现超容量接待现象；全年有 8 天出现超过瞬时游客容量限制值情况，通过及时有效地监测预警和采取相关疏导、引导工作，未产生负面影响。

以尽早发现可能存在的涉建问题并有效解决，在最大限度上减少经济和建设活动可能会给遗产保护带来负面影响为原则和宗旨，良渚古城遗址利用地理信息系统、卫星定位系统、遥感影像、航空摄影等技术手段并结合人工巡查，通过新建项目全流程追踪、跨部门合作、多期影像对比分析等，重点对遗产的天际轮廓线以及新建项目的建设情况开展主动监测（见图 10）。在严密的保护管理网络下，2021 年涉建项目建设控制总体情况良好，未发生违

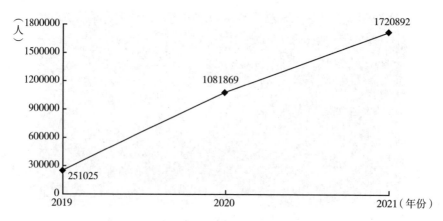

图8 2019~2021年良渚古城遗址游客数量

资料来源：杭州良渚古城遗址世界遗产监测管理中心。

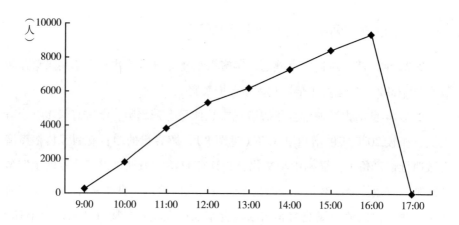

图9 2021年10月1日良渚古城遗址游客量实时监测

资料来源：杭州良渚古城遗址世界遗产监测管理中心。

建事件，保护了遗产突出普遍价值。

继续实施可持续发展的社会环境影响监测，通过与遗产所在地镇街、村社联动，对遗产区缓冲区内业态、住户、人口、GDP、土地性质等变化情况进行持续监测（见图11），推进遗产保护和可持续发展，并保护其真实性和完整性。

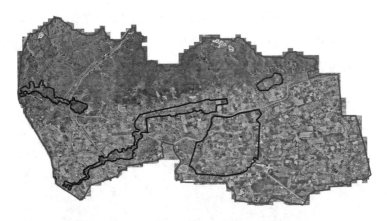

图 10　良渚古城遗址卫星遥感监测

资料来源：中国世界文化遗产监测预警总平台。

代码	村社区	男性人数（人）	女性人数（人）
330110110002	里窑社区	715	698
330110110003	杨梅坞社区	2112	2018
330110110004	新窑社区	2246	2225
330110110005	华兴社区	3615	3719
330110110006	瓶窑社区	7609	5899
330110110007	溪东社区	6928	7059
330110110200	外窑村委会	536	628
330110110201	南山村委会	2702	2445
330110110202	张堰村委会	694	720
330110110210	长命村委会	3193	2690
330110110216	西安寺村委会	1658	1486
330110110223	石濑村委会	2482	2002
330110110229	塘埠村委会	1635	1563
330110110235	凤都村委会	4387	2244
330110110236	太观山村委会	1134	1045
330110110237	崇化村委会	1441	1196
330110110239	窑北村委会	2259	2008
330110110240	彭公村委会	2287	2039
330110110241	奇鹤村委会	659	626

图 11　2021 年良渚古城遗址社会环境监测部分人口数据示例

资料来源：杭州良渚古城遗址世界遗产监测管理中心。

　　在科学有效全方位的管控下，通过人防、技防、物防、制度防控等措施，良渚古城遗址未发生自然灾害和人为破坏情况（见图 12）。遗产区内无建、构筑物和基础设施建设项目，缓冲区内实施的五项建、构筑物等建设项目均

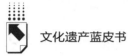

经过严格的报批程序（见表2），并持续进行监测巡查。遗产区、缓冲区内无严重污染工业企业。完成大观山村金家头区块红线范围内109穴坟墓及瑶山遗址区域范围内70余穴坟墓的搬迁工作，土地利用情况总体正向变化。

图12　良渚古城遗址"犬防"

资料来源：杭州良渚遗址管理区管理委员会。

表2　2021年度良渚古城遗址建设控制情况

项目名称	建设地点	文物部门许可文号	建设控制情况
葛洪潮等89户农户建房	缓冲区：保护范围和建设控制地带	浙文物函〔2020〕157号	持续监测，控制良好
东苕溪美丽生态河道建设工程项目	缓冲区：建设控制地带	浙文物函〔2021〕51号	持续监测，控制良好
麟海果蔬环境提升改造项目	缓冲区：保护范围和建设控制地带	浙文物函〔2021〕15号	持续监测，控制良好
梁平华等77户农户建房	缓冲区：保护范围和建设控制地带	浙文物函〔2021〕39号	持续监测，控制良好
沈载安等60户农户建房	缓冲区：建设控制地带	浙文物函〔2021〕372号	持续监测，控制良好

资料来源：杭州良渚古城遗址世界遗产监测管理中心。

2021 年，对可能影响到良渚古城遗址突出普遍性价值的大气、土壤、地表水及地下水等自然环境因素进行了持续有效监测，全年自然环境因素负面影响控制正常（见表 3）。

表 3　2021 年度良渚古城遗址自然环境因素监测情况					
监测对象（大类）	监测对象（小类）	监测方法	实施机构	自然环境影响评估	自然环境影响描述
大气	温度、湿度、风速、风向、酸雨、降水、空气颗粒物、气态污染物、气压	前端设备、接入气象部门数据	监测中心、环保局、气象局	一般	大气环境监测数据整体较为稳定，监测数据未出现较大或剧烈变化与波动。除降雨对遗产本体裸露剖面的影响明显，主要表现为渗水病害外，其他自然环境因素对遗产本体的影响较小，随着监测数据的不断积累和对数据的不断分析研判以及对土遗址保护研究的不断深入，未来自然环境对良渚古城遗址的其他影响会逐渐明晰，就本年度监测情况而言，大气环境对遗产的影响仅表现为一般
土壤	土壤湿度、土壤温度	前端设备	监测中心	轻微	土壤监测数据整体与降水、温度具有相关性，就目前监测数据而言降水是遗产本体出现渗水与剥落病害的主要影响因素，就本年度监测情况而言，土壤环境对遗产的影响仅表现为轻微
地表水	水质、水位	前端设备	监测中心	轻微	地表水文环境监测数据整体较为稳定，监测数据与降水因素存在线性相关，地表水文环境因素对遗产的影响没有直接表现为遗产病害，对遗产的影响仅表现为轻微
地下水	水质、水位	前端设备	监测中心	轻微	地下水文环境监测数据整体较为稳定，监测数据与降水因素存在线性相关，地下水文环境因素对遗产的影响没有直接表现为遗产病害，因此，自然环境对遗产的影响仅表现为轻微

资料来源：杭州良渚古城遗址世界遗产监测管理中心。

同时，通过不断推进"研究化"的专项监测，在国内外学术期刊发表《考虑降雨入渗的良渚古城老虎岭遗址边坡稳定性分析》、《良渚古城老虎岭遗址保护风险分析及对策》、《环境因素和坡脚浸润引起的土遗址表面劣化关联分析——以良渚古城遗址为例》（英文）论文3篇。

（六）保护与研究发展欣欣向荣

1. 保护项目成效显著

2021年，《良渚遗址和鲤鱼山—老虎岭水坝遗址保护总体规划（2021—2035）》正在修编。同时，涉及良渚古城遗址遗产整体、组成部分以及遗产要素单体的《浙江省省级文物保护单位良渚古城外围水利工程遗址保护范围和建设控制地带划定方案》《良渚遗址保护总体规划(2008—2025)》《良渚古城遗址保护管理规划（2013—2025）》等现行保护管理规划都在严格执行中。开始全面实施老虎岭遗址、南城墙遗址考古发掘剖面保护工程。环境整治与提升方面，在完成文物影响评估、履行报批手续并持续开展监测的基础上，完成良渚古城遗址基础设施提升、瑶山遗址基础设施提升、遗址公园西入口综合提升改造等项目（见图13）。

图13 良渚古城遗址环境整治与提升项目一角

资料来源：杭州良渚遗址管理区管理委员会。

上述项目的实施促进了良渚古城遗址的整体环境提升和遗产本体安全正向发展，有利于遗产的永续传承。

2021年，除定期开展消防、安防教育培训和演练外，持续优化安防体系，已初步构建并实施"人防＋物防＋技防"的全方位系统化防控体系，配备良渚遗址文物安全专职巡防队伍25人、巡逻车辆25辆（含遗址公园）、警犬2条、监控464路、报警柱10根、无人机2台、4G巡更设备25个、监测设备33处、振动光缆5000米左右、雷达系统12套、广播70套，初步构建文物安全隐患防治体系（见图14）。

图 14　良渚古城遗址视频监控系统管道示意

资料来源：杭州良渚古城文旅集团有限公司。

2. 遗产研究成果丰硕

遗产地持续聚焦良渚古城遗址内涵发掘与遗产保护，累计在国内外期刊发表《良渚文化钺杖的复原》《良渚文化的木作工具与相关问题探讨》等学术论文15篇。2021年持续或新开展"良渚古城姜家山遗址资料整理""良渚古

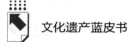
城遗址本体变形破坏机理分析及预测方法研究""良渚遗址石器鉴定与石源研究""良渚文化玉器钻孔工艺的实验研究及微痕分析"等国家、省部、市厅级或单位自主课题14项。编著《良良的申城之旅》《良良与汶汶》儿童科普绘本两部（见图15）。

图15 "良良"系列儿童科普绘本

资料来源：良渚博物院。

规范、完整记录考古发掘工作对遗址保护研究具有重要意义。2021年，为进一步揭示良渚文化内涵和外围水利系统构造，经过国家文物局批准，进行良渚古城及外水利系统遗址考古项目发掘（发掘面积500平方米）。在张家山、钟家村、雉山下发现了与手工业密切相关的一些遗迹，确认了兔子园两处土台所属的历史时期，而石岭头堆筑方式与良渚时期水坝高度相似，应属良渚文化时期遗存。通过对考古发掘项目进行跟踪监测，记录现场发掘照片、发掘面积及进度等信息（见图16），并将相关信息录入历年考古发掘资料数据库（见图17），为进一步揭示良渚文化内涵和外围水利系统构造以及研究遗产价值提供了重要资料。

此外，还重新修订、出版了《瑶山》考古报告（见图18）。

图 16 良渚古城遗址考古发掘现场监测采集照片

资料来源：杭州良渚古城遗址世界遗产监测管理中心。

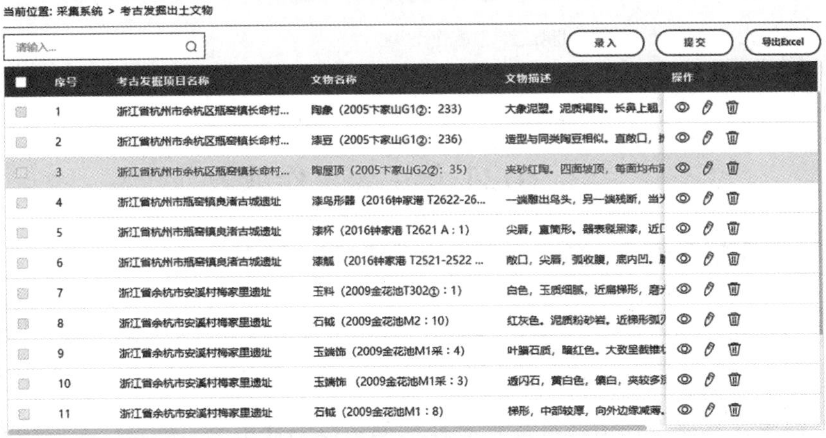

图 17 良渚古城遗址考古发掘监测数据采集系统界面

资料来源：杭州良渚古城遗址世界遗产监测管理中心。

图 18 《瑶山》（修订本）

资料来源：杭州良渚古城遗址世界遗产监测管理中心。

二 2021年主要工作成效

（一）恪守安全底线，遗产保护管理提档升级

对标世界遗产保护的国际准则，推动良渚古城遗址科学保护、整体保护、有效保护。一是完善保护体系。启动《良渚国家考古遗址公园控制性详细规划》修编，完成《良渚遗址保护总体规划》修编评审稿。加强"专职巡查＋村社文保员巡查"制度建设，构建"人防＋物防＋技防＋犬防＋制度防"多维立体安防体系，进一步提升保护能级。持续开展"文物安全365行动"，累计开展文物安全巡查近7700人次，集中排查整治文物安全隐患。二是强化数

字赋能。推动数字化改革背景下良渚古城遗址"遗产数字大脑"迭代升级，完成规划管理线上审核模块开发。三是持续深入开展日常监测和潮湿环境土遗址保护专项监测。全年累计采集监测数据 100 余万条，编制周报 52 份、月报 12 份，同时顺利完成良渚古城遗址 2020 年度监测报告和亚太地区第三轮定期报告（见图 19）。

图 19　良渚古城遗址无人机巡查监测

资料来源：杭州良渚遗址管理区管理委员会。

（二）深挖价值内涵，学术成果转化成效明显

进一步整合良渚文化研究资源，推动学术成果创新转化。一是坚持研究为先。《良渚文化研学读物》《构建神圣——良渚文化的玉器、图像与信仰》出版，《良渚古城遗址生态环境调查项目》结题，完成"良渚文化玉器数据库"建设，收录玉器 13000 余件，进一步摸清良渚文化玉器现状。二是深化学术交流。与敦煌研究院合作启动良渚古城遗址夯土劣化机理及预防性保护技术研究项目，进一步深化潮湿环境土遗址保护技术研究。三

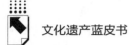

是加强社会教育。以考古发掘资料和学术研究成果为基础，在考古专家、建筑专家、工匠等力量的基础上，模仿良渚时期工艺，复原完成良渚时期制陶工坊单元，并组织引导公众参与竹骨泥墙、屋面草扇编织、麻绳制作等工艺体验。在 2020 年考古发掘体验的基础上，增加了修复、绘图等室内整理项目，增强公众的参与性、互动性、体验性，全年共举办公众考古活动 38 场（见图 20、图 21、图 22）。创新"绘本 +"全域遗产教育理念，推出儿童科普系列绘本《良良的古城世界》《良良的玉器世界》及相关音视频、漫游记、儿童剧等线上线下活动。发布良渚博物院教育 IP 品牌"良良"，其中主题教育活动"良良漫游记"荣获 2021 年度浙江省博物馆十佳青少年教育项目（见图 23）。

图 20　良渚古城遗址公众考古体验活动

资料来源：杭州良渚遗址管理区管理委员会。

图 21　良渚古城遗址公众实验考古体验区

资料来源：杭州良渚遗址管理区管理委员会。

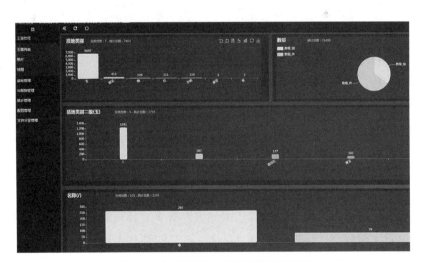

图 22　"良渚文化玉器数据库"界面

资料来源：良渚博物院。

311

图23　2021年"良良漫游记"文化宣讲活动现场

资料来源：良渚博物院。

（三）着力多元融合，良渚文化品牌持续升温

进一步统筹活动组织和文化宣传，着力于活动的品牌化、体系化和宣传的精准度、影响力，进一步丰富社会公众对良渚文化宝贵价值的认知。一是丰富活动载体。以杭州良渚日为核心，结合"五一劳动节"、"十一国庆节"、国际博物馆日、文化与自然遗产日等重要节点，打造良渚文化"1+N"活动体系，持续开展各类遗产宣传活动。二是创新展示方式。融合现代数字技术和非遗艺术，推出国内首个跨媒体全景意境展"意象良渚展"（见图24），用跨界手段拓宽良渚文化传播路径。采用3D打印技术还原良渚古城遗址"宫殿巨型木构"考古遗存，展现良渚先民的生活智慧和精湛工艺。三是提升国际传播。积极利用国家重要战略平台、国际重大赛事宣传推介良渚文化，良渚文化亮相北京服贸会、深圳文博会，良渚文创箱包将作为中国奥运代表团官方行李箱亮相东京奥运会（见图25），杭州亚运会、亚残运会火炬设计中大量使用了良渚元素。

图 24　意象良渚展现场

资料来源：良渚博物院。

图 25　融合良渚元素的 2020 东京奥运会中国体育代表团专用行李箱

资料来源：杭州良渚遗址管理区管理委员会。

（四）坚持活态利用，文旅融合样板效应初显

聚焦共同富裕示范区建设，着力发展"良渚遗址＋"产业模式，催生激发遗址区经济发展的内生动力。一是丰富展示窗口。建成开放瑶山遗址公园，更全面、有效地阐释遗产价值和展示文化内涵。加大品牌推广，在机场、地铁站等重点区域宣传良渚古城遗址，在长三角地区开展遗址公园文旅推介活动。二是强化遗产联动。联合西湖、大运河推出杭州三大世界遗产串联三日游线路以及杭州"三遗套票"，并以"杭州良渚日"为契机，举办"我们圆桌会"杭州良渚日特别节目，邀请三大世界遗产保护管理人员、专家学者、市民代表共同探讨"后申遗时代"良渚古城遗址保护研究传承利用的新课题。三是强化"文化赋能"。与娃哈哈、知味观等优质文化企业合作，持续推进"良渚文化＋"品牌授权，2021年累计开发文创产品126款，进一步丰富了产品品类（见图26）。

图26　良渚古城遗址部分文创产品

资料来源：杭州良渚古城遗址世界遗产监测管理中心。

（五）锐意求实求新，文物数字改革勇毅向前

2021 年，良渚古城遗址勇立潮头乘"数"而上，立足遗产监测，基于浙江省大遗址文物资源特点、文物安全管理工作存在的痛点难点及保护管理需求，以良渚遗址大遗址文物安全网格智治场景为改革突破，以《良渚遗址保护总体规划》和《杭州市良渚遗址保护管理条例》为依据，运用数字化改革的理念和方法，多跨融合多部门、各行业管理系统、平台数据的互联互通，实现跨部门跨层级信息共享，谋划构建大遗址文物安全网格智治指标体系和系统平台。计划通过打造"两端一中心"的文物安全网格智治应用场景，形成面向管理层的"驾驶端"，面向应用层的"乘客端"和分级、分层网格化联动的良渚遗址文物安全预警处置中心，实现文物安全巡检、预警、处置、监管的全流程数字化、信息化、智能化，最终实现良渚遗址的风险防范、多跨协同处置、文物保护管理水平的有效提升，为浙江省大遗址类型及全省文物安全网格智治全要素、全过程保护管理提供可复制、可推广的经验成果，成功入选浙江省文物局第一批"文物安全"应用场景建设试点"揭榜挂帅"项目名单，并在此基础上继续谋划建设"良渚遗址 5000+ 数智应用"（见图27）。

图 27　良渚遗址 5000+ 数智应用界面（设计过程稿）

资料来源：杭州良渚古城遗址世界遗产监测管理中心。

（六）专注遗产健康，潮湿土遗址保护奋楫扬帆

良渚古城遗址位于北亚热带南缘季风气候区，常年潮湿。以 2021 年为例，遗产所在地杭州市全年降水量为 1852.7 毫米，[①] 降雨量丰富，土遗址易出现各种病害，特别是暴露在空气中的老虎岭、南城墙考古剖面。为破解潮湿环境土遗址保护难题，遗产地与敦煌研究院合作开展老虎岭、南城墙考古剖面保护工程。保护工程结合老虎岭、南城墙遗址环境监测和保护技术的积累和展示设计、规划需求，采用半封闭保护大棚和开放式保护大棚等手段防止降雨冲刷并提供相对稳定的保存微环境，在老虎岭半封闭遮光保护棚中实现展示区域的封闭环境高湿度保护和非展示区域的回填保护，在南城墙利用开放保护棚实现考古剖面的干燥保护，综合治理遗址土体的生物病害，灌浆加固遗址的疏松和裂隙区域，削除遗址立面的载重区域，采用地面换填降排水技术治理老虎岭遗址和南城墙遗址地面积水情况。首次实施潮湿环境土遗址封闭环境保护和降排水处理，提出环境控制方法和指标阈值，积累保护经验，探索和推进我国潮湿环境土遗址保护技术的研究和实践进程。目前，保护工程正在稳步进行中（见图 28）。

图 28 良渚古城遗址老虎岭遗址考古剖面保护工程现场

资料来源：杭州良渚遗址管理区管理委员会。

---

① 《2021 年杭州市水资源公报》。

三 主要问题与思考

2021 年度，在有效的保护管理和持续的监测下，良渚古城遗址取得了一定的成绩。但是面对遗产的展示、阐释和保护研究，要做的工作还有很多。

（一）保护研究需进一步加强

中国土遗址包含的历史进程从石器时期绵延至近现代，是中华文明起源和发展的重要实证，是中华五千年优秀传统文化重要的承载物，也是全人类宝贵的文化遗产，具有极高的历史、科学及艺术价值。土遗址作为不可复制和不可再生的文化遗产，相对于其他文化遗产有着鲜明的特点。土遗址普遍受环境影响显著，材性较差，在长期环境荷载作用下会出现劣化，出现裂隙、掏蚀、坍塌和剥落等诸多病害，影响其稳定安全。而良渚古城遗址位于我国潮湿多雨的江南地区，土遗址在潮湿环境下更难保存，往往因地下水位高、降水量大、植被茂盛等环境因素，会出现收缩开裂、膨胀崩解、霉菌和雨水侵蚀等病害。目前，我国潮湿环境土遗址的保护工作仍处于封闭环境高湿度保护、开放环境干燥保护和回填保护等技术理念的探讨阶段，由于三种保护理念存在遗址体病害发育机制不明、保护材料作用机制不清、环境控制手段单一、保护技术体系尚未建立等系列瓶颈问题，潮湿环境土遗址保护实际仍处于探索阶段，针对性的保护研究仍需进一步加强。

（二）专业力量需进一步完善

良渚古城遗址配置了一定比例不同专业的保护研究人员。这些研究人员均具有一定的理论水平和实践经验，在良渚古城遗址保护研究中作了大量卓有成效的工作。但是土遗址，尤其是南方潮湿环境下土遗址保护研究涉及多学科保护、系统协调复杂、专业技术水平要求高，受到编制、招录方式、专业设置、引进渠道等多方面因素影响，专业人员特别是高水平专业人员占的比重偏低、专业结构配比不够协调、综合性专业人员仍然欠缺。良渚古城遗址专业力量配比有待进一步提升和完善。

（三）展示阐释需进一步提高

一直以来，良渚古城遗址始终致力于良渚古城遗址的展示和阐释工作，在不断努力下，良渚古城遗址的影响力和传播力得到了较大提升。良渚古城遗产《土遗址现场展示阐释的探索实践》在 2020 中国世界文化遗产年会上获评特色案例。但是受限于遗址类遗产自身的特性，土遗址现场可观赏性不强，展示和阐释工作存在很大困难。遗产展示阐释是良渚古城遗址所富藏的文化价值、文化内涵的绝佳体现，也是实现遗产保护的有效途径之一。如何将体验性、独特性概念与遗产展示设计结合，使参观者在游览良渚古城遗址的过程中认知并深度体验遗产价值依然是目前面临和需要解决的问题，良渚古城遗址未来在展示阐释方面仍然有很长的路要走。

参考文献

余杭区人民政府、杭州良渚遗址管理区管理委员会：《良渚古城遗址申遗文本》，2019。

世界遗产大会：《第四十三届世界遗产委员会会议通过之决议》，2019。

杭州良渚古城遗址世界遗产监测管理中心：《良渚古城遗址 2021 年度监测年度报告》，2022。

杭州市林水局：《2021 年杭州市水资源公报》，2022。

孙满利、陈彦榕、沈云霞：《土遗址病害研究新进展与展望》，《敦煌研究》2022年第 2 期。

刘卫红、张玺：《大遗址保护规划的现状与发展趋势》，《自然与文化遗产研究》2022 年第 2 期。

魏青：《从世界遗产地管理者论坛观察世界遗产能力建设新趋势》，《自然与文化遗产研究》2022 年第 2 期。

中国文化遗产研究院：《中国世界文化遗产 2020 年度保护状况总报告》，文物出版社，2021。

孙满利：《土遗址保护初论》，科学出版社，2010。

附　　录

Appendix

---

* 　制图：国信司南（北京）地理信息技术有限公司。

1 明清故宫
　1-1 北京故宫　1-2 沈阳故宫
2 秦始皇陵及兵马俑坑
3 莫高窟
4 泰山
5 周口店北京人遗址
6 长城
　6-1 山海关　6-2 八达岭　6-3 嘉峪关
7 黄山
8 武当山古建筑群
9 拉萨布达拉宫历史建筑群
　9-1 布达拉宫　9-2 大昭寺　9-3 罗布林卡
10 承德避暑山庄及其周围寺庙
11 曲阜孔庙、孔林和孔府
12 庐山国家公园
13 峨眉山—乐山大佛
　13-1 乐山大佛　13-2 峨眉山
14 平遥古城
15 苏州古典园林
16 丽江古城
17 北京皇家园林—颐和园
18 北京皇家祭坛—天坛
19 大足石刻
20 武夷山
　20-1 武夷山景区　20-2 城村汉城遗址
21 皖南古村落—西递、宏村
　21-1 西递　21-2 宏村
22 明清皇家陵寝
　22-1 明显陵　22-5 明十三陵
　22-2 清东陵　22-6 清永陵
　22-3 清西陵　22-7 清福陵
　22-4 明孝陵　22-8 清昭陵
23 龙门石窟
24 青城山—都江堰
25 云冈石窟
26 高句丽王城、王陵及贵族墓群
　26-1 国内城、九都山城及高句丽王陵和贵族墓群
　26-2 五女山城
27 澳门历史城区
28 殷墟
29 开平碉楼与村落
30 福建土楼
　30-1 南靖土楼　30-2 华安土楼　30-3 永定土楼
31 五台山
　31-1 台怀　31-2 佛光寺
32 登封"天地之中"历史建筑群
33 杭州西湖文化景观
34 元上都遗址
35 红河哈尼梯田文化景观
丝绸之路：长安—天山廊道的路网
　36-1 汉长安城未央宫遗址
　36-2 汉魏洛阳城遗址
　36-3 唐长安城大明宫遗址
　36-4 隋唐洛阳城定鼎门遗址
　36-5 高昌故城
　36-6 交河故城
　36-7 北庭故城遗址
　36-8 新安汉函谷关遗址
　36-9 崤函古道石壕段遗址
　36-10 锁阳城遗址
　36-11 悬泉置遗址
　36-12 玉门关遗址
　36-13 克孜尔石窟
　36-14 克孜尔尕哈烽燧
　36-15 苏巴什佛寺遗址
　36-16 炳灵寺石窟
　36-17 麦积山石窟
　36-18 彬县大佛寺石窟
　36-19 大雁塔
　36-20 小雁塔
　36-21 兴教寺塔
　36-22 张骞墓
37 大运河
　37-1 含嘉仓160号仓窖遗址
　37-2 回洛仓遗址
　37-3 通济渠郑州段
　37-4 通济渠商丘南关段
　37-5 通济渠商丘夏邑段
　37-6 柳孜运河遗址
　37-7 通济渠泗县段
　37-8 卫河（永济渠）滑县浚县段
　37-9 黎阳仓遗址
　37-10 清口枢纽
　37-11 总督漕运公署遗址
　37-12 淮扬运河扬州段
　37-13 江南运河常州城区段
　37-14 江南运河无锡城区段
　37-15 江南运河苏州段
　37-16 江南运河嘉兴—杭州段
　37-17 江南运河南浔段
　37-18 浙东运河杭州萧山—绍兴段
　37-19 浙东运河上虞—余姚段
　37-20 浙东运河宁波段
　37-21 宁波三江口
　37-22 通惠河北京旧城段
　37-23 通惠河通州段
　37-24 北、南运河天津三岔口段
　37-25 南运河沧州—衡水—德州段
　37-26 会通河临清段
　37-27 会通河阳谷段
　37-28 南旺枢纽
　37-29 会通河微山段
　37-30 中河台儿庄段
　37-31 中河宿迁段
38 土司遗址
　38-1 老司城遗址
　38-2 唐崖土司城址
　38-3 海龙屯
39 左江花山岩画文化景观
40 鼓浪屿：历史国际社区
41 良渚古城遗址
42 泉州：宋元中国的世界海洋商贸中心

专题图例
● 世界文化遗产
● 世界文化和自然混合遗产
—— 长城
－－－ 丝绸之路：长安—天山廊道的路网
▪▪▪ 大运河

底图图例
国界、未定国界
省、自治区、直辖市界
特别行政区界
湖泊、水库
珊瑚礁、暗沙
比例尺 1：19 000 000

南海诸岛
1:38 000 000

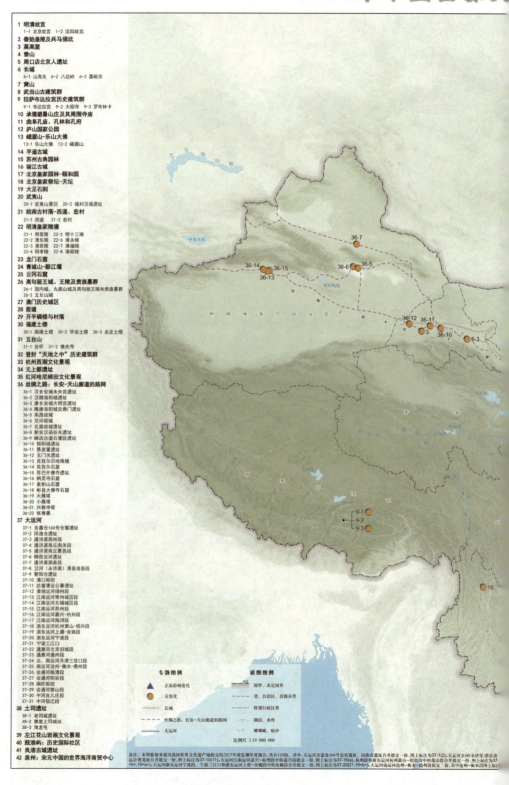

36-7

36-14　36-15　　36-6　36-5
36-13

36-12　36-11
3　　36-10　6-3

9-1
9-2
9-3

16

专题图例　　　　　　　　**底图图例**

△ 正面影响变化　　　　　　　　国界、未定国界

● 无变化　　　　　　　　　　省、自治区、直辖市界

〜〜 长城　　　　　　　　　　特别行政区界

- - 丝绸之路：长安-天山廊道的路网　　湖泊、水库

── 大运河　　　　　　　　　　沼泽滩、戈壁、沙漠

比例尺 1:19 000 000

备注：本图数据来源于我国世界文化遗产地提交的2021年度监测年度报告，共计110处，其中，大运河含嘉仓160号仓窖遗址、回洛仓遗址合并提交一份，图上标注为37-1(2)；大运河卫河(永济渠)滑县浚县段运公署遗址合并提交一份，图上标注为37-10(11)；大运河江南运河嘉兴-杭州段中的嘉兴段提交一份，图上标注为37-16(a)；杭州段和浙东运河杭州萧山-绍兴段的萧山合并提交一份，图上标注为37<b>,19<a>；大运河浙东运河宁波段，宁波三江口和浙东运河上虞-余姚段的余姚段合并提交一份，图上标注为37-20(21.19<b>);大运河南运河沧州-衡水-德州段提交三份，其中沧州一衡水段图上标注

专题图例
▲ 正面影响变化
● 无变化
—— 长城
- - - 丝绸之路：长安—天山廊道的路网
══ 大运河

底图图例
国界、未定国界
省、自治区、直辖市界
特别行政区界
湖泊、水库
珊瑚礁、暗沙

比例尺 1:19 000 000

36-7　36-6　36-5　36-13　36-14　36-15　36-12　36-11　36-10　36-3　9-1　9-2　9-3　16

1 明清故宫
　1-1 北京故宫　1-2 沈阳故宫
2 秦始皇陵及兵马俑坑
3 莫高窟
4 泰山
5 周口店北京人遗址
6 长城
　6-1 山海关　6-2 八达岭　6-3 嘉峪关
7 黄山
8 武当山古建筑群
9 拉萨布达拉宫历史建筑群
　9-1 布达拉宫　9-2 大昭寺　9-3 罗布林卡
10 承德避暑山庄及其周围寺庙
11 曲阜孔庙、孔林和孔府
12 庐山国家公园
13 峨眉山-乐山大佛
　13-1 乐山大佛　13-2 峨眉山
14 平遥古城
15 苏州古典园林
16 丽江古城
17 北京皇家园林-颐和园
18 北京皇家祭坛-天坛
19 大足石刻
20 武夷山
　20-1 武夷山景区　20-2 城村汉城遗址
21 皖南古村落-西递、宏村
　21-1 西递　21-2 宏村
22 明清皇家陵寝
　22-1 明显陵　22-5 明十三陵
　22-2 清东陵　22-6 清永陵
　22-3 清西陵　22-7 清福陵
　22-4 明孝陵　22-8 清昭陵
23 龙门石窟
24 青城山-都江堰
25 云冈石窟
26 高句丽王城、王陵及贵族墓葬
　26-1 国内城、丸都山城及高句丽王陵和贵族墓葬
　26-2 五女山城
27 澳门历史城区
28 殷墟
29 开平碉楼与村落
30 福建土楼
　30-1 南靖土楼　30-2 华安土楼　30-3 永定土楼
31 五台山
　31-1 台怀　31-2 佛光寺
32 登封"天地之中"历史建筑群
33 杭州西湖文化景观
34 元上都遗址
35 红河哈尼梯田文化景观
36 丝绸之路：长安-天山廊道的路网
　36-1 汉长安城未央宫遗址
　36-2 汉魏洛阳城遗址
　36-3 唐长安城大明宫遗址
　36-4 隋唐洛阳城定鼎门遗址
　36-5 高昌故城
　36-6 交河故城
　36-7 北庭故城遗址
　36-8 新安汉函谷关遗址
　36-9 崤函古道石壕段遗址
　36-10 锁阳城遗址
　36-11 悬泉置遗址
　36-12 玉门关遗址
　36-13 克孜尔尕哈烽燧
　36-14 克孜尔石窟
　36-15 苏巴什佛寺遗址
　36-16 炳灵寺石窟
　36-17 麦积山石窟
　36-18 彬县大佛寺石窟
　36-19 大雁塔
　36-20 小雁塔
　36-21 兴教寺塔
　36-22 张骞墓
37 大运河
　37-1 含嘉仓160号仓窖遗址
　37-2 回洛仓遗址
　37-3 通济渠郑州段
　37-4 通济渠商丘南关段
　37-5 通济渠商丘夏邑段
　37-6 柳孜运河遗址
　37-7 通济渠泗县段
　37-8 卫河（永济渠）滑县浚县段
　37-9 黎阳仓遗址
　37-10 澶口码头
　37-11 总督漕运公署遗址
　37-12 淮扬运河扬州段
　37-13 江南运河常州城区段
　37-14 江南运河无锡城区段
　37-15 江南运河苏州段
　37-16 江南运河嘉兴-杭州段
　37-17 江南运河南浔段
　37-18 浙东运河杭州萧山-绍兴段
　37-19 浙东运河上虞-余姚段
　37-20 浙东运河宁波段
　37-21 宁波三江口
　37-22 通惠河北京旧城段
　37-23 通惠河通州段
　37-24 北、南运河天津三岔口段
　37-25 南运河沧州-衡水-德州段
　37-26 会通河临清段
　37-27 会通河阳谷段
　37-28 临旺枢纽
　37-29 会通河南旺段
　37-30 中河台儿庄段
　37-31 中河宿迁段
38 土司遗址
　38-1 老司城遗址
　38-2 唐崖土司城址
　38-3 海龙屯
39 左江花山岩画文化景观
40 鼓浪屿：历史国际社区
41 良渚古城遗址
42 泉州：宋元中国的世界海洋商贸中心

专题图例
　▲ 正面影响变化
　▲ 负面影响变化
　▲ 兼有正面与负面影响变化
　● 无变化
　—— 长城
　--- 丝绸之路：长安-天山廊道的路网

底图图例
　国界、未定国界
　省、自治区、直辖市界
　特别行政区界
　湖泊、水库
　明珊湖、哈沙

比例尺 1:19 000 000

37-8(a)、磐阳仓遗址和澄县段合并提交一份，图上标注为37-9(8<b>)，大运河清口枢纽、总督漕
□潘山—绍兴段中的绍兴段上提的，浙东运河上段—金库段合并提交一份，图上标注为37-(18
□5(b)、大运河南枢组提提交两份，其中清宁段图上标注为37-28(a)，泰安段图上标注为37-28(b)。

南海诸岛
1:38 000 000

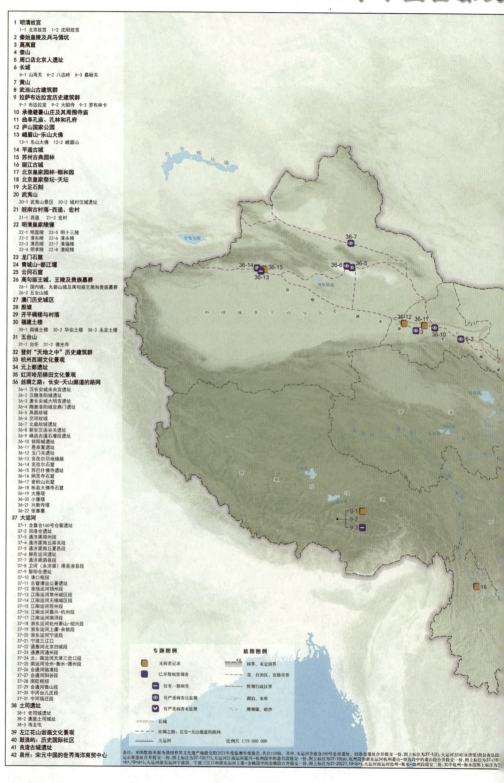

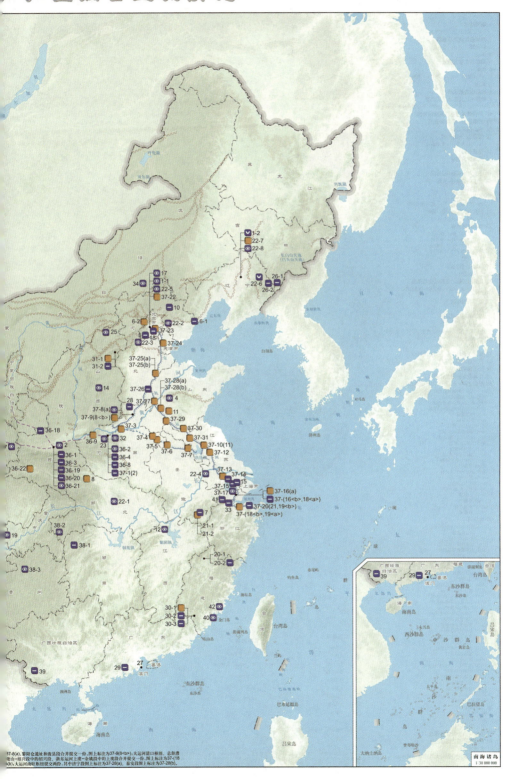

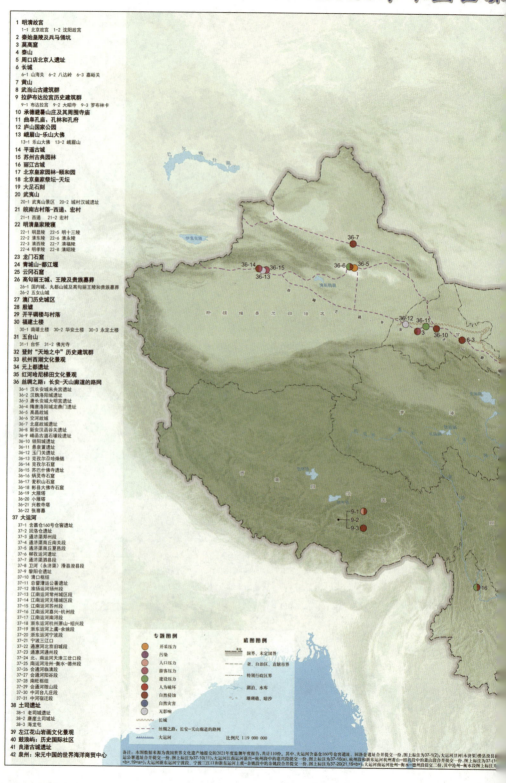

2021年中国世界

1 明清故宫
　1-1 北京故宫　1-2 沈阳故宫
2 秦始皇陵及兵马俑坑
3 莫高窟
4 泰山
5 周口店北京人遗址
6 长城
　6-1 山海关　6-2 八达岭　6-3 嘉峪关
7 黄山
8 武当山古建筑群
9 拉萨布达拉宫历史建筑群
　9-1 布达拉宫　9-2 大昭寺　9-3 罗布林卡
10 承德避暑山庄及其周围寺庙
11 曲阜孔庙、孔林和孔府
12 庐山国家公园
13 峨眉山-乐山大佛
　13-1 乐山大佛　13-2 峨眉山
14 平遥古城
15 苏州古典园林
16 丽江古城
17 北京皇家园林-颐和园
18 北京皇家祭坛-天坛
19 大足石刻
20 武夷山
　20-1 武夷山景区　20-2 城村汉城遗址
21 皖南古村落-西递、宏村
　21-1 西递　21-2 宏村
22 明清皇家陵寝
　22-1 明显陵　22-5 明十三陵
　22-2 清东陵　22-6 清永陵
　22-3 清西陵　22-7 清福陵
　22-4 明孝陵　22-8 清昭陵
23 龙门石窟
24 青城山-都江堰
25 云冈石窟
26 高句丽王城、王陵及贵族墓葬
　26-1 国内城、丸都山城及高句丽王陵及贵族墓葬
　26-2 五女山城
27 澳门历史城区
28 殷墟
29 开平碉楼与村落
30 福建土楼
　30-1 南靖土楼　30-2 华安土楼　30-3 永定土楼
31 五台山
　31-1 台怀　31-2 佛光寺
32 登封"天地之中"历史建筑群
33 杭州西湖文化景观
34 元上都遗址
35 红河哈尼梯田文化景观
36 丝绸之路:长安-天山廊道的路网
　36-1 汉长安城未央宫遗址
　36-2 汉魏洛阳城遗址
　36-3 唐长安城大明宫遗址
　36-4 隋唐洛阳城定鼎门遗址
　36-5 高昌故城
　36-6 交河故城
　36-7 北庭故城遗址
　36-8 新安汉函谷关遗址
　36-9 崤函古道石壕段遗址
　36-10 锁阳城遗址
　36-11 悬泉置遗址
　36-12 玉门关遗址
　36-13 克孜尔尕哈烽燧
　36-14 克孜尔石窟
　36-15 苏巴什佛寺遗址
　36-16 炳灵寺石窟
　36-17 麦积山石窟
　36-18 彬县大佛寺石窟
　36-19 大雁塔
　36-20 小雁塔
　36-21 兴教寺塔
　36-22 张骞墓
37 大运河
　37-1 含嘉仓160号仓窖遗址
　37-2 回洛仓遗址
　37-3 通济渠郑州段
　37-4 通济渠商丘南段
　37-5 通济渠商丘夏邑段
　37-6 柳孜运河遗址
　37-7 通济渠泗县段
　37-8 卫河(永济渠)滑县浚县段
　37-9 黎阳仓遗址
　37-10 浚口段
　37-11 总督漕运公署遗址
　37-12 淮扬运河扬州段
　37-13 江南运河常州城区段
　37-14 江南运河无锡城区段
　37-15 江南运河苏州段
　37-16 江南运河嘉兴-杭州段
　37-17 浙东运河上虞-余姚段
　37-18 浙东运河杭州萧山-绍兴段
　37-19 浙东运河宁波段
　37-20 浙东运河宁波段
　37-21 浙东运河三江口
　37-22 通惠河北京旧城段
　37-23 通惠河通州段
　37-24 北、通惠河天津三岔口段
　37-25 南运河沧州-衡水-德州段
　37-26 会通河临清段
　37-27 会通河阳谷段
　37-28 会通河南旺枢纽
　37-29 会通河微山段
　37-30 中河台儿庄段
　37-31 中河淮安段
38 土司遗址
　38-1 老司城遗址
　38-2 唐崖土司城址
　38-3 海龙屯
39 左江花山岩画文化景观
40 鼓浪屿:历史国际社区
41 良渚古城遗址
42 泉州:宋元中国的世界海洋商贸中心

专题图例
- 开采压力
- 污染
- 人口压力
- 游客压力
- 建设压力
- 人为破坏
- 自然侵蚀
- 自然灾害
- 无影响
- 长城
- 丝绸之路:长安-天山廊道的路网

底图图例
- 国界、未定国界
- 省、自治区、直辖市界
- 特别行政区界
- 河流、运河
- 湖泊、水库
- 珊瑚礁、暗沙

比例尺 1:19 000 000

遗产影响因素情况

1 明清故宫
　　1-1 北京故宫　1-2 沈阳故宫
2 秦始皇陵及兵马俑坑
3 莫高窟
4 泰山
5 周口店北京人遗址
6 长城
　　6-1 山海关　6-2 八达岭　6-3 嘉峪关
7 黄山
8 武当山古建筑群
9 拉萨布达拉宫历史建筑群
　　9-1 布达拉宫　9-2 大昭寺　9-3 罗布林卡
10 承德避暑山庄及其周围寺庙
11 曲阜孔庙、孔林和孔府
12 庐山国家公园
13 峨眉山-乐山大佛
　　13-1 乐山大佛　13-2 峨眉山
14 平遥古城
15 苏州古典园林
16 丽江古城
17 北京皇家园林-颐和园
18 北京皇家祭坛-天坛
19 大足石刻
20 武夷山
　　20-1 武夷山景区　20-2 城村汉城遗址
21 皖南古村落-西递、宏村
　　21-1 西递　21-2 宏村
22 明清皇家陵寝
　　22-1 明显陵　22-5 明十三陵
　　22-2 清东陵　22-6 清永陵
　　22-3 清西陵　22-7 清福陵
　　22-4 明孝陵　22-8 清昭陵
23 龙门石窟
24 青城山-都江堰
25 云冈石窟
26 高句丽王城、王陵及贵族墓葬
　　26-1 国内城、丸都山城及高句丽王陵和贵族墓葬
　　26-2 五女山城
27 澳门历史城区
28 殷墟
29 开平碉楼与村落
30 福建土楼
　　30-1 南靖土楼　30-2 华安土楼　30-3 永定土楼
31 五台山
　　31-1 台怀　31-2 佛光寺
32 登封"天地之中"历史建筑群
33 杭州西湖文化景观
34 元上都遗址
35 红河哈尼梯田文化景观
36 丝绸之路：长安-天山廊道的路网
　　36-1 汉长安城未央宫遗址
　　36-2 汉魏洛阳城遗址
　　36-3 唐长安城大明宫遗址
　　36-4 隋唐洛阳城定鼎门遗址
　　36-5 高昌故城
　　36-6 交河故城
　　36-7 北庭故城遗址
　　36-8 新疆汉长安谷关遗址
　　36-9 峭函古道石壕段遗址
　　36-10 锁阳城遗址
　　36-11 悬泉置遗址
　　36-12 玉门关遗址
　　36-13 克孜尔尕哈烽燧
　　36-14 克孜尔石窟
　　36-15 苏巴什佛寺遗址
　　36-16 炳灵寺石窟
　　36-17 麦积山石窟
　　36-18 彬县大佛寺石窟
　　36-19 大雁塔
　　36-20 小雁塔
　　36-21 兴教寺塔
　　36-22 张骞墓
37 大运河
　　37-1 含嘉仓160号仓窖遗址
　　37-2 回洛仓遗址
　　37-3 通济渠郑州段
　　37-4 通济渠商丘南关段
　　37-5 通济渠商丘夏邑段
　　37-6 柳孜运河遗址
　　37-7 通济渠泗县段
　　37-8 卫河（永济渠）滑县浚县段
　　37-9 黎阳仓遗址
　　37-10 南旺枢纽
　　37-11 总督漕运公署遗址
　　37-12 淮扬运河扬州段
　　37-13 江南运河常州城区段
　　37-14 江南运河无锡城区段
　　37-15 江南运河苏州段
　　37-16 江南运河嘉兴-杭州段
　　37-17 江南运河南浔段
　　37-18 浙东运河杭州萧山-绍兴段
　　37-19 浙东运河上虞-余姚段
　　37-20 浙东运河宁波段
　　37-21 宁波三江口
　　37-22 通惠河北京旧城段
　　37-23 通惠河通州段
　　37-24 北运河天津三岔口段
　　37-25 南运河沧州-衡水-德州段
　　37-26 会通河临清段
　　37-27 会通河阳谷段
　　37-28 南旺枢纽
　　37-29 会通河微山段
　　37-30 中河台儿庄段
　　37-31 中河宿迁段
38 土司遗址
　　38-1 老司城遗址
　　38-2 唐崖土司城址
　　38-3 海龙屯
39 左江花山岩画文化景观
40 鼓浪屿：历史国际社区
41 良渚古城遗址
42 泉州：宋元中国的世界海洋商贸中心

专题图例

全年游客总量 （万人次）	全年预约游客量 （万人次）
≥2000	≥500
2000-1000	500-100
1000-500	100-50
500-100	50-10
100-10	10-1
10-1	<1
<1	

底图图例

国界、未定国界
省、自治区、直辖市界
特别行政区界
湖泊、水库
珊瑚礁、暗沙

〜〜〜〜 长城
－－－ 丝绸之路：长安-天山廊道的路网
━━━ 大运河

比例尺 1:19 000 000

各注：本图数据来源于我国世界文化遗产地提交的2021年度监测年度报告，共计110处。其中，大运河含嘉仓160号仓窖遗址、回洛仓遗址合并提交一份，图上标注为37-1(2)；大运河卫河（永济渠）滑县浚县段合并提交一份，图上标注为37-10(11)；大运河江南运河嘉兴-杭州段中西南浔段提交一份，图上标注为37-16(a)；杭州段和浙东运河杭州萧山-绍兴段合并提交一份，图上标注为37-(18<b>,18<a>，大运河浙东运河宁波段、宁波三江口和浙东运河上虞-余姚段中的金城段合并提交一份，图上标注为37-20(21,19<b>)；大运河南运河沧州-衡水-德州段提交一份，其中沧州-衡水段图上标注为37-25(a)，德州

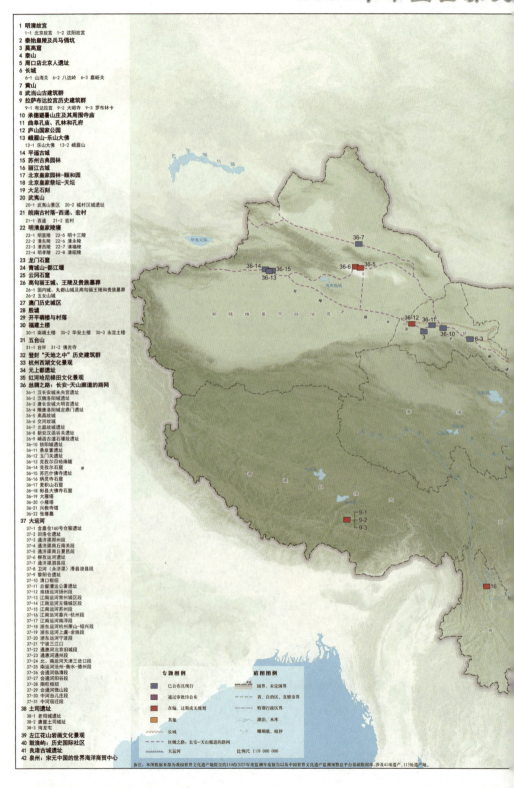

专题图例

■ 已公布且现行

■ 通过审批待公布

■ 在编、过期或无规划

□ 其他

底图图例

国界、未定国界

省、自治区、直辖市界

特别行政区界

湖泊、水库

珊瑚礁、暗沙

长城

丝绸之路：长安—天山廊道的路网

大运河

比例尺 1:19 000 000

备注：本图数据来源为我国世界文化遗产地提交的110份2021年度监测年度报告以及中国世界文化遗产监测预警总平台基础数据库，涉及41项遗产、113处遗产地。

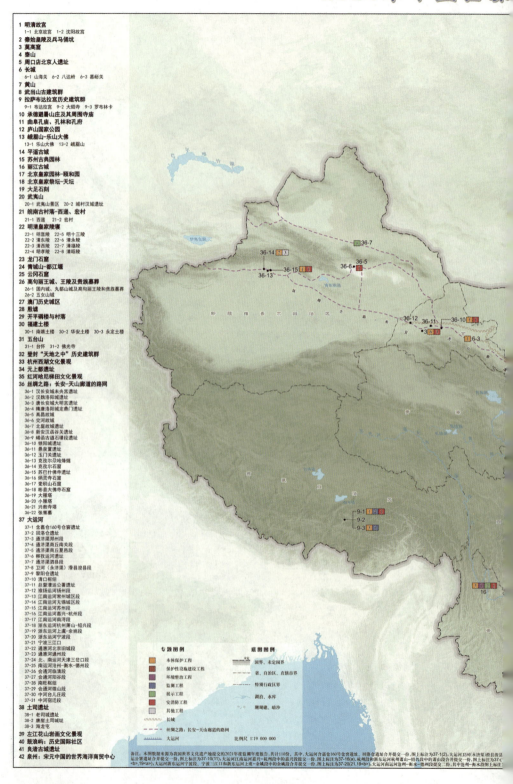

1 明清故宫
　1-1 北京故宫　1-2 沈阳故宫
2 秦始皇陵及兵马俑坑
3 莫高窟
4 泰山
5 周口店北京人遗址
6 长城
　6-1 山海关　6-2 八达岭　6-3 嘉峪关
7 黄山
8 武当山古建筑群
9 拉萨布达拉宫历史建筑群
　9-1 布达拉宫　9-2 大昭寺　9-3 罗布林卡
10 承德避暑山庄及其周围寺庙
11 曲阜孔庙、孔林和孔府
12 庐山国家公园
13 峨眉山-乐山大佛
　13-1 乐山大佛　13-2 峨眉山
14 平遥古城
15 苏州古典园林
16 丽江古城
17 北京皇家园林-颐和园
18 北京皇家祭坛-天坛
19 大足石刻
20 武夷山
　20-1 武夷山景区　20-2 城村汉城遗址
21 皖南古村落-西递、宏村
　21-1 西递　21-2 宏村
22 明清皇家陵寝
　22-1 明显陵　22-5 明十三陵
　22-2 清东陵　22-6 清永陵
　22-3 清西陵　22-7 清福陵
　22-4 明孝陵　22-8 清昭陵
23 龙门石窟
24 青城山-都江堰
25 云冈石窟
26 高句丽王城、王陵及贵族墓葬
　26-1 国内城、丸都山城及高句丽王陵和贵族墓葬
　26-2 五女山城
27 澳门历史城区
28 殷墟
29 开平碉楼与村落
30 福建土楼
　30-1 南靖土楼　30-2 华安土楼　30-3 永定土楼
31 五台山
　31-1 台怀　31-2 佛光寺
32 登封"天地之中"历史建筑群
33 杭州西湖文化景观
34 元上都遗址
35 红河哈尼梯田文化景观
丝绸之路：长安-天山廊道的路网
　36-1 汉长安城未央宫遗址
　36-2 汉魏洛阳城遗址
　36-3 唐长安城大明宫遗址
　36-4 隋唐洛阳城定鼎门遗址
　36-5 高昌故城
　36-6 交河故城
　36-7 北庭故城遗址
　36-8 新安汉函谷关遗址
　36-9 崤函古道石壕段遗址
　36-10 锁阳城遗址
　36-11 悬泉置遗址
　36-12 玉门关遗址
　36-13 克孜尔尕哈烽燧
　36-14 克孜尔石窟
　36-15 苏巴什佛寺遗址
　36-16 炳灵寺石窟
　36-17 麦积山石窟
　36-18 彬县大佛寺石窟
　36-19 大雁塔
　36-20 小雁塔
　36-21 兴教寺塔
　36-22 张骞墓
37 大运河
　37-1 含嘉仓160号仓窖遗址
　37-2 回洛仓遗址
　37-3 通济渠郑州段
　37-4 通济渠商丘南关段
　37-5 通济渠商丘夏邑段
　37-6 柳孜运河遗址
　37-7 通济渠泗县段
　37-8 卫河（永济渠）滑县浚县段
　37-9 黎阳仓遗址
　37-10 清口枢纽
　37-11 总督漕运公署遗址
　37-12 淮扬运河扬州段
　37-13 江南运河常州城区段
　37-14 江南运河无锡城区段
　37-15 江南运河苏州段
　37-16 江南运河南浔段
　37-17 浙东运河杭州萧山-绍兴段
　37-18 浙东运河上虞-余姚段
　37-19 浙东运河宁波段
　37-20 宁波三江口
　37-21 通惠河北京旧城段
　37-22 通惠河通州段
　37-23 北、南运河天津三岔口段
　37-24 南运河沧州-衡水-德州段
　37-25 会通河临清段
　37-26 会通河南旺枢纽
　37-27 会通河微山段
　37-28 中河台儿庄段
　37-29 中河宿迁段
38 土司遗址
　38-1 老司城遗址
　38-2 唐崖土司城址
　38-3 海龙屯
39 左江花山岩画文化景观
40 鼓浪屿：历史国际社区
41 良渚古城遗址
42 泉州：宋元中国的世界海洋商贸中心

遗产工程实施情况

Abstract

The Annual Research Report 2021-2022 (Blue Book of Cultural Heritage) was edited under the leadership of the Research Team of China Academy of Cultural Heritage (CACH), and jointly compiled by CACH and personnel from multiple heritage sites across the country working at the forefront of World Heritage conservation and management .

The Report was prepared based on the 110 *Annual Monitoring Reports of the year 2021 on World Cultural Heritage Properties in China* compiled by site managers or monitoring agencies. It comprises five sections of General Report, Topic-specific Reports, Thematic Reports, Reports on Categorized Heritage, and Annexes, totaling 14 individual reports.

"Section One: General Report" includes one report that presents key research outcomes. It provides an analysis of the global trend of World Cultural Heritage, conservation practices in China, and ongoing challenges, and accordingly proposes responses and recommendations to address such challenges.

"Section Two: Topic-specific Reports" includes five reports. Based on rich and detailed data and through vertical and horizontal comparisons of such data, this section presents a comprehensive and detailed analysis of the status of World Cultural Heritage properties in China, in terms of the State Party's fulfilment of the commitments to the World Heritage Committee, institutional and capacity building, conservation of the property, factors affecting the property, and project and daily management of the property. Each of the reports proposes responses and recommendations to address problems that have occurred.

"Section Three: Thematic Reports" include two reports. The first report presents an analysis of key and focused events happening globally or domestically in 2021 that have impact on the conservation management of World Cultural Heritage properties in China. The second report reviews the attitudes of the general public on the phenomena occurring to World Cultural Heritage properties in China throughout the year.

"Section Four: Reports on Categorized Heritage" includes six reports that introduce conservation management practices for different categories of World Cultural Heritage properties in China throughout the year.

"Section Five: Annexes" includes nine maps showing the data and information on the conservation management of World Cultural Heritage properties in China in 2021.

The Report considers that China scored remarkable achievements in World Cultural Heritage in 2021. Thanks to the vital and importance attached by CPC and State leaders, specialized plans of the state and of several relevant sectors for the "14th Five-Year Plan" period were weighted toward World Cultural Heritage, effectively promoting the further integration of heritage conservation into regional development. The conservation management of World Cultural Heritage properties in China continued to maintain a trend of sound development over the year. A majority of commitments to the World Heritage Committee were fulfilled as scheduled. Institutional and capacity building were enhanced. 52 new regulations and rules related to heritage conservation management were announced. Total funding for heritage protection has rebounded, funding gaps among heritage properties geared toward a more balanced state. The number of trainees increased by nearly 40% over the previous year. Property fabrics saw a stable state of conservation and secured a trend of sound development. General layouts, uses and functions, and component parts of most heritage properties remained unchanged or have seen positive changes. The incidence

ratio of diseases and hazards declined. Factors of negative impact were brought under control in general. Visitations to 70% of the heritage properties began to rebound. There was an increase in the number of heritage properties that introduced ticket booking, while the number of heritage properties with daily tourist overload slightly decreased. Project and daily management of heritage properties saw an overall good effect. Monitoring platforms began to take effect upon the conservation management of heritage properties. The number of research results increased significantly.

The Report also points out that the World Cultural Heritage sector in China is facing many problems in the process of fast development. Internationally, the ever-sophisticated nomination process, the more rigorous requirements for the implementation of the World Heritage Convention, and the ongoing complexity and uncertainty of the global political landscape have posed new challenges on the World Heritage nomination,conservation and management. Domestically, threats of climate change, natural disasters and construction pressure to the conservation of heritage properties and their settings have remained. Institutional reform has lowered the efficiency of some heritage properties in their organization and coordination work. The responsibility of governments has not been fully fulfilled. The country still needs to make improvements to reinforce its discourse power in the international community. The Report suggests that in the next stage, the country's World Cultural Heritage sector should continue to reinforce and highlight the responsibility of governments at various levels, coordinate and integrate resources from various parties so as to achieve multiple-party synergy and resources sharing, fully mobilize non-governmental sectors to participate in heritage conservation, and improve the work pattern featuring "responsibility taken by the government, cooperation among multiple departments, and participation of the whole society." Efforts should be made to speed up capacity building for the conservation management of World Cultural Heritage properties, strengthen technical support, enhance the efficiency of monitoring and early warning, constantly reinforce human resources for conservation management, and improve governance capacity and level. Research on World Heritage conservation and management should be furthered strengthened, heritage values further explored and scientifically interpreted, and approaches of proper use innovated so as to facilitate full integration of heritage conservation and use into economic and social development. It is also proposed to integrate heritage resources with an aim to develop national narratives and present a modern image of China. Moreover, efforts should be made to increase international exchanges and cooperation, develop transnational nominations, implement the Belt and Road Initiative, promote mutual leaning among civilization, and contribute to building a community with a shared future for mankind.

Keywords: World Cultural Heritage in China, Monitoring, Conservation Management

Contents

I   General Report

Abstract: In 2021, the covid-19 epidemic spread continuously around the world. International organizations related to World Heritage have emphasized sustainable development, cultural resilience and capacity building of heritage managers. The "20th Century Heritage" and transnational joint World Heritage application have attracted attention. The procedure of applying for the World Heritage has become more complicated, and conflicts of interests among state parties arose constantly. At home, China's protection and development of World Cultural Heritage is in good condition and better integrated with regional development, the work of World Heritage application is progressing steadily, and international exchanges and collaberations have been fruitful. Conservation funds have increased and heritage tourism gradually recovered. Meanwhile, challenges such as rising construction pressure, increased disasters caused by climate change, insufficient study in terms of archaeology and value research, inadequate implementation of the government's main responsibility, and the need of discourse power promotion are also faced. The next step should be led by the government to straighten out the system and mechanism of heritage protection and management; Professional capacity building and scientific and technological support be accelerated; The effectiveness of monitoring and early warning be improved; Preparation and implementation of heritage protection planning be promoted; The heritage value be excavated deeply and explained scientifically; International discourse be strived actively, and the optimization of the international system promoted.

Keywords: China's World Cultural Heritage, Protection, Monitoring, Capacity Building, Discourse Power

II Topic–Specific Reports

B.2 2021 Annual Report on the State Party's Fulfilment of Commitments for World Cultural Heritage Properties in China

Zhang Xin / 025

Abstract: In 2021, more than 90% of the commitment items for World Cultural Heritage properties in China were properly implemented, securing a good state of fulfilment in general. In 2021, 34 new commitment items were added, including 26 concerning the decisions made by the World Heritage Committee at its 44th session and 8 set out in the nomination dossier of "Quanzhou: Emporium of the World in Song-Yuan China". Commitment items not implemented as scheduled also saw active and steady progress. In general, China secures sound implementation of the commitment items for its World Cultural Heritage properties, and a majority of the heritage properties continue to fulfil the responsibilities and obligations set out in the *World Heritage Convention* pursuant to the requirements of the World Heritage Committee and work actively to maintain and transmit the outstanding universal value.

343

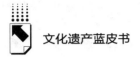

Keywords: World Cultural Heritage, Fulfilment of Commitment, Nomination Dossier, Implementation

B.3 2021 Annual Report on Institutional and Capacity Building for World Cultural Heritage Properties in China

Zhang Xin, Liu Yifu / 038

Abstract: In 2021, institutional and capacity building for World Cultural Heritage properties in China continued to improve. In terms of institutional guarantees, Institution of protection managements continued to be put in place for all the World Cultural Heritage properties in China. Due to the reform of administrative authorities, Institution of protection managements for 13 World Cultural Heritage properties in China were adjusted accordingly, with a decline in the modification frequency of Institution of protection managements compared to the two previous years. In terms of human resources guarantees, there was a decline of the total number of employees, but a slight increase of the number of full-time monitoring staff members. However, only 32 heritage properties had technical professionals of more than 40% of the total staff, indicating that there is still considerable room for improvement. In terms of capacity building, 52 new regulations and rules related to heritage protection and management were enacted, contributing to the improvement of the legal system for heritage conservation.The percentage of participants of World Heritage site increased by 36.3% over the previous year. There was a recovery in heritage conservation funds, with an additional allocation of nearly 311 million RMB yuan over 2020, registering an increase rate of 2.1% over the previous year. There was still a considerable gap of conservation funds among different heritage properties, but such a gap moved toward a balance in general.

Keywords: World Cultural Heritage, Capacity Building, Conservation Funds

B.4   2021 Annual Report on the State of Preservation of World Cultural

Heritage Properties in China

Luo Ying, Zhang Yimeng / 072

Abstract: The report provides an analysis of the state of conservation of outstanding universal value in 2021, based on the data from the *Annual Monitoring Reports of the year 2021 on World Cultural Heritage Properties in China.* In general, World Cultural Heritage properties in China secured a basically stable state of conservation in 2021. Overall layouts, use and function, and heritage elements of most World Cultural Heritage properties in China remained unchanged or have seen positive changes. This benefits the maintenance and transmission of the outstanding universal value. At the same time, however, World Cultural Heritage properties in China also face many risks and challenges, including the ongoing pressure of construction in their surroundings and ever-increasing destructive impact of disasters, such as climate change, severe weather events or sudden ecological and geological events. Innovative approaches and means of heritage use are still needed. In response to the principles of "conservation first, strengthened management, exploration of value, effective use, and activating cultural heritage" for the conservation work in the new era and with an aim to ensure the continuous improvement in the state of conservation of World Cultural Heritage properties in China, it is proposed that local governments and relevant departments strengthen efforts in the following aspects: fully and accurately identify value attributes and set out core tasks of protection and management; establish a working mechanism of multi-departmental cooperation to strengthen the regulation of construction activities in heritage surroundings; speed up surveys of diseases and hazards and monitoring of severe diseases and hazards and make vigorous efforts to implement the concept of preventive conservation; enhance the resilience of the heritage properties against disasters and minimize negative impact of disasters on the heritage properties; actively explore ways

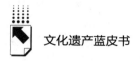
of effective use of the heritage properties and activate World Cultural Heritage properties.

Keywords: World Cultural Heritage, Overall Layout, Use and Function, Heritage Element , Disease

B.5 2021 Annual Report on Elements Affecting World Cultural Heritage Properties in China

Zhang Yumin, Song Xiaowei / 102

Abstract: In 2021, the overall negative impact of natural and human elements on World Cultural Heritage properties in China reduced. Natural erosions, construction pressure and natural disasters are major affecting elements, followed by population and tourist pressures and then by human destruction, exploitation pressure and pollution pressure. 66% of the World Cultural Heritage sites in China went through natural environment monitoring in order to support analysis of diseases to their physical fabrics and settings, among which 95% saw a good or normal state of control over negative affecting elements from the natural environment. 23 heritage sites were affected by natural disasters, mostly from thunderstorms, while their physical fabrics were not badly damaged. 4 heritage sites suffered damage from tourists or the general public, but such damages did not cause serious impact on the physical fabrics. The number of heritage sites affected by resources exploitation sites and enterprises generating serious pollution remained unchanged. It is still necessary to vacate 15 heritage sites. Visitations to 72% of the heritage sites rebounded, while the ratio of the heritage sites with daily visitation overload decreased by 1%. The number of construction projects approved by cultural heritage authorities was basically the same as the previous year.

Keywords: World Cultural Heritage in China, Natural Environment, Construction Control, Visitor Management

B.6   2021 Annual Report on the Conservation Works for World Cultural

Heritage Properties in China and Their Daily Management

Song Xiaowei, Zhang Yumin / 130

Abstract: In 2021, conservation and management master plans for 56 heritage sites and 18 properties were enacted, accounting for 49.56% of the total number of World Cultural Heritage sites in China. 205 different conservation works were carried out for 63 heritage sites and 35 properties. The number of conservation works remained generally the same over the four years. 84 safety and fire control projects were carried out for 51 heritage sites and 33 properties. Site managers attached importance to daily management and monitoring, using various means to improve the safety and security of heritage sites. Daily monitoring has been carried out in about one third of the World Cultural Heritage sites in China, with the use of the monitoring information system. A monitoring platform system across the country has been basically established. 31 archaeological survey and excavation projects were carried out in 15 heritage sites and 11 properties. The number of academic research outcomes significantly increased.

Keywords: World Cultural Heritage in China, Conservation and Management Master Plan, Conservation Works

III   Thematic Reports

B.7   2021 Annual Report on the International and Domestic Situations Facing

World Cultural Heritage Properties in China

Gao Chenxiang / 156

Abstract: The year 2021 marks the beginning of the 14th Five-Year Plan for National Economic and Social Development of the PRC. The CPC and the State

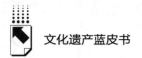

attach vital importance to cultural heritage conservation and specialized plans adopted at various levels also take cultural heritage into consideration. In the last year of its term of service as member of the World Heritage Committee, China successfully hosted the 44th Session of the World Heritage Committee, which harvested fruitful results. The *Fuzhou Declaration* announced during the session embodies China's important contribution to the World Heritage Convention. A series of momentous topics were also discussed during the session, including the COVID-19 pandemic, climate change, and sustainable development. "Quanzhou: Emporium of the World in Song-Yuan China" was inscribed on the World Heritage List at the session, becoming the 56th World Heritage property in China. Moreover, the Tentative List of China also secured steady progress. The reports on the state of conservation submitted by the State Party of China gained recognition from the World Heritage Committee. "Liverpool - Maritime Mercantile City" (UK), however, became the third property delisted from the World Heritage List due to inadequate conservation and management, setting off an alarm for other State Parties.

Keywords: International Situation, World Heritage Committee Session, Conservation and Management, World Heritage Nomination

B.8　2021 Annual Report on Public Opinion Monitoring Involving World Cultural Heritage Properties in China

Zhang Xin / 192

Abstract: In 2021, key public opinions involving World Cultural Heritage properties in China registered the lowest number over the past three years. The Grand Canal for the first time attracted the largest number of public opinions, due to the conservation, transmission and use of its culture and the construction of the National Culture Park of the Grand Canal. Historic buildings and ancient sites continued to receive inadequate attention. Publicity, presentation and use remained the most focused area to draw the attention of the public and media. Improper behaviors of tourists still marked the principal factor to generate negative public opinion.

Keywords: World Cultural Heritage, Public Opinion Monitoring, Public Opinion Response, Negative Public Opinion

IV Reports on Categorized Heritage

Abstract: The Palace Museum submits the monitoring report on the Imperial Palace of the Ming and Qing Dynasties in Beijing annually pursuant to the state's requirement. In 2021, conservation, management, research and use of the heritage property were carried out in line with the *Master Conservation Plan of the* Imperial Palace of the Ming and Qing Dynasties in Beijing *(2013-2025)*. The Palace Museum set up the World Heritage Monitoring Department to be responsible for the monitoring of the Imperial Palace of the Ming and Qing Dynasties in Beijing as a World Heritage property. In 2021, a series of monitoring activities involving the property fabrics and impact factors were conducted, based on the national key R&D project "Development of Analysis Technologies and Equipment for the Monitoring of Degradation Risks in the Immoveable Heritage". All the activities have been completed as scheduled and relevant risks brought under control.

Keywords: Imperial Palace of the Ming and Qing Dynasties in Beijing, World Heritage, Monitoring Report

B.10   2021 Annual Report on the Monitoring of the World Cultural Heritage
Property "Mogao Grottoes"

Zhang Zhengmo, Chai Pengfei / 221

Abstract: The Mogao Grottoes secured a good state of conservation, research, management and utilization in 2021. Aiming at "building itself into an exemplar for World Cultural Heritage conservation and the level of Dunhuang studies and focusing on the development of the comprehensive quality management framework, Dunhuang Academy continued to strengthen top-down planning and management system building. It intensified cultural heritage conservation and research, developed the comprehensive conservation system placing equal emphasis on both emergency and preventive conservation. As a result, a number of important achievements were made in basic and applied research and key technology development involving heritage property conservation, preventive preservation, and cultural heritage digitalization. Grottoes safety and fire control projects were strictly implemented, further improving capacity of protection through the use of materials, technologies and human resources, it is safe all year round. Efforts were made to explore and interpret the philosophical ideas, humanistic spirit, values, and code of conduct embodied by the Dunhuang Culture, deepening and extending the scope of research in the humanity and social sciences. Approaches to cultural presentation and dissemination were innovated to initially develop a system for promoting and disseminating the value of cultural heritage. Efforts were also made to develop a grotto tourism model in the context of sustainable protection and control of the COVID-19 pandemic. Emergency plans and visitation processes were properly designed in line with the guideline of "booked, staggered and restricted visitation", with an aim to improve tourist service and visiting experience and ensure safe and orderly visitation.

Keywords: Mogao Grottoes, Conservation and Management, Property Fabric Conservation, Preventive Protection

B.11 2021 Annual Overview of the Monitoring of the World Cultural Heritage
Property "Ming Tombs"

Nie Rui / 243

Abstract: In 2021, Changping District Ming Tombs Administrative Center, as the site manager of the World Cultural Heritage property, carried out conservation, management, research use of the property pursuant to the guidelines for cultural heritage work. Inventions including the conservation works for the property fabrics and construction of protective facilities and infrastructure were conducted according to relevant national regulations and rules. All the repair works completed met relevant national norms and acceptance standards. Monitoring of important factors affecting the property, including property fabrics, environmental quality, and infrastructure. Diseases and hazards affecting heritage elements have been effectively controlled or eliminated through daily inspections and conservation and repair activities. The property in its entirety secures a good state of conservation. All the processes of repair and daily maintenance projects for the duty room for eunuchs of Deling Tomb, Divine Stable of Maoling Tomb, and historic buildings of Changling Tomb, including inauguration, technical hand-off, implementation, acceptance, completion documentation, and financial settlement, have been completed. Diseases and hazards are generally under control. The overall layout of the property did not see fundamental changes.

Keywords: Ming Tombs, World Heritage, Monitoring Report

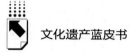
B.12　West Lake Cultural Landscape of Hangzhou under Planning Guidance and Systematic Conservation

—*2021 Annual Report on the Monitoring of West Lake Cultural Landscape of Hangzhou*

Wu Tao / 256

Abstract: In 2021, despite the ongoing COVID-19 pandemic, the property and setting of West Lake Cultural Landscape of Hangzhou secured a good state of conservation in general. Its authenticity and integrity were effectively maintained and its OUV saw no damage. This was attributed to the efforts to integrate the conservation and management of the property into the city's urban planning system in strict accordance with the principle of "protection first" and the strict implementation of relevant laws and plans within the framework of heritage laws and regulations. Based on OUV, authenticity and integrity, all the components and elements that carry the property's value were properly monitored, protected and managed. Strict restrictions were placed on construction projects within the property area and the Heritage Impact Assessment conducted. The ecological environment of the property was properly managed to enhance the water quality of the West Lake and safeguard biodiversity. An inspection system to align the property monitoring center with local component authorities was established to ensure the safety of the property. A cooperation mechanism to coordinate stakeholders and competent administrative departments, guided by the principle of sustainable development, was also put in place.

Keywords: Cultural Landscape, Planning, Conservation, Monitoring

Abstract: The year 2021 marks the beginning of the 14th Five-Year Plan period and the fifth anniversary of the inscription of the property on the World Heritage List. Based on its successful inscription, Gulangyu heritage protection and management agency continued to enhance conservation capacity, improve the monitoring system, optimize key spaces, develop the archival system and disseminate heritage value, promote integration of culture and tourism, enhance community governance capacity, and facilitate conservation and management in an all-round manner. In 2022, efforts will be made to continue to enhance conservation capacity, promote integration of culture and tourism, and improve refined management of the property, guided by the important instructions made by General Secretary Xi Jinping regarding the inscription of the property and his congratulatory letter to the 44th Session of the World Heritage Committee, with focus on improving the quality of "Kulangsu: a Historic International Settlement".

Keywords: "Kulangsu, a Historic International Settlement", World Cultural Heritage, Heritage Conservation, Integration of Culture and Tourism

Abstract: In 2021, both overall layout and individual heritage elements of the property continued to be preserved in an integrated manner. Changes on use of some components are seen positive. Diseases and hazards affecting the property were under effective control. Major factors affecting the property were under continuous and

effective monitoring. No natural disasters or destructive human activities occurred to the property. Unearthed objects such as jade wares were preserved or displayed in a collection environment that meets requirements. Construction projects within the property area and the buffer zone all went through strict examination and approval procedures, and process management. In general, the property secured a good state of conservation and management. Heritage interpretation and presentation, education and publicity, and academic research were further improved. Good results were achieved and a trend of positive development secured. Meanwhile, there is still much room for improvement in terms of earthen sites conservation, presentation and interpretation, and professional resources.

Keywords: Liangzhu, Earthen Site, Heritage Conservation, Heritage Monitoring, Refined Management

V Appendix

社会科学文献出版社

皮 书

智库成果出版与传播平台

❖ 皮书定义 ❖

皮书是对中国与世界发展状况和热点问题进行年度监测，以专业的角度、专家的视野和实证研究方法，针对某一领域或区域现状与发展态势展开分析和预测，具备前沿性、原创性、实证性、连续性、时效性等特点的公开出版物，由一系列权威研究报告组成。

❖ 皮书作者 ❖

皮书系列报告作者以国内外一流研究机构、知名高校等重点智库的研究人员为主，多为相关领域一流专家学者，他们的观点代表了当下学界对中国与世界的现实和未来最高水平的解读与分析。截至2022年底，皮书研创机构逾千家，报告作者累计超过10万人。

❖ 皮书荣誉 ❖

皮书作为中国社会科学院基础理论研究与应用对策研究融合发展的代表性成果，不仅是哲学社会科学工作者服务中国特色社会主义现代化建设的重要成果，更是助力中国特色新型智库建设、构建中国特色哲学社会科学"三大体系"的重要平台。皮书系列先后被列入"十二五""十三五""十四五"时期国家重点出版物出版专项规划项目；2013~2023年，重点皮书列入中国社会科学院国家哲学社会科学创新工程项目。

皮书网

（网址：www.pishu.cn）

发布皮书研创资讯，传播皮书精彩内容
引领皮书出版潮流，打造皮书服务平台

栏目设置

◆ **关于皮书**
何谓皮书、皮书分类、皮书大事记、
皮书荣誉、皮书出版第一人、皮书编辑部

◆ **最新资讯**
通知公告、新闻动态、媒体聚焦、
网站专题、视频直播、下载专区

◆ **皮书研创**
皮书规范、皮书选题、皮书出版、
皮书研究、研创团队

◆ **皮书评奖评价**
指标体系、皮书评价、皮书评奖

◆ **皮书研究院理事会**
理事会章程、理事单位、个人理事、高级
研究员、理事会秘书处、入会指南

所获荣誉

◆ 2008 年、2011 年、2014 年，皮书网均
在全国新闻出版业网站荣誉评选中获得
"最具商业价值网站"称号；
◆ 2012 年，获得"出版业网站百强"称号。

网库合一

2014 年，皮书网与皮书数据库端口合
一，实现资源共享，搭建智库成果融合创
新平台。

皮书网

"皮书说"
微信公众号

皮书微博

权威报告·连续出版·独家资源

皮书数据库
ANNUAL REPORT(YEARBOOK)
DATABASE

分析解读当下中国发展变迁的高端智库平台

所获荣誉

- 2020年，入选全国新闻出版深度融合发展创新案例
- 2019年，入选国家新闻出版署数字出版精品遴选推荐计划
- 2016年，入选"十三五"国家重点电子出版物出版规划骨干工程
- 2013年，荣获"中国出版政府奖·网络出版物奖"提名奖
- 连续多年荣获中国数字出版博览会"数字出版·优秀品牌"奖

皮书数据库

"社科数托邦"
微信公众号

成为用户

　　登录网址www.pishu.com.cn访问皮书数据库网站或下载皮书数据库APP，通过手机号码验证或邮箱验证即可成为皮书数据库用户。

用户福利

- 已注册用户购书后可免费获赠100元皮书数据库充值卡。刮开充值卡涂层获取充值密码，登录并进入"会员中心"—"在线充值"—"充值卡充值"，充值成功即可购买和查看数据库内容。
- 用户福利最终解释权归社会科学文献出版社所有。

数据库服务热线：400-008-6695
数据库服务QQ：2475522410
数据库服务邮箱：database@ssap.cn
图书销售热线：010-59367070/7028
图书服务QQ：1265056568
图书服务邮箱：duzhe@ssap.cn

社会科学文献出版社 皮书系列
SOCIAL SCIENCES ACADEMIC PRESS (CHINA)
卡号：684636176247
密码：

S 基本子库
UB DATABASE

中国社会发展数据库（下设 12 个专题子库）

紧扣人口、政治、外交、法律、教育、医疗卫生、资源环境等 12 个社会发展领域的前沿和热点，全面整合专业著作、智库报告、学术资讯、调研数据等类型资源，帮助用户追踪中国社会发展动态、研究社会发展战略与政策、了解社会热点问题、分析社会发展趋势。

中国经济发展数据库（下设 12 专题子库）

内容涵盖宏观经济、产业经济、工业经济、农业经济、财政金融、房地产经济、城市经济、商业贸易等 12 个重点经济领域，为把握经济运行态势、洞察经济发展规律、研判经济发展趋势、进行经济调控决策提供参考和依据。

中国行业发展数据库（下设 17 个专题子库）

以中国国民经济行业分类为依据，覆盖金融业、旅游业、交通运输业、能源矿产业、制造业等 100 多个行业，跟踪分析国民经济相关行业市场运行状况和政策导向，汇集行业发展前沿资讯，为投资、从业及各种经济决策提供理论支撑和实践指导。

中国区域发展数据库（下设 4 个专题子库）

对中国特定区域内的经济、社会、文化等领域现状与发展情况进行深度分析和预测，涉及省级行政区、城市群、城市、农村等不同维度，研究层级至县及县以下行政区，为学者研究地方经济社会宏观态势、经验模式、发展案例提供支撑，为地方政府决策提供参考。

中国文化传媒数据库（下设 18 个专题子库）

内容覆盖文化产业、新闻传播、电影娱乐、文学艺术、群众文化、图书情报等 18 个重点研究领域，聚焦文化传媒领域发展前沿、热点话题、行业实践，服务用户的教学科研、文化投资、企业规划等需要。

世界经济与国际关系数据库（下设 6 个专题子库）

整合世界经济、国际政治、世界文化与科技、全球性问题、国际组织与国际法、区域研究 6 大领域研究成果，对世界经济形势、国际形势进行连续性深度分析，对年度热点问题进行专题解读，为研判全球发展趋势提供事实和数据支持。

法律声明